올바른 언어능력 향상을 위한 대학 읽기와 쓰기

말과 글의 이해

남영택 · 김대곤

지구문화사
JIGU PUBLISHING Co.

머 리 말

학생들의 학업성취에 영향을 미치는 중요한 요소, 2가지가 있다. 하나는 언어력이며 또 하나는 논리력이다.

많은 연구에 따르면, 언어능력은 학업성취에 있어서 중요한 역할을 하며 상호 밀접한 상관관계가 있다고 한다. 초등학생부터 대학생에 이르기까지 높은 학업성취를 위해서 언어능력은 필수이며, 이 언어능력은 국어영역뿐만 아니라 사회, 수학, 과학, 예체능에 이르기까지 모든 영역의 학업성취에서도 중요한 역할을 한다.

언어능력이 학습의 기초가 되며 학업성취에 중요한 영향력을 미친다고 볼 때, 대학생의 전공학업성취도 예외는 아닐 것이다. 전문대 학생의 낮은 기초학습능력은 어제 오늘의 일이 아니다. 상당수의 학생들이 중등교육과정에서 충분한 학습이 되지 않은 상태로 진학을 하고 있다.

이러한 미숙한 언어능력은 전공 지식을 습득하는 데 걸림돌이 된다. 따라서 전문대생의 전공학업성취도 향상과 지속적인 학업수행, 성공적인 취업을 위해서는 언어능력 향상을 위한 지속적인 교육과 그에 맞는 교재가 필요하다.

현대 사회는 빠른 속도로 끊임없이 발전하는 새로운 기술들(technology), 다양성(diversity)이 증가하는 사회, 그리고 세계의 지구촌화(globalization) 속에서 끊임없이 이동하는 삶(mobility)에 적응해야 한다는 특징 3가지가 있다. 이러한 현대사회를 살아가기 위해서 필수적으로 갖추어야 하는 역량 또한 3가지가 있다. 지적도구 활용(Use tools interactively), 사회적 상호작용(Interact in heterogeneous groups), 자율적 행동(Act autonomously)이 그것이다.

이러한 3가지 역량에 중요하게 영향을 미치는 것이 있는데 바로 논리력이다(OECD 2006). 하지만 이 논리력은 자연히 생기는 것이 아니기 때문에 지속적인 교육과 학습을 통하여 개발할 필요가 있다.

이를 위하여 본 연구진은 대학생들의 언어능력과 논리력을 향상시킬 수 있는 교재를 개발하였다. 교재를 크게 4파트로 구성하였다. 언어 텍스트, 이미지 텍스트, 스토리 텍스트, 논리추론의 4파트를 통하여 언어능력과 논리력을 학습할 수 있도록 했다. 그리고 기초학습능력의 하나인 한글 맞춤법을 부록으로 추가하였다.

이 교재를 통하여 얻을 수 있는 몇 가지 기대 효과가 있다.

첫 번째는 학습 성취도와 학습동기에 긍정적 영향을 미칠 것이라는 것이다. 언어능력은 모든 교과영역의 학업성취도에 중요한 역할을 하고 있다. 달리 말하면 대학생의 전공학업성취도와 밀접한 관련이 있다고 할 수 있다. 언어능력의 향상은 전공과목을 이해하고 학습하는데 도움을 줄 것이며 이는 학업성취를 가져올 것이다. 그에 따라서 학업적 효능감과 함께 학습동기에도 긍정적 영향을 미칠 것으로 기대한다.

두 번째, 'NCS 직업기초능력' 의 하나인 '의사소통능력' 에 긍정적 영향을 미칠 것으로 본다. 본 교재를 활용한 수업은 일차적으로 의사소통능력을 개발시킬 것으로 기대한다. 이유는 의사소통능력과 밀접한 읽기, 쓰기, 말하기, 구조화하기 등의 기술들을 습득할 수 있도록 본 교재를 구성하였기 때문이다.

세 번째, 의사소통능력과 함께 'NCS 직업기초능력' 의 하나인 '대인관계능력' 에 도 긍정적 영향을 미칠 것이다. 직업현장은 항상 조직으로 움직인다. 타인의 도움과 협조, 협력이 절실하게 요구된다. 따라서 직장생활의 중요한 요소인 의사소통능력과 대인관계능력을 개발하고 훈련하기 위해, 학습조직의 형태는 팀학습 체제로 구성할 것을 권장하며, 교재의 구성에 있어서도 개인과 팀으로 각각 학습할 수 있도록 구성하였다.

네 번째, 평생학습능력 즉 자기주도적 학습능력에 긍정적 영향을 미칠 것으로 본다. 언어·사고능력의 개발은 바쁜 삶을 살아가는 직장인들에게 빠르고 효율적인 평생학습능력(자기주도적 학습능력)을 개발하는 데 도움을 줄 것으로 기대한다. 예로 읽기 기술은 짧은 시간에 효과적으로 전문가들의 의견과 지식, 기술 등을 스스로 습득할 수 있는 방법이다. 즉, 자기주도적으로 학습할 수 있는 능력 또는 기술이 되는 것이 읽기기술인 것이다.

다섯 번째, 'NCS 직업기초능력' 가운데 '문제해결능력' 에 도움을 줄 것이다. 직업 현장에서 일어나는 문제는 해답이 존재하지 않는 문제들의 연속이다. 가장 적합한 대안을 찾는 것이 필요하다. 이를 위해서는 해당 분야의 전문적인 지식과 함께 문제에 대한 답을 이끌어 낼 수 있는 사고능력과 이를 적절한 언어로 전환하여 표현할 수 있는 언어능력이 절실히 요구된다. 달리 말하면, 직업 현장에서 필요한 능력인 문제해결능력은 높은 수준의 전공지식과 함께 언어능력 및 사고능력의 훈련과 개발을 통해서 얻을 수 있는 최상의 결과인 것이다.

필자 대표

차 례

Contents

Part 1.

Lang.

Chapter 1

코난의 단어추리

Wake Brain

(1) 동양적 사고와 서양적 사고

1) 아래 '그림1'의 가운데 맨 앞에 있는 나무 원통과 뒤편에 있는 두 개의 사물 중 어느 것이 더 비슷하다고 생각합니까?

2) '그림 2'와 '그림 3'의 맨 앞에 있는 친구 중 어느 쪽이 더 행복해 보입니까? 아니면 둘 다 행복해 보인다고 생각합니까?

3) '그림 4'에는 꽃들이 그려져 있습니다. 그림의 중앙 아래에 있는 꽃과 비슷한 꽃의 그룹은 A, B 가운데 어느 쪽입니까?

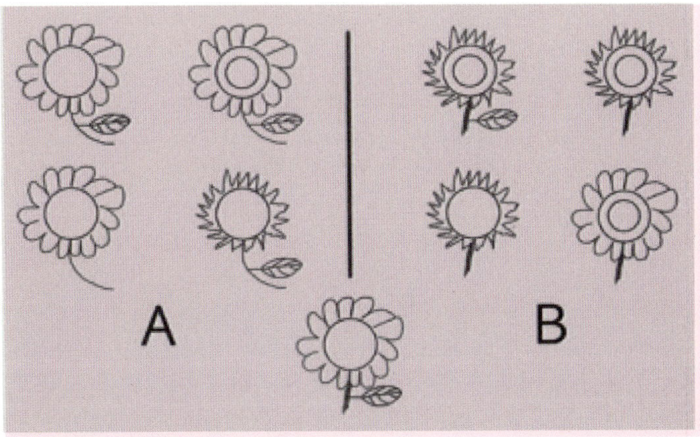

4) '그림 5'에는 두 마리의 동물(원숭이, 판다)와 바나나(과일) 하나가 있습니다. 그룹으로 묶는다면 어떤 것과 어떤 것을 그룹으로 묶고, 어떤 것을 버리겠습니까?

• 사물을 보는 시각 : 동양의 통째로 보는 시야 vs 서양의 분리해서 보는 시야
• 사물을 묶는 방식 : 동양의 연관성 vs 서양의 분류

(출처 : EBS 다큐멘터리 '동과 서')

Step 1 이론학습 및 모델링

학습목표

제공된 단어를 활용하여 목표단어를 추리할 수 있다.

1. 상·하위 관계

(1) 하위어와 상위어의 관계

- 상위 관계 : 포함하는 어휘의 관계 /하위 관계 : 포함되는 어휘의 관계
- 상위어 : 상위 관계에 있는 어휘 /하위어 : 하위 관계에 있는 어휘

상위어	하위어
동물	개, 게, 말, 문어, 새, 소 등
새	공작, 매, 백로, 봉, 제비 등
채소	갓, 근대, 무, 파, 호박 등

(2) 예

토마토 : ( ) = ( ) : 조미료 방울토마토, 야채, 과일, 당근, 소금, 요리, 부엌, 소스
마당극 : 연극 = 화성 : ( ) 오리온좌, 혹성, 마르스, 항성

2. 반의 관계

1) 반의 관계 : 단어들의 의미가 서로 대립이나 반대의 관계

2) 반의 관계의 유형

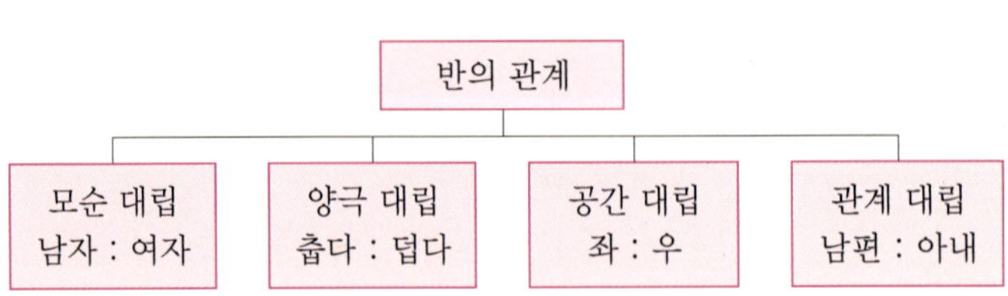

3) 반의 관계의 단어는 반드시 한 쌍으로만 존재치 않으며, 다의어이면 여러 개의 반의어가 존재

벗다	입다 (　　) 쓰다 (　　) 신다 (　　) 차다

유 - 무 실업 - 취업 기상 - 취침 남 - 여 악 - 선	강화 - 약화 소수 - 다수 이상 - 이하 실패 - 성공 이완 - 긴장	적다 - 많다 보수 - 진보 양성 - 음성 전 - 후 부정 - 긍정	교외 - 도시 지점 - 본점 장인 - 장모 왕자 - 공주 원인 - 결과

4) 예

위법 : 합법 = 문외 : (　　　) 아마추어, 조사관, 연구자, 전문가, 연출가
호화 : 간소 = 농축 : (　　) 압축, 산화, 희석, 번화, 화려

3. 동의어 관계

1) 의미 : 형태와 소리는 다르지만 그 의미가 비슷한 관계

명사	부사/관형사	동사
지장 : 방해, 손도장 축 : 부류, 중심 끼 : 재주 조리 : 논리 가사 : 집안일 독자 : 외아들 대사 : 큰일	딱딱 : 분명하게 딱히 : 가엾게 막 : 마구, 방금 쉬 : 쉽게 싹 : 몽땅 본 : 이것의 전 : 모든	가리다 : 감추다, 고르다 나다 : 생기다, 지내다 닥치다 : 다가오다, 다물다 마르다 : 야위다, 증발하다 미치다 : 닿다, 돌다 배기다 : 견디다, 아프다 빌다 : 구하다, 바라다

2) 예

과부 : (　　　) = 뚜렷한 : 명확한 미망인, 남자, 여자, 광부, 홀아비, 전쟁, 선명한

4. 부분·전체 관계

1) 의미 : 한 단어가 다른 단어에 포함되는 관계

2) 유의사항

부분·전체 관계와 상·하위 관계의 구별필요
'눈', '턱' 은 '얼굴' 의 종류가 아닌 '얼굴' 의 한 부분

전체	부분
몸	다리, 목, 배
얼굴	코, 입술
지구	바다, 육지
옷	소매, 칼라
한복	고름, 대님

5. 연관 관계(관련 관계)

1) 의미 : 상하위 · 반의어 · 동의어 · 부분전체 관계로 명확히 구분되지 못하는 단어들의 관계, 단어 상호간에 관련성이 있는 관계

2) 예

담배 : 폐암 = 등산 : ( ) 건강, 등반, 담배, 쇠약
모래시계 : 손목시계 = 돛단배 : ( ) 자전거, 뗏목, 자동차, 운송수단
포커 : 유희 = 비타민 : ( ) 자전거, 효모, 건강, 미네랄, 영양소

Step 2 개별학습(personal learning)

1. 상·하위 관계

• 축구장 : 경기장 = 트라이앵글 : ( )	음악, 예술, 악기, 피리
• 잠자리 : 곤충 = 철학 : ( )	학교, 인생, 윤리, 학문, 교수, 교사
• 문예 : 희곡 = 이십사절기 : ( )	칠석, 백로, 어버이날, 대설, 추석

2. 반의 관계

• 개시 : 종료 = ( ) : 미혼	결혼, 기혼, 이혼, 노처녀, 골드미스
• 영혼 : ( ) = 남자 : 여자	물체, 육체, 영매, 정신, 유물론
• 정신 : 물질 = 해방 : ( )	영혼, 제약, 속박, 해금, 8·15광복

3. 동의어 관계

• 명료 : 간결 = ( )	간혹 : 자주, 소비 : 생산, 퇴고 : 초안, 중독 : 탐닉
• 창백하다 : ( ) = 모면하다 : ( )	어설프다, 아름지다, 촘촘하다, 해쓱하다, 기피하다
• 간과 : 방과 = ( )	나태 : 성실, 존망 : 생사, 이해 : 오해, 결혼 : 화혼

4. 부분·전체 관계

• 머리 : 뇌 = ( )	지성 : 이성, 종교 : 기독교, 뼈 : 골수, 무릎 : 관절
• 눈 : 얼굴 = 창문 : ( )	대문, 천장, 집, 지붕, 유리창
• 아파트 : 베란다 = 한옥 : ( )	툇마루, 한식집, 너와집, 기와집

5. 연관 관계

• 카메라 : ( ), 스피커-( ), 자동차-정비소, 책-도서관
※ 특정장소와 장소를 활용하기 위해 반드시 필요한 사물

• 강당 : 강연 = ( )	교수 : 강사, 박물관 : 기증, 공원 : 휴식, 정원 : 정원사
• 노가리 : 명태 = 고도리 : ( )	고등어, 고라니, 화투, 동물, 고슴도치

6. 상·하위 관계

• 처서 : 절기 = ( ) : 명절	청명, 곡우, 동지, 단오
• 동양화 : ( ) = 재즈 : 음악	미술, 서양화, 유화, 정물화, 일러스트

7. 반의 관계

• 개시 : 완료 = 자유 : (　　)	속박, 제약, 해제, 제재, 해방
• 전승 : 단절 = 종결 : (　　)	제어, 개시, 행동, 제지
• 적자 : 흑자 = 연장 : (　　)	위축, 단축, 길이, 확대

8. 동의어 관계

• 천재 : 영재 = 사명 : (　　)	집무, 임명, 근무, 임무
• 이익 : 이윤 = 질투 : (　　)	투기, 싸움, 연애, 시기
• 온화 : 온난 = 중상 : (　　)	치명상, 사고, 경상, 상처, 부상

9. 부분·전체 관계

• 발 : ( ) = (　　) : 계절	몸, 눈, 팔, 코, 장마, 여름, 망종, 강강술래
• 대서양 : 지중해 = (　　)	삶 : 죽음, 양서류 : 파충류, 책방 : 서점, 속옷 : 내의
• 나무 : 숲 = (　　)	우유 : 치즈, 매듭 : 그물, 건강식품 : 대체의학, 깃털 : 새

10. 연관 관계

• 목화 : 면 = 요구르트 : (　　)	사이다, 샐러드, 천연수, 우유, 두유
• 나무 : 톱 = (　　)	강사 : 강의, 학생 : 교복, 우라늄 : 핵에너지, 못 : 망치
• 보일러 : 난방 = 펌프 : (　　)	홍수, 양수, 거수, 수몰, 양생

Step 3 팀학습(cooperative learning)

11. 어떤 관계인지 파악 후 빈칸을 채워 보세요. (상·하위 관계)

• G20 : 한국 = EU : (　　)	미국, 프랑스, 사우디아라비아, 중국
• 생물 : 식물 = (　　)	운동장 : 모래, 과일 : 수박, 맹장 : 신체, 풍유법 : 우화법

12. 어떤 관계인지 파악 후 빈칸을 채워 보세요. (반의 관계)

• (　　　　) = 농축 : 희석	환희, 도취, 비탄, 욕설, 기쁨, 통탄
• 가뭄 : 장마/시작 : 종료/섭취 : 배설/투입 : 산출	넷 중 다른 하나는? 가뭄 : 장마

13. 어떤 관계인지 파악 후 빈칸을 채워 보세요. (동의어 관계)

• 파산 : 몰락 = 강요 : ( )	억지, 치근대다, 강청, 협박, 촉구
• 방랑 : 유랑 = 명중 : ( )	적중, 적확, 적지, 적합, 명확, 분명

14. 어떤 관계인지 파악 후 빈칸을 채워 보세요. (부분·전체 관계)

• 낱말 : 문장 = 점 : ( )	입체, 각, 원, 선
• 방향타 : 배 = ( )	헬멧 : 오토바이, 브레이크 : 차, 바퀴 : 자전거, 조종간 : 헬리콥터

15. 어떤 관계인지 파악 후 빈칸을 채워 보세요. (연관 관계)

• 천칭 : ( ) = 모기장 : 방충	방역, 질량, 저울, 계기, 계량
• 한복 : 비단 = 막걸리 : ( )	주성물, 술, 쌀, 와인, 주정

16. 3개의 지시단어를 모두 포함하는 공통의 단어를 찾아보세요.

목표단어	지시단어		
동상	상처	조각	상
	지역단위	남자호칭	군대
	촛불	시간	처음
	신체부분	불빛	기타
	동그라미	소원	원래
	전류	위인전	후기
	하인	벨	종류
	식물	접착제	수영장
	태양	피해	바다
	고치기	수학	독수리

17. 5개의 지시단어를 모두 포함하는 공통의 단어를 찾아보세요.

목표단어	지시단어				
가마	가마니	머리	솥	장치	탈 것
	구리	구역	묶음	방향	집
	가구	꾸밈	몸	증가	키
	건축	공과 사	공군	기업	외교관
	그릇	끝	놀이	동물	언어
	계단	구구단	다만	묶음	옷
	이름	성적	분량	양쪽	모양
	방향	베틀	소리	악기	흙
	가구	등급	상장	죽음	동상
	분수	사람	시간	화	화장

18. 첫 단어와 끝단 어를 연결할 수 있는 단어를 빈칸에 넣어 봅시다.

예) 기차	바나나	사과	현아	아이돌
1. 수성대	________	________	________	얼짱
2. 시계	________	________	________	보름달
3. 비키니	________	________	________	와인
4. 백팩	________	________	________	전철
5. 컴퓨터	________	________	________	서울
6. 대학생	________	________	________	핸드폰
7. 구름	________	________	________	아파트
8. 반지	________	________	________	바다
9. 호주	________	________	________	삼성
10. TV	________	________	________	부부싸움

19. 다음 낱말을 국어사전의 올림말(표제어) 순서에 따라 차례대로 배열하면?

ㄱ. 웬일　　ㄴ. 왜곡　　ㄷ. 와전　　ㄹ. 외가

① ㄷ ⇒ ㄱ ⇒ ㄴ ⇒ ㄹ　　② ㄷ ⇒ ㄴ ⇒ ㄱ ⇒ ㄹ
③ ㄷ ⇒ ㄴ ⇒ ㄹ ⇒ ㄱ　　④ ㄷ ⇒ ㄹ ⇒ ㄴ ⇒ ㄱ

20. ㉠, ㉡, ㉢에 알맞은 어휘를 순서대로 나열한 것은?

(가) 인생의 아름다운 것, 인생의 추한 것, 선인 듯 하면서 악인 것, 악인 듯 하면서 선한 것, 자유와 속박, (㉠)과 차별, 진보의 원인, 퇴보의 원인, 도무지 다 그 줄이 여기 달려있다.
(나) 우리의 종래의 사고방식과 가치 철학에 의하면 진(眞)·선(善)·미(美)는 서로 (㉡)한 지위, (㉡)한 가치로서 인간의 목적 가치를 구성했다.
(다) 그 후에 그는 웬만한 일등 중사의 하찮은 명령 같은 건 듣지도 않고 서로 (㉢)하게 반말을 썼다.

① 대등, 평등, 동등　　② 동등, 평등, 대등　　③ 동등, 대등, 평등
④ 대등, 동등, 평등　　⑤ 평등, 동등, 대등

Chapter 2

셜록의 뇌구조

Wake Brain

(1) 정보의 숨은 규칙

1) 규칙 찾기

가.	나.
5+3 = 28 9+1 = 810 8+6 = 214 5+4 = 19 그렇다면, 7+3 = ( )	16+9 = 1 8+6 = 2 14+13 = 3 그렇다면, 7+7 = ( )
이유는?	이유는?

2) 동일한 초성을 찾으세요.

ㄷ ( ) ㅁ ㅍ ㅅ ( ) ㅅ ㄷ

(2) 공통점 찾기

- 아래의 표에서 제시단어를 보고 1차 공통단어를 찾은 후, 최종 공통단어를 찾아 봅시다.

제시단어	1차 공통단어	최종 공통단어
• 안심, 씨름, 농사		
• 간호사, 눈, 북극곰		
• 멸치, 뼈, 임산부		

제시단어	1차 공통단어	최종 공통단어
• 천사, 새, 비행기		
• 콘센트, 전등, 태양열		
• 빙수, 삼계탕, 매미		

제시단어	1차 공통단어	최종 공통단어
• Frozen, 눈, 스키		
• 지장(指章), 반지, 네일아트		
• 머리카락, 수염, 안문숙		

Step 1 이론학습 및 모델링

학습목표

수집된 정보를 이해하여 정보의 위계와 순서를 정리할 수 있다.

1. 범주화(categorization) 개념

(1) 범주화의 의미

① 비슷하다고 판단되는 사물 또는 사건끼리 하나로 묶는 인지 활동
② 여러 대상들을 비교해 보면서 다양한 방식으로 낱말이라는 단위를 통하여 분류하거나 무리 짓는 것
③ 범주화 과정을 통해 묶여서 분류된 것이 범주(category)

(2) 범주화에 대한 이해

① 다양성 속에서 유사성을 파악하는 능력
② 인간은 추론을 할 때 사물을 공유하는 것끼리 간추려서 범주화하려는 특징을 가짐
③ 자동적이며 무의식적으로 발생
④ 범주라는 수단에 의해 각자가 경험한 세계를 이해하고 사고한 바를 언어로 전달

2. 범주화의 필요성

(1) 기억의 한계성

① 한 언어의 어휘가 개별적으로 존재한다면, 그것들을 기억하는 데 엄청난 노력 필요
② 대상을 무리를 지어 정리하면 기억하기가 용이

(2) 언어의 한계성

① 어떤 언어도 이 세상에 존재하는 모든 대상을 일대일로 연결시킬 만큼 어휘가 불충분
② 설령 모든 대상을 독특한 개체로 지각하고 각각의 대상에 개념을 부여해도 각각을 기억할 수도 없음

③ '개' 라는 동물은 공통적으로 포유류이며 네 개의 발과 꼬리가 있고 '멍멍 소리 내어 짖는다' 는 등 공통 속성이 있지만, 이 세상에 있는 개들은 생김새나 크기, 색깔 등에 있어서 같은 것은 하나도 없다. 이 각각의 개를 범주화하지 않는다면 각각의 개를 별개로 생각해야 하고 이 각각의 개에 낱말을 일 대 일로 대응시키려면 그 수만큼 낱말이 필요할 것이다.

개의 공통적 속성			
포유류	4개의 다리	꼬리	멍멍 소리

(3) 정보의 경제적 활용성

① 범주화는 정보를 경제적으로 표상하고 이용하게 해줌

② 이를 위해서는 추리와 판단과 같은 인지적인 처리 과정을 필요

③ 많은 범주들은 한 범주가 다른 범주에 포함되는 위계적 포함 관계로 구성

④ 따라서 개념들의 위계적 관계를 안다면 각 대상들의 속성을 하나하나 학습하지 않아도 범주화된 공통 속성만으로 각각의 대상에 대한 개념 파악 가능

⑤ 수선화라는 꽃을 수선화, 꽃, 식물로 위계화가 가능하며, 대상을 수선화라는 범주에 넣게 되면 수선화라는 개념을 획득할 수 있다. 수선화가 꽃이라는 범주에 속한다는 것을 알게 되면 수선화의 속성을 일일이 학습하지 않아도 꽃의 속성을 통해 수선화의 속성 추론이 가능해진다.

수선화의 위계구조

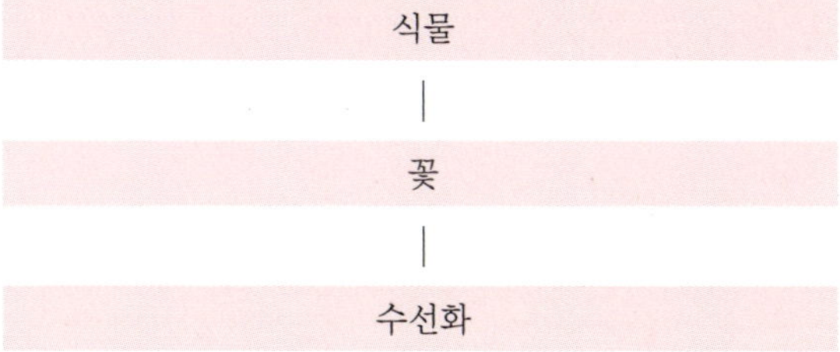

3. 범주화의 역할과 힘

(1) 범주화의 역할

① 범주화는 인간이 세상을 분절적으로 파악할 수 있게 하는 장치로서의 역할
② 인간이 어떻게 사고하는지를 드러내주는 역할

* 다음은 냉장고 안에 있는 음식과 물품의 목록입니다. 목록을 보고 범주화해 봅시다.
• 목록: 토마토, 우유, 고구마, 치즈, 당근, 딸기, 버터, 사과, 요구르트, 대파

유제품		
치즈		

(2) 범주화의 힘

① 각각의 대상을 기억치 않고 대상의 공통점과 차이점으로 묶기 때문에 기억이 용이
② 각각을 별개로 보지 않고 대상의 공통 속성을 찾아내서 같은 것으로 취급하므로 여러 대상을 한 번에 이해하기 용이

4. 범주화의 방법

단계	내용
1단계	대상의 다른 것과 구별되는 특징들이 속하는 속성 중 하나를 선택
2단계	선택한 속성에 따라 각 사물들의 특징 확인
3단계	확인한 대상의 특징과 일치하는 집합 정의
4단계	대상을 집합으로 분류

Step 2 개별학습(personal learning)

1. A~F까지 적절한 단어를 선택하여 채워 넣어보세요.

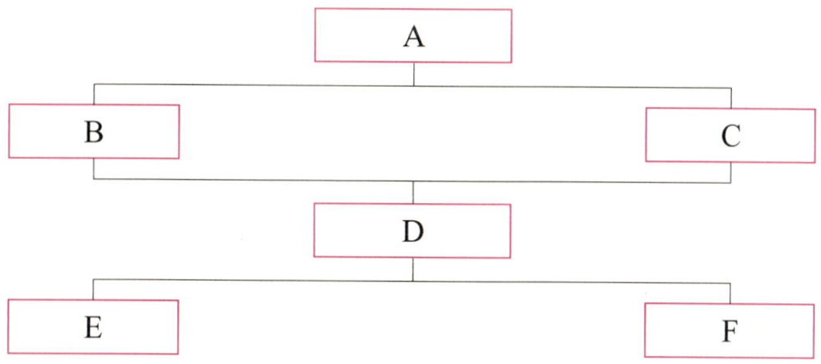

제시단어: 장신구, 반지, 발, 손, 발찌, 몸, 목걸이, 허리

2. A~F까지 적절한 단어를 선택하여 채워 넣어보세요.

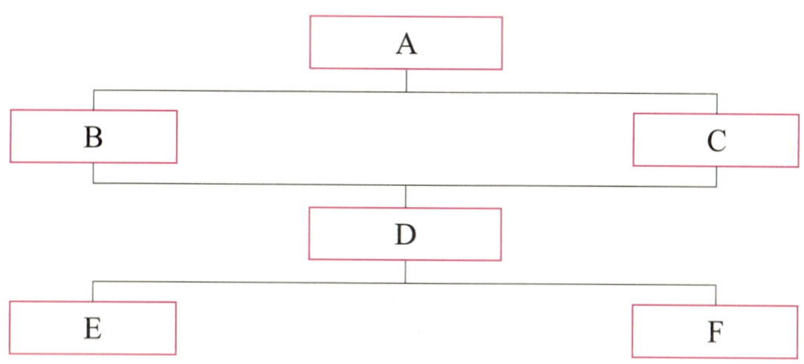

제시단어: 한라산, 해운대, 트레킹, 바다, 자연, 레저, 산, 수영, 해변

check point

조직의 유형

우리 주위에서 볼 수 있는 조직으로는 정부, 기업, 학교, 병원, 군대, 가정, 경찰서, 연구소, 시민단체, 종교단체, 노동조합 등이 있다. 이러한 조직들은 어떠한 기준으로 구분할 수 있을까? 조직의 유형을 구분하는 것은 조직의 성격과 활동을 이해하는데 좋은 나침반이 된다.

먼저 조직은 공식화 정도에 따라 공식조직(formal organization)과 비공식조직(informal organization)으로 구분할 수 있다. 공식조직은 조직의 구조, 기능, 규정 등이 조직화되어있는 조직을 의미하며, 비공식조직은 개인들의 협동과 상호작용에 따라 형성된 자발적인 집단 조직이다. 즉, 비공식조직은 인간관계에 따라 형성된 것으로, 조직이 발달해 온 역사를 보면 비공식조직으로부터 공식화가 진행되어 공식조직으로 발전해 왔다.

조직의 규모가 커지면서 점차 조직 구성원들의 행동을 통제할 장치를 마련하게 되었고 이는 공식화되게 된다. 그러나 공식조직 내에서 인간관계를 지향하면서 비공식조직이 새롭게 생성되기도 한다. 이렇게 자연스러운 인간관계가 형성되면서 일체감을 느끼고, 바람직한 가치체계나 행동유형 등이 공유되면서 하나의 조직문화가 정립되어 공식조직의 기능을 보완해주기도 한다.

또한 조직은 영리성을 기준으로 영리조직과 비영리조직으로 구분할 수 있다. 영리조직은 기업과 같이 이윤을 목적으로 하는 조직이며, 비영리조직은 정부조직을 비롯하여 공익을 추구하는 병원, 대학, 시민단체, 종교단체 등이 해당한다.

조직을 규모로 구분하여 보았을 때, 가족 소유의 상점과 같이 소규모 조직도 있지만 대기업과 같이 대규모 조직도 있으며, 최근에는 다국적 기업도 증가하고 있다. 다국적 기업이란 동시에 둘 이상의 국가에서 법인을 등록하고 경영활동을 벌이는 기업으로 대표적으로 SONY, 3M, 존슨앤존슨, 맥도날드 등이 있으며 우리나라 기업으로는 삼성전자, LG전자, 포스코 등이 해외법인을 등록하고 활동하고 있다.

(출처: “직업기초능력” 가운데 ‘조직이해능력’ 중에서)

3. 위의 내용을 읽고 본문에 있는 ‘조직’이라는 단어를 범주화 해봅시다.

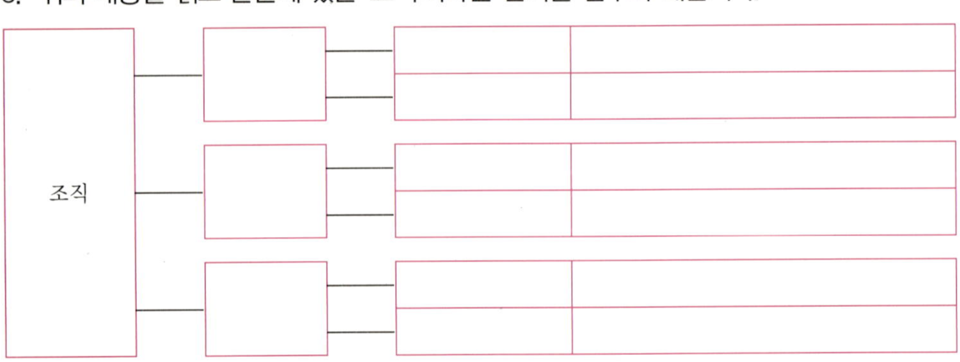

4. A~F까지 적절한 단어를 선택하여 채워 넣어보세요.

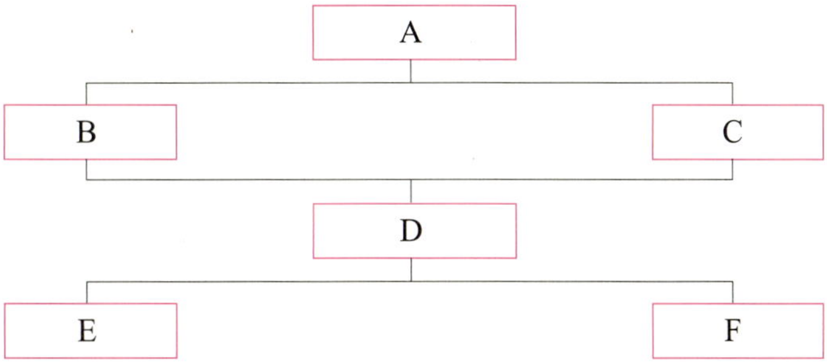

제시단어: 명량해전, 승전, 이순신, 장군, 최영, 이성계, 홍산대첩, 위화도 회군

5. A~F까지 적절한 단어를 선택하여 채워 넣어보세요.

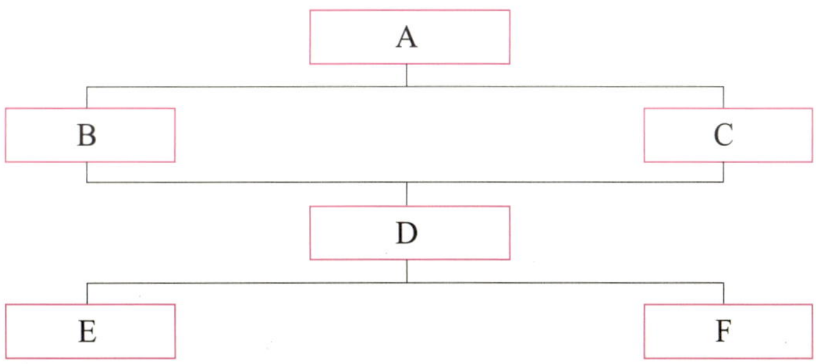

제시단어: 화폐, 영국, 국가, 러시아, 루블, 독일, 그리스, 드라크마, 프랑, 리라

6. 각 그림을 보고 범주화 해보세요.

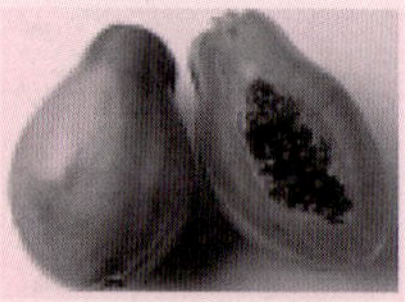
파파야

김치

문어

삼겹살

요구르트

굴

키위

육포

잼

소시지

김

앵두

피망

어묵

생선

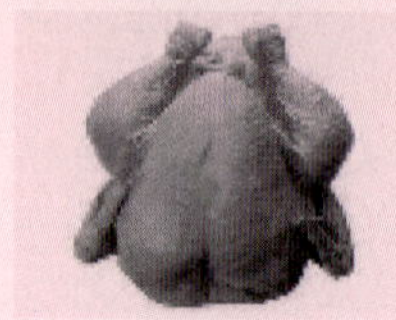
닭고기

최상위 범주어						
1단계 범주어						
2단계 범주어		해산물			축산물	
하위어						

Step 3 팀학습(cooperative learning)

7. 각 그림을 보고 범주화 해보세요.

김범수

앙겔라 메르켈

래리 킹

전현무

박지윤

정우성

크리스티아누 호날두

버락 오바마

손연재

유재석

수지

마리아 샤라포바

오프라 윈프리

안철수

아리아나 그란데

디카프리오

<table>
<tr><td>최상위 범주어</td><td colspan="10"></td></tr>
<tr><td>1단계 범주어</td><td colspan="5"></td><td colspan="5"></td></tr>
<tr><td>2단계 범주어</td><td></td><td></td><td></td><td></td><td></td><td></td><td></td><td></td><td></td><td></td></tr>
<tr><td>하위어</td><td></td><td></td><td></td><td></td><td></td><td></td><td></td><td></td><td></td><td></td></tr>
</table>

8. 다음은 '노애리' 작가의 '반찬이 필요 없는 밥 요리'의 목차입니다. 목차가 섞여 있습니다. 다시 정리하여 봅시다.

① 시금치 된장죽
② 마늘소스 가지닭고기덮밥
③ 잡곡밥, 알고 먹으면 더 건강해요
④ 닭 가슴살 현미밥스테이크
⑤ 대파삼겹살볶음덮밥
⑥ 매운 멸치 유부초밥
⑦ 고상하게 떠먹는 촉촉한 덮밥
⑧ 굴림 주먹밥
⑨ 콘치즈 밥
⑩ 밥 짓기의 정석
⑪ 전복죽
⑫ 녹두 닭죽
⑬ 데리야키 고추 오므라이스
⑭ 뚝딱 만들 수 있는 고슬고슬 볶음밥
⑮ 달걀밥말이
⑯ 밥 피자
⑰ 가볍게 즐기는 저칼로리 밥 요리
⑱ 돼지고기고추잡채덮밥
⑲ 오징어순대
⑳ 도시락 싸야 하는 날 한입 밥
㉑ 아스파라거스 볶음밥

장	절
1장 맛있는 밥, 건강한 밥, 간편한 밥	
6장 기운 내고 싶은 날 죽요리	

9. 다음의 단어들을 보고 범주화하여 봅시다.

시끄럽다	비둘기	행정지원처	어둡다	고등어
상어	상록수	낙타	은행나무	뱀
교학지원처	춥다	참치	두꺼비	사자
독수리	오이	맵다	하프	호박
애완동물관리과	맹꽁이	기획조정처	소곤대다	피아노
밝다	바이올린	참새	오르간	입학홍보처
개	거북이	참나무	드럼	매끄럽다
오이	북	악어	호텔조리과	첼로
개구리	새콤하다	풍금	잉꼬	간호학과

범주어	하위어	최하위어
오감각	( ), 시각, ( ), 미각,	
( )	포유류, 조류, 파충류, (양서류), 어류	
식물	나무, ( ), 채소	
( )	관현악기, ( ), 타악기	
학교	행정부서, ( )	

10. 다음 〈보기〉의 내용을 서론, 본론, 결론으로 알맞게 짝지어 나눈 것은?

a. 청소년 문화의 중요성 강조
b. 청소년 비행의 뜻
c. 향락적 분위기
d. 청소년 비행의 실태
e. 전인 교육 강화
f. 가치 뜻 부재
g. 사랑, 관심 촉구
h. 퇴폐문화로부터 청소년 보호

〈서론〉	〈본론1〉	〈본론2〉	〈결론〉
① g	bc	ad	eh
② bc	ae	fh	dg
③ bd	cf	eh	ag
④ bd	ch	ef	ag
⑤ cf	d	egh	a

11. 다음은 '1인 가구 증가의 원인과 대책'이란 주제로 조사 보고서를 작성하기 위해 작성한 개요이다. 적절하지 않은 항목은?

서론 : 싱글족, 이혼 등의 증가로 1인 가구가 늘어나고 있는 현실 ················ ㉠

본론 Ⅰ: 원인
1. 가치관의 변화로 결혼보다 일을 중시함 ································ ㉡
2. 자녀 양육과 교육에 경제적 부담이 큼

Ⅱ: 문제점
1. 저출산으로 이어져 경제 성장을 둔화시킴 ······························ ㉢
2. 주택난, 노후 부양 등 사회 문제를 야기함

Ⅲ: 해결책
1. 싱글족을 대상으로 한 기업의 마케팅 활동 강화 ························ ㉣
2. 결혼과 출산을 유도하는 세제 혜택 및 각종 지원 강화

결론 : 실효성 있는 대책 마련의 필요성

① ㉠ ② ㉡ ③ ㉢ ④ ㉣

12. 〈보기〉의 개요를 〈검토 의견〉에 따라 고칠 때 적절성이 가장 떨어지는 것은?

보기

제목 : 전문직의 바람직한 직업윤리

Ⅰ. 서론 : 전문직 종사자들의 직업윤리가 약화되고 있는 현실

Ⅱ. 본론
1. 전문직의 특성
가. 장기간에 걸친 전문적 교육의 필요
나. 지식 사용의 자율적인 통제
다. 사회 전반에 걸친 막대한 영향력
2. 전문직의 바람직한 직업윤리
가. 사회적 약자를 위한 지식의 사용
나. 자신이 받은 혜택을 사회에 환원한다는 자세
다. 전문성을 제고하기 위한 방안 모색

Ⅲ. 결론 : 전문직의 사회적 중요성

검토 의견

ㅇ 깊이 있는 논의가 되도록 구체적 내용을 보강한다.
ㅇ 내용 전개가 논리적이며 통일성 있는 글이 되도록 한다.

① 본론 1.에 '전문적인 지식과 기술을 사용하는 직업' 이라는 내용을 추가한다.
② 본론 1.에 '지식과 기술의 독점적 사용' 이라는 내용을 추가한다.
③ 본론 1.의 '나. 지식 사용의 자율적인 통제' 를 본론 2.로 옮긴다.
④ 본론 2.의 '다. 전문성을 제고하기 위한 방안 모색' 이라는 항목을 삭제한다.

13. '교통사고의 원인과 대책'이라는 제목으로 글을 쓰기 위해 개요를 작성하였다. ( )에 들어갈 내용으로 적절하지 <u>않은</u> 것은?

Ⅰ. 서론: 문제의 제기
  1. 교통사고에 대한 언론 보도 현황
  2. 교통사고 사망자 수가 한국전쟁 사망자 수를 앞지름

Ⅱ. 본론 1: 교통사고의 원인
  1. 물리적 원인: ( )
  2. 심리적 원인: 공중도덕 의식 부족, 질서 의식 부족, 인명 경시 풍조

Ⅲ. 본론 2: 문제의 해결 방법
  1. 도로의 정비, 벌칙 강화
  2. 국민의 의식 개혁

Ⅳ. 결론: 요약 및 제언

① 비효율적인 교통행정 의사결정 구조
② 인구 증가로 인한 교통 수요 증가
③ 파손된 도로와 협소한 도로
④ 자가용의 증가로 인한 교통량 급증

14. 괄호 안에 들어갈 말로 가장 알맞은 것은?

골동집 출입을 경원한 내가 근간에는 학교에 다니는 길옆에 꽤 진실성 있는 상인 하나가 가게를 차리고 있기로, 가다오다 심심하면 들러서 한참씩 (   )을 하고 오는 버릇이 생겼다.

하루는 집으로 돌아오는 길에 또 이 가게에 들렀더니 주인이 누릇한 두꺼비 한 놈을 내놓으면서 "꽤 재미나게 됐지요."한다.

황갈색으로 검누른 유약을 내려 씌운 두꺼비 연적(硯滴)인데 연적으로서는 희한한 놈이다.

4, 50년래로 만든 사기(沙器)로서 흔히 부엌에서 고추장, 간장, 기름 항아리로 쓰는 그릇 중에 이따위 검누른 약을 바른 사기를 보았을 뿐 연적으로서 만든 이 종류의 사기는 초대면이다.

① 농담(弄談)　② 여담(餘談)　③ 밀담(密談)
④ 대담(對談)　⑤ 한담(閑談)

15. 괄호 안에 공통적으로 들어갈 단어로 가장 적합한 것은?

그것은 성가대에서 부르는 합창일 수도 있고, 컴퓨터 프로그램을 짜는 일일 수도 있고, 춤이나 카드놀이, 독서일 수도 있다. 혹은 세상의 많은 사람들처럼 당신도 일을 좋아한다면 까다로운 외과 수술이나 피가 마르는 상담(商談)에 (   )하는 순간일 수도 있다. 또는 좋아하는 친구와 이야기를 나누거나 엄마가 아기와 놀 때처럼 사람과 사람이 어울리는 순간에 완전히 빠져드는 경험을 할 수도 있다.

이러한 순간의 공통점은 의식이 경험으로 꽉 차 있다는 것이다. 이때 각각의 경험은 서로 조화를 이룬다. 일상생활에서는 좀처럼 그런 경험을 맛보기가 어렵지만 그 순간에는 느끼는 것, 바라는 것, 생각하는 것이 하나로 어우러진다. 예외적으로 나타나는 이 순간을 나는 '(   ) 경험'이라고 부르고 싶다. '(   )'은(는) 삶이 고조되는 순간에 물 흐르듯이 행동이 자연스럽게 이루어지는 느낌을 표현하는 말이다.

① 만족　② 무의식　③ 관조　④ 몰입

16. 문맥상 괄호 안에 들어갈 말로 가장 부적절한 것은?

> 우리는 곧잘 '우리'를 앞세우지만, 우리의 '우리'는 그 범위가 너무 좁다. 그것들은 다만 '나'의 확장에 지나지 않는다. 오히려 내가 확장된 '우리'는 그 이기심과 배타성이 더욱 강화되고 독해진다. '나'와 '나와 관계있는 이들'은 하나로 묶고, 그렇지 않은 이들은 철저히 (　　)하는 개념이 되어 버리기 때문이다. 우리의 '우리'는 더 넓어지고, 한없이 넓어져야 한다. 우리가 공유하고 있는 우편함이 어디 한두 개인가. 울타리의 안과 밖을 가르는 것이 인간의 어쩔 수 없는 성품이라면, 그 울타리를 한없이 키워 버리는 것은 어떨까? 지구와 우주 역시 우리가 공유하고 있는 우편함이다.

① 배빈(排擯)　② 배설(排泄)　③ 배제(排除)　④ 배척(排斥)

3 Chapter

기적의 문장(Ⅰ)

Wake Brain

철수와 영희

(그림 출처: http://cafe.naver.com/story77/2860819)

• 아래의 빈 칸에 조사를 넣어서, 다양한 문장을 만들어 보세요.

철수 ______ 영희 ______ 좋아했다.

Step 1 이론학습 및 모델링

학습목표

문장의 핵심요소를 이해하여 올바른 문장을 작성할 수 있다.

1. 문장의 의미

- 생각과 감정을 나타내는 최소 단위
- 생각과 감정을 나타내는 한 가지 이상의 낱말들로 구성, 그 낱말들이 규칙적으로 배열되어 있는 것

2. 문장의 성분

- 문장의 성분 = 문장을 구성하는 요소들(주성분 + 부속성분)

주성분	부속성분
– 문장성립에 필수적인 것	• 문장의 골격을 이루는 데 아무 기여를 하지 못하고 다른 성분에 딸려 있는 문장 성분
– 주어, 서술어, 목적어, 보어	• 관형어, 부사어

(1) 주성분

1) 주어

- 서술하는 주체를 나타내는 문장 성분
- 주어는 문장에서 동작 또는 상태나 성질의 주체를 표현

주어	서술어
무엇이(누가)	어찌하다
무엇이(누가)	어떠하다
무엇이(누가)	무엇이다

① 지식이 샘솟는 것 같다.
② 한국에서 다음 번 동계올림픽대회를 주최합니다.
③ 아직 넘어야 할 산은 많다.
④ 이제부터 무엇을 할 것인가가 문제입니다.
⑤ 편지는 독후감보다 쓰기가 쉽습니다.

2) 서술어

- 주어의 동작, 상태, 성질 따위를 풀이하는 것
- '어찌한다', '어떠하다', '무엇이다' 에 해당

① 소국이 예쁘다.
② 프랑스의 귀족들은 사치가 심하였다. (서술절)
③ 철수가 친구 집에 가 버렸다. (보조동사와 본동사)
④ 수지는 샴푸의 요정이야.
⑤ 수현이는 음악에도 뛰어났음이 드러났다.
⑥ 리키는 이불을 덮자 금방 잠이 들었습니다.
⑦ 수지는 수현이에게 화이트데이 선물로 빼빼로를 주었다.

3) 목적어

- 목적어는 서술어의 동작 대상이 되는 문장 성분
- 타동사가 서술어로 쓰일 때 필요
- 목적어를 필요로 하느냐 아니냐에 따라 동사가 크게 자동사와 타동사로 구분

① 이것 하나만 영희에게 줄게.
② 수지는 무지개가 도저히 잡히지 않을 것임을 비로소 깨달았다.
③ 마라톤은 초 단위까지만 측정한다.
④ 직지는 우리 조상이 이 지구상에서 최초로 금속 활자를 발명, 발전시킨 슬기로운 문화 민족임을 세계에 알리는 귀중한 문화유산이란 점에서 그 가치가 높게 평가됩니다.

4) 보어

- 서술어가 되는 용언 중에서 동사 '되다' 나 형용사 '아니다' 가 서술어로 쓰일 때 필수적인 성분

① 그는 범인이 아니다.
② 그 말은 진실이 아니라서 곧 탄로 나고 말았다.
③ 밤이 되고 또 아침이 되었다.
④ 니엘은 반장이 되었다.

(2) 부속성분

1) 관형어

- 관형어는 체언으로 된 주어, 목적어 앞에서 이들을 꾸미는 문장 성분

① EXID 멤버들이 새 무대복을 입었다.
② 자는 두준이를 왜 깨우니?
③ 성용이가 써준 시를 낭송하여 봅시다.
④ 아이유는 전원의 풍경을 좋아한다.
⑤ 다리가 많은 지네는 걸음이 무척 느립니다.
⑥ 이 곳 대구는 분지 지형이다.
⑦ 지구가 둥글다는 것은 반박할 수 없는 진리다.

2) 부사어

- 서술어에 덧붙어서 그 뜻을 한정하여 주는 말

① 오늘은 날씨가 매우 쌀쌀하다.
② 장그래는 점심을 안 먹었다.
③ 장백기는 안영이에게 구두를 주었다.
④ 마라톤 경기는 마라톤 전쟁에서 비롯되었다.
⑤ 혜리의 목소리는 그 아나운서와 닮았다.

3. 문장표현

(1) 문장 성분 사이의 호응이 어색한 경우

1) 주어와 서술어의 호응

- 오염된 산과 바다가 다시 깨끗해지려면 많은 시간과 노력, 그리고 비용이 든다.
  ⇒ 오염된 산과 바다가 다시 깨끗해지려면 많은 시간이 걸리고, 많은 노력과 비용이 든다.
  ⇒ 오염된 산과 바다가 다시 깨끗해지려면 많은 시간과 노력, 그리고 비용이 필요하다.

2) 목적어와 서술어의 호응

- 그 KTX는 사람이나 짐을 싣고 하루에 두 번씩 운행한다.
  ⇒ 그 KTX는 사람을 태우거나 짐을 싣고 하루에 두 번씩 운행한다.

3) 부사어와 서술어의 호응

- 그 클럽에 가입하기 위해서는 절대로 직접 손으로 쓴 원서를 제출해야 합니다.
  ⇒ 그 클럽에 가입하기 위해서는 반드시 직접 손으로 쓴 원서를 제출해야 합니다.

• 비록 ~ -ㄹ지라도〔-라도, -지만, -어도〕	• 만약 ~이면〔라면〕
• 결코 ~지 않겠다	• 모름지기 ~해야 한다. .
• 하물며 ~랴	• 여간 ~ 않다.
• 왜냐 하면 ~ 때문이다.	• 마치 ~처럼(~같이)
• 절대로 ~ 않다.〔마라, 말아라〕	• 차마 ~ 없다

4) 조사와 서술어의 호응

① 그 학생은 초보치고 적응을 잘하지 못한다.
⇒ 그 학생은 초보라서 적응을 잘하지 못한다.
② 그 때 나는 대학에 가야겠다라고 생각했어요.
⇒ 그 때 나는 대학에 가야겠다고 생각했어요.
[직접 인용은 '라고(라는)' / 간접 인용은 '고(는)']
③ 이번 시즌에 우승하겠다라는 생각을 하신 적이 있습니까?
⇒ 이번 시즌에 우승하겠다는 생각을 하신 적이 있습니까?
④ 최저 임금 문제를 정부에게 강력히 항의하였다.
⇒ 최저 임금 문제를 정부에 강력히 항의하였다.

(2) 성분의 생략

1) 주어의 생략

• 나는 그 문제를 쉽게 풀었지만, 어려워서 어쩔 줄 몰라 하고 있었다.
⇒ 나는 수학 문제를 쉽게 풀었지만, 내 친구는 어려워서 어쩔 줄 몰라 하고 있었다.

2) 목적어의 생략

• 이웃집 남자는 힘겹게 들고 지하로 내려갔다.
⇒ 이웃집 남자는 그 가방을 힘겹게 들고 지하로 내려갔다.

3) 부사어의 생략

• 대통령께서 나와서 올해의 신년사를 발표하였다.
⇒ 대통령께서 TV에 나와서 올해의 신년사를 발표하였다.

4) 서술어의 생략

- 이 다큐는 가뭄을 당한 아프리카에서 아주 감동적인 장면을 담고 있다.
  ⇒ 이 다큐는 가뭄을 당한 아프리카에서 촬영되어 아주 감동적인 장면을 담고 있다.

(3) 중복표현

① 집에 들어오면 창문을 열어 공기를 환기시켜야 한다.
⇒ 집에 들어오면 창문을 열어 공기를 바꾸어야 하다.
⇒ 집에 들어오면 창문을 열어 환기시켜야 한다.

② 메시의 장점은 경기 흐름을 잘 읽고, 동료 선수에게 공을 잘 패스해 준다는 것이 큰 장점이다.
⇒ 메시의 장점은 경기 흐름을 잘 읽고, 동료 선수에게 공을 잘 패스해 준다는 것이다.

③ 자유란, 다른 사람에게 구속을 받지 않는 상태가 자유이다.
⇒ 자유란, 다른 사람에게 구속을 받지 않는 상태를 말한다.

(4) 중의성 표현

① 교수님이 보고 싶은 학생이 많다.
⇒ 교수님께서 보고 싶어 하시는 학생이 많다.
⇒ 교수님을 보고 싶어 하는 학생이 많다.

② 교수님은 수지보다 아이유를 더 좋아한다.
⇒ 교수님은 수지가 아이유를 좋아하는 것보다 더 아이유를 좋아한다.
⇒ 교수님은 수지와 아이유 중에서 아이유를 더 좋아한다.

③ 연예인들이 다 오지 않았다.
⇒ 연예인들이 전부 오지 않았다.
⇒ 연예인들이 일부가 아직 오지 않았다.

④ 예쁜 아이유의 목소리를 듣고 싶다.
⇒ 예쁜, 아이유의 목소리를 듣고 싶다.
⇒ 예쁜 아이유의, 목소리를 듣고 싶다.

⑤ 아이유는 지금 옷을 입고 있다.
⇒ 아이유는 지금 옷을 입는 중이다.
⇒ 아이유는 지금 옷을 입었다.

(5) 사동 표현

① 수지는 그녀에게 좋은 사람을 소개시켜 달라고 말했다.
⇒ 수지는 그녀에게 좋은 사람을 소개해 달라고 말했다.
② 구미 핸드폰 공장에서는 1번과 3번 라인을 하루 종일 가동시키고 있습니다.
⇒ 구미 핸드폰 공장에서는 1번고 3번 라인을 하루 종일 가동하고 있습니다.
③ 정철은 영어를 교육시키는 분이다.
⇒ 정철은 영어를 교육하는 분이다.

(6) 피동형의 남용

① 컴퓨터는 수지에 의해 민호에게 주어졌다.
⇒ 수지가 컴퓨터를 민호에게 주었다.
② 재미있게 읽혀지는 책이 별로 없다.
⇒ 재미있게 읽히는 책이 별로 없다.
③ 그런 행동은 자연스러운 변화라고 보여진다.
⇒ 그런 행동은 자연스러운 변화라고 보인다.
④ 그날 밤 열려져 있는 창문으로 도둑이 들어왔다.
⇒ 그날 밤 열려 있는 창문으로 도둑이 들어왔다.

(7) 번역투 문장

① 그 사람은 가수에 다름 아니다.
⇒ 그는 가수나 다름없다./ 그 사람은 가수라 할 만하다.
② 아이리스호의 선장은 배 침몰과 함께 사망했습니다.
⇒ 아이리스호가 침몰하자 그 배의 선장은 사망했습니다.
③ 국무회의에 있어 진지하게 참여하는 것이 중요합니다.
⇒ 국무회의에 진지하게 참여하는 것이 중요합니다.
④ 우리 교수님은 학생들에 대하여 많은 관심을 기울이고 있다.
⇒ 우리 교수님은 수성대 학생들에게 많은 관심을 두고 있다.
⑥ 불조심은 아무리(늘) 강조해도 지나침이 없다.
⇒ 불조심은 늘 강조해야 한다./ 불조심하는 것은 아무리 강조해도 지나치지 않는다.
⑦ 이제부터 주간 회의를 갖도록 하자.
⇒ 이제부터 주간 회의를 하자./ 이제부터 주간 회의를 하도록 하자.

[예제]

1. 각각의 조사와 공통적으로 들어갈 동사를 써넣으세요.

주어/목적어	조사	동사
값	을	치다
도랑	을	
새끼	를	
소금	을	
어깨	를	
천둥	이	
커튼	을	

※ 가이드

1) 주어와 목적어에 해당하는 조사를 찾습니다.
2) 주어/목적어와 조사를 연결하여 공통적으로 들어갈 동사를 찾도록 합니다.

2. 다음의 각 어휘를 알맞게 배열하여 하나의 문장을 만드세요.

가.	책으로
나.	알 수 있다.
다.	그가 읽은
라.	그 사람의 인격은
완성문장	그 사람의 인격은 그가 읽은 책으로 알 수 있다. -스마일즈
핵심내용	인격, 책

※ 가이드

1) 문장을 잘 이해하기 위해서는 동사를 먼저 찾습니다.
2) 호응되는 주어와 나머지 요소를 찾습니다. 문장이 완성되면 문장에서 빠져서는 안 되는 핵심내용을 찾습니다.

Step 2 개별학습(personal learning)

1. 조사와 공통적으로 들어갈 동사를 써넣으세요.

1–1

주어/목적어	조사	동사
간지럼	을	
장작		
차		

1–2

주어/목적어	조사	동사
기름	을	
소금		
옷감		

1–3

주어/목적어	조사	동사
사람	을	
움푹	조사 없음	
이삭		
장작		

2. 다음의 각 어휘를 알맞게 배열하여 하나의 문장을 만드세요.

2–1

가.	드러났다.
나.	서울대가
다.	고3 수험생을 대상으로
라.	올 입시에서 논술시험을 부활시킨
마.	문장 표현에 문제가 있는 것으로
바.	모의 논술시험을 실시한 결과
사.	대부분의 학생이
완성문장	
핵심내용	

2–2

가.	기후 특성상 우리와 같은 온대지역에서는
나.	해양온도차 발전은
다.	인식되어 왔습니다.
라.	불가능한 것으로
마.	가장 이상적인 미래 에너지 자원으로 주목받고 있지만
바.	무궁한 바닷물을 이용해 전력을 생산하는
완성문장	
핵심내용	

2–3

가.	인간이 지닌 자질을 조화롭게 발달시키는
나.	제대로 실시하지 못하고 있다.
다.	기술을 주입하는 것에
라.	전인교육을
마.	치우쳐 있으며,
바.	우리의 학교 교육은
완성문장	
핵심내용	

2–4

가.	우리나라도
나.	좋은 학교를 엄선해 포상하고
다.	매년 국가차원에서
라.	미국의 교육부가
마.	그 실천 사례를 지속적으로 전파해야 한다.
바.	'블루리본 스쿨' 을 선정하듯이
완성문장	
핵심내용	

3. 밑줄 친 문장 성분 중 목적어가 아닌 것은?

① 이런 모습 상상해 보셨나요?
② 이 책은 아직까지 내가 읽은 적이 없다.
③ 정부는 이번 조치에서 세제 혜택만 강조하였다.
④ 시장과 군수는 관계 서류를 일반에게 공람시켜야 한다.

4. 다음 괄호 속에 들어갈 수 있는 내용과 가장 거리가 먼 것은?

어머니의 사랑은 본질적으로 무조건적이다. 어머니가 갓난애를 사랑하는 것은 이 애가 어떤 특수한 조건을 만족시켜주었거나 특별한 기대를 충족시켜 주었기 때문이 아니라, 이 애가 그녀의 아이이기 때문이다. 아버지의 사랑은 조건이 있는 사랑이다. 아버지의 사랑의 원칙은 "(　　), 나는 너를 사랑한다."는 것이다. 어린아이에 대한 어머니와 아버지의 태도는 어린아이 자신의 욕구와 일치한다. 갓난애는 정신적으로나 육체적으로나 어머니의 무조건적 사랑과 보호를 요구한다.

어린아이는 6세 이후에는 아버지의 사랑, 아버지의 권위와 지도를 요구하기 시작한다. 어머니는 어린아이의 생명을 안전하게 하는 기능을 갖고, 아버지는 이 어린애가 태어난 특수사회가 직면하게 하는 문제들을 처리하도록 어린아이를 가르치고 지도하는 기능을 갖고 있다.

① 너는 장래성이 있기 때문에
② 너는 내 아이로 태어났기 때문에
③ 너는 네 의무를 다하고 있기 때문에
④ 너는 나의 기대를 충족시켜 주기 때문에
⑤ 너는 누구보다 똑똑하고 사랑스럽기 때문에

5. 다음 중 중의성을 지닌 문장(두 가지 이상의 의미를 지닌 문장)이 아닌 것은?

① 그의 아내는 그보다 영화를 더 좋아한다.
② 그는 어제 고향에서 온 친구를 만났다.
③ 철수는 민호와 영희를 찾으러 돌아다녔다.
④ 선생님을 보고 싶어하는 학생이 많다.

6. 다음 중 중복된 표현을 사용하지 않은 문장은?

① 과반수를 넘기지 못하면 선거의 결과는 무효가 됩니다.
② 내 인생의 지난 과거를 돌이켜 볼 때 부끄러울 때가 있었다.
③ 그때 당시에는 어느 누구도 그런 생각을 하지 못했다.
④ 우리 모두 미리 예습하는 것이 좋을 것 같다.
⑤ 그날 이후 우리는 더욱 돈독한 관계를 맺게 되었다.

7. 다음 중 문장 구성상 호응이 자연스러운 문장은?

① 길을 다니거나 놀 때에는 차를 조심해야 합니다.
② 수철이의 어릴 때 소박한 꿈은 선생님이 되고 싶었다.
③ 주민들은 보상 거부와 토지 재평가를 요구하고 있습니다.
④ 이 열차는 잠시 후 김천역에 도착하여 1분 동안 정차하겠습니다.

8. 다음 중 어법에 맞고 자연스러운 문장은?

① 국민들의 불만이 밖으로 표출되어 시위가 일어났다.
② 사람들은 생존의 기본 요건을 충족하기 위해 노동하는 존재입니다.
③ 장관들의 의견은 비정규직 문제에 관심을 갖자는 데 뜻을 모았다.
④ 두발 규정은 학생들의 토론을 거쳐 결정되어져야 한다고 말했다.

Step 3 팀학습(cooperative learning)

9. 각 조사와 공통적으로 들어갈 동사를 써넣으세요.

9-1

주어/목적어	조사	동사
벌금	을	
벌레		
약속		
음식		
자리	를	

9-1

주어/목적어	조사	동사
가야금		
꿀		
박		
불	이	
상	을	
솜		
차		
추위		

9-3

주어/목적어	조사	동사
눈		
뜸		
메주		
물	에	
물		
본	을	
옷		
자리		
회		

10. 다음의 각 어휘를 알맞게 배열하여 하나의 문장을 만드세요.

10-1

가.	최종적으로 사람의 몸속에
나.	이때 사람은
다.	모든 동물들이 먹은 다이옥신이
라.	물고기, 가재, 하늘을 나는 새들, 동물들이 물을 마시거나,
마.	축적되게 된다.
바.	숨을 쉬거나 음식을 먹음으로써
사.	먹이사슬의 가장 높은 자리를 차지하고 있기 때문에
아.	다이옥신이 체내에 들어가게 축적되는데,
완성문장	
핵심내용	

10-2

가.	'희망의 인문학' 에서
나.	인문고전을 읽는 것이라고
다.	미국의 엘리트주의자들의 숨은 의도를 고발하며
라.	클레멘트 코스의 창립자 얼 쇼리스는
마.	그것을 분쇄할 수 있는 유일한 방법은
바.	말하고 있다.
사.	미국 빈자계급을 위한 인문고전 독서과정인
완성문장	
핵심내용	

10-3

가.	새로운 문물과 문화를 접하는 것을
나.	나무를 베는 벌목공, 나무로 배를 만드는 목수, 배를 운전하는 항해사가
다.	배를 타고 나가
라.	꿈꾸었기에
마.	청소년들의 희망 직업이었다.
바.	9세기 압바스 왕조의 아라비아인들은
완성문장	
핵심내용	

11. 조사가 바르게 사용된 문장은?

① 세계에서 맛으로 유명한 우리나라 배만을 갈아 만듭니다.
② 신록의 계절에 귀하의 건승과 가정에 평안하심을 기원합니다.
③ ○○식품은 유기농 제품들로 작년 한 해 20여 개국에 수출하였습니다.
④ 콩이 폐경 전 여성에서 유방암 발병을 억제한다는 것은 이미 알려진 사실입니다.

12. 문장의 구성이 가장 적절한 것은?

① 하지만 돌이켜보니 지금의 내 모습을 형성하는 데 많은 영향을 미쳤다.
② 나는 노래를 못 불러서 과외를 받으러 다녔는데, 나에게 노래를 지도해 주신 분은 교회의 집사님이셨다.
③ 유족들의 이 같은 결정에는 추가 희생에 대한 우려가 컸습니다.
④ 홍길동 감독은 선수 시절 풍부한 경험과 함께 충실한 지도자 수업을 받았습니다.

13. 다음 문장 중 어법상 오류가 <u>없는</u> 것은?

① 부동산 투기와 변칙적인 사전 상속도 조사 대상입니다.
② 높은 산을 잘라내 직선으로 뚫리고 있는 도로 공사 현장입니다.
③ 이 과정에서 자산 실사나 타당성 조사는 생략됐고 실사 후 계약금을 지급할 수 있는 안전판마저 스스로 포기했습니다.
④ 철도청 사업을 하루 만에 승인하고 타당성 검토가 없이 은행 거액 대출 등 사업 전반이 의문투성이라는 주장입니다.
⑤ 이 시합에서 선수와 첨단 장비들이 얼마나 성능을 발휘할지 의문이다.

14. 다음 중 가장 자연스러운 문장은?

① 사회의 빠른 속도로 변화하는 것을 모두 대처한다는 것은 불가능하다.
② 지금 인류는 핵전쟁의 위협 이외에도 환경오염과 같이 더 현실적인 문제가 많이 있다.
③ 여성 훈육서인 내훈의 대상은 궁중의 옥엽과 내빈 그리고 민간의 부녀자를 위한 것이었다.
④ 타당한 문제제기를 하려고 자기전공분야에 대한 광범위한 독서와 최근의 연구동향을 파악해야 할 것이다.
⑤ 인류의 유전자를 변형하여 자신만의 독창적인 형상을 만들어 내려고 한 그의 연구 논문은 대중과 언론의 혹평을 받기도 하였다.

4 Chapter

기적의 문장(Ⅱ)

Wake Brain

낱말 찾기

씨	약	식	댕	기	통	가	래	떡	민	마	당	굿
활	름	갓	미	줄	타	기	마	전	속	팽	전	판
쏘	방	패	연	명	풍	물	치	칠	교	이	통	저
기	곳	감	놋	닭	싸	움	강	정	바	상	무	고
사	자	놀	이	다	전	구	슬	강	둑	쨍	과	리
썰	장	구	명	짚	리	공	그	네	술	남	사	당
매	승	길	나	팔	신	밟	공	재	이	래	경	말
굿	패	장	쌈	줄	다	리	기	와	화	전	빔	뚝
승	나	승	풍	잡	장	차	엿	산	가	지	놀	이
농	경	무	악	소	기	민	요	태	껸	쥐	장	사
악	옹	도	쇠	고	누	징	윷	판	달	불	연	길
밤	기	덕	담	싸	쌍	륙	놀	투	구	놀	날	놀
방	탈	춤	대	움	움	비	이	호	지	이	리	이
세	앗	너	추	놀	노	녀	멍	석	단	오	기	세
뱃	북	간	름	이	리	대	보	름	석	떡	국	악
돈	웃	까	세	쇠	개	널	뛰	기	기	약	과	한
온	고	배	치	부	궁	설	빔	호	차	례	다	복
돌	름	오	곡	적	설	날	미	상	투	삼	태	기
사	물	놀	이	딱	지	치	기	솟	복	주	머	니

• 위의 표에서 전통과 관련된 낱말을 찾아서 써보세요. 제한시간은 1분입니다.

1	씨름				
2					
3					
4					
5					
6					
7					
8					
9					
10			연날리기		
11					
12					
13					
14					
15					온돌
16					
17					
18		줄다리기			
19					
20					

• 찾은 낱말들을 이용해서 문장의 주성분이 포함된 하나의 문장을 구성해 보세요. (조건: 겹문장으로 쓰세요)

Step 1 이론학습 및 모델링

학습목표

문장의 핵심요소를 이해하여 올바른 문장을 작성할 수 있다.

1. 문장 성분 분석 단계

단계	내용	예시
1단계: 서술어 찾기	• 복잡한 구조의 문장이나 여러 개의 문장으로 연결된 문장을 단문으로 나누기 위함 • 이유: 서술어는 문장의 종결을 나타내며, 문장 속에 쓰일 때는 생략되는 경우가 적기 때문에 먼저 찾는 것이 단문으로 구분하는데 용이	• EXID 멤버들이 새 무대복을 입었다.
2단계: 주어와 서술어의 호응관계 표시	• 주어는 서술어와 호응하므로, 먼저 찾은 서술어에 호응하는 주어를 찾으면 문장을 도식화에 용이	• 장백기는 안영이에게 구두를 주었다.
3단계: 목적어와 나머지 문장 성분 찾기	• 목적어는 목적격 조사 '을/를'을 이용 • 목적어를 찾고 나면 나머지 문장 성분은 꾸미는 말이나 접속 부사 • 마지막으로 꾸미는 말의 꾸밈을 받는 성분 찾기 • 생략된 문장 성분이 있으면 다시 쓰기	• (나는) 오늘 아침 어머니가 차려주신(꾸미는 말) 밥을 맛있게(꾸미는 말) 먹었다.
4단계: 호응되는 문장 성분을 찾기	• 꾸미는 말이 꾸며 주는 성분을 화살표로 표시하기	• 장그래는 비 오는 날에 우산을 팔 것이다. –(장그래는)는 주어 –(비 오는 날에)는 (팔 것이다)를 꾸밈 –(우산을)은 목적어 –(팔 것이다)는 서술어

2. 문장의 짜임새

1) 홑문장

• 절 하나로 이루어진 문장이며 짜임이 단순하고 길이가 짧은 문장

① 가을볕이 따갑다, 하늘이 파랗다.

② 나는 삼겹살을 좋아한다.

2) 겹문장

- 안김과 안음
  - 안긴문장: 다른 문장 속에 들어가 하나의 성분처럼 쓰이는 홑문장

안긴문장= 절의 종류				
명사절	관형절	부사절	서술절	인용절

  - 안은문장: 홑문장을 포함한 문장

① 장그래가 맡은 그 일은 하기가 쉽지 않다.
(명사절: 문장에서 주어, 목적어, 부사어 등 다양한 기능)
② 이 소설책은 내가 (읽은/읽는/읽은/읽던) 책이다.
(관형사절: 관형사형 어미 '(으)ㄴ,' '-는,' '-(으)ㄹ,' '-던' 이 붙어서 만들어진다. 이 요소들은 다음에서 보듯이 과거, 현재, 미래, 회상의 시간을 표현하는 데에 사용)
② 기광이는 발에 땀이 나도록 뛰었다.
(부사절: 부사어의 기능을 하는 것을 말하는데 서술어를 수식하는 기능)
④ 혜리의 얼굴이 예쁘다. (서술절)
⑤ 신문 기자에게 연예계에 질 나쁜 연예인이 있다고 말씀드렸다.(간접 인용절)
⑥ 폴라리스 회장은 당장 클라라를 데려오라고 외쳤습니다.(간접 인용절)

3) 이어진 문장

- 대등하게 이어진 문장
  - 홑문장들의 의미 관계가 대등하게 이어진 문장
  - 앞 절은 뒤 절과 '나열, 대조' 등의 의미 관계를 갖는 문장

① 낮말은 새가 듣고, 밤 말은 쥐가 듣는다.(나열)
② 호랑이는 죽어서 가죽을 남기지만, 사람은 죽어서 이름을 남긴다.(대조)

- 종속적으로 이어진 문장
  - 앞 절과 뒤 절의 의미가 독립적이지 못하고 종속적인 관계에 있는 문장
  - 종류

원인	(아)서	전등이 없어서, 밖이 깜깜하다.(원인)
조건	(으)면	아이돌 그룹이 많아지면, 트로트 가수가 사라질 것이다.(조건)
의도	(으)려고	한라산 등반을 하려고, 원인터내셔널 직원들은 아침 일찍 일어났다.(의도)
배경	는데	수지가 집에 가는데, 저쪽에서 현빈이 달려왔다.(배경)
양보	(으)ㄹ지라도	설령 눈이 올지라도, 장그래는 어김없이 일한다.(양보)

[예제]

1. 성분 분석단계에 따라서 문장을 분석하여 보고, 가장 핵심이 되는 내용으로 문장을 재구성 하여 보자.

원문형	인문고전은 인류의 역사를 새로 쓴 진정한 천재들이 자신의 모든 정수를 담아놓은 책이다.
기본문형	인문고전은 (천재들의 정수를 담아놓은) 책이다.

원문형	19세기 중반 이후 산업 자본가들이 크게 성장하면서, 중간층은 경쟁에서 밀려나고 상당수의 사람들이 하층으로 몰락하는 양극화 현상이 나타나기 시작했다.
문장분해1	19세기 중반 이후 산업 자본가들이 크게 성장하였다.
문장분해2	중간층은 경쟁에서 밀려나고 상당수의 사람들이 하층으로 몰락하는 양극화 현상이 나타나기 시작했다.
기본문형	(19세기 중반 이후) 양극화 현상이 나타나기 시작했다.

원문형	렘브란트는 〈예루살렘의 멸망을 슬퍼하는 예레미야〉라는 작품에서 멸망해 가는 예루살렘이 아니라 고뇌하는 예레미야에게 빛을 비춤으로써 보는 이로 하여금 그림 속 주인공의 슬픔에 깊이 빠져들게 한다.
문장분해1	렘브란트는 〈예루살렘의 멸망을 슬퍼하는 예레미야〉라는 작품에서 멸망해 가는 예루살렘이 아니라 고뇌하는 예레미야에게 빛을 비추었다.
문장분해2	렘브란트는 보는 이로 하여금 그림 속 주인공의 슬픔에 깊이 빠져들게 한다.
기본문형	렘브란트는 자신의 작품에서 고뇌하는 예레미야를 조명하여 예레미야의 슬픔에 깊이 빠져들게 한다.

※ 가이드

1) 문장을 크게 2개로 분해한다. 중요한 문장이 어느 쪽인지 확인하다. 둘 다 중요할 수 있다.
3) 동사를 먼저 찾는다.
4) 동사와 호응하는 주어를 찾는다.
5) 주어와 동사를 연결하여 부족한 문장 성분을 찾아서 정리한다.

Step 2 개별학습(personal learning)

1. 원문형을 분해하여 어떤 문장이 더 중요한지 생각해 봅시다. 그리고 문장 성분 분석단계에 따라서 문장을 분석하여 보고, 가장 핵심이 되는 내용을 기본문형으로 재구성 하여 봅시다.

1–1

원문형	인상파 화가들은 광학 지식의 발달에 힘입어 사물이 색이 빛의 반사에 의해 생긴 것이라는 사실을 알게 되었다.
문장분해1	
문장분해2	
기본문형	

1–2

원문형	과학자들은 단위 시간 동안 단위 면적에 입사하는 빛에너지의 총량을 '복사 플럭스'라고 정의하였는데 이 값이 클수록 별이 더 밝게 관측된다.
문장분해1	
문장분해2	
기본문형	

1–3

원문형	지성과 감성은 나누어서 생각해볼 수는 있지만 대립의 개념도 아니고, 분리되는 것도 아니며, 두 요소 모두 인격과 개성을 이루는 중요한 요소이다.
문장분해1	
문장분해2	
기본문형	

1–4

원문형	이적인 청이 중화인 명을 멸망시키고 황제국을 칭하였기 때문에 현실에서 중화의 담지자는 조선뿐이라는 '조선 중화주의'가 새롭게 대두하기 시작하였다.
문장분해1	
문장분해2	
기본문형	

1–5

원문형	5달러로 시작해서 1929년에 1억 달러, 오늘날의 원화가치로 약 2조 원 이상의 자산을 모아 월 스트리트 역사상 가장 성공한 개인 투자자라고 불리는 '추세매매 기법의 아버지' 제시 리버모어는 비록 초등학교 중퇴위 학력이었지만 책을 게걸스럽게 먹어치운다는 소리를 들을 정도로 독서광이었다.
문장분해1	
문장분해2	
기본문형	

1–6

원문형	J. P. 모건을 비롯한 모든 미국 금융인들보다 세계 금융시장에 더 큰 영향을 끼쳤다는 평가를 받고 있으며, 단 두 명의 직원으로 시작해서 세계 최대 증권회사인 메릴린치를 창업한 찰스 메릴은 아이비리그보다 깊이 있는 인문고전 독서교육으로 유명한 애머스트 칼리지 출신이다.
문장분해1	
문장분해2	
기본문형	

2. 중복된 내용을 고쳐서 다시 써봅시다.

원문장	수업시간에 배운 것은 수업시간에 다 이해하고 넘어가야지 수업시간에 놓치면 따라오기 힘들다.
수정문장	(단어중복)

원문장	국민에게 봉사하는 공무원이 되겠다고 시험에 응시한 사람들이 어떻게 이처럼 몰상식한 행동을 하는지 이해할 수 없다.
수정문장	(겹말)

3. 문장의 성분이 호응이 잘 되도록 고쳐봅시다.

원문장	이번 시험에서 성적이 나쁘게 나온 학생은 방과 후 보충수업을 시켜야 한다.
수정문장	(주어와 서술어 호응)

원문장	참가국 중에는 이 기회에 한번도에서의 영향력을 확대하는 계기로 삼으려는 의도를 지닌 나라도 있다.
수정문장	(목적어와 서술어 호응)

4. 문장을 잘 살펴보고 이상한 점을 찾아 수정해 봅시다.

원문장	당국에 의해 자연이 훼손되어지는 무분별한 녹지개발 사업이 되풀이되어져서는 안 될 것이다.
수정문장	(피동형)

원문장	시민들이 사고로 숨진 희생자들을 추모하기 위해 건물 앞 계단에 촛불을 늘어놓으며 애도를 표시하고 있다.
수정문장	(주어와 서술어는 너무 멀지 않게)

5. 다음 중 어법에 맞는 문장은?

① 피로 회복에는 역시 OOO!
② 저기 나는 새가 바로 독수리야.
③ 건강을 위하여 지나친 흡연을 삼가합시다.
④ 너는 팔뚝이 두꺼워서 민소매 옷이 안 어울려.

6. 다음 문장에서 국어 어법에 알맞은 것은?

① 지금 여러분이 태워야 할 것은 담배가 아니라 미래의 열정입니다.
② 우리에게 자유가 얼마나 소중한가하는 것은 조금도 강조할 필요가 없다.
③ 먹다 남은 쓰레기는 꼭 가지고 차에서 내리시기 바랍니다.
④ 내가 이렇게 성공할 수 있었던 것은 모두 우리 어머니 때문이다.

Step 3 팀학습(cooperative learning)

7. 원문형을 분해하여 어떤 문장이 더 중요한지 생각해 봅시다. 그리고 문장 성분 분석단계에 따라서 문장을 분석하여 보고, 가장 핵심이 되는 내용을 기본문형으로 재구성 하여 봅시다.

7–1

원문형	우리는 일단 적극적인 관점에서 정보화를 통해 미래 사회를 더 민주주의적으로 재구성할 수 있다는 신념을 갖되, 정보 통신기술에 의한 통제 가능성이 예고하고 있는 위험을 최소화할 수 있는 노력을 철저히 해 나가야 한다.
문장분해1	
문장분해2	
기본문형	

7–2

원문형	전통적으로 중국에서는 '화이론' 에 따라 한족이 사는 직역을 '안' 이라고 하여 그 종족 및 문화를 '중화' 로, 주변 민적이 사는 지역을 '밖' 으로 보아 그 종족 및 문화를 '오랑캐' 로 구분하였다.
문장분해1	
문장분해2	
기본문형	

7–3

원문형	인상파 화가들은 이처럼 자연을 빛과 대기의 운동에 따른 색채 현상으로 보고 순간적이고 찰나적인 빛의 표현에 모든 것을 바침으로써 매우 유동적이고 변화무쌍한 그림을 창조해 냈다.
문장분해1	
문장분해2	
기본문형	

7–4

원문형	인상파 화가들은 빛의 효과를 극대화하기 위해 같은 주황색이라도 팔레트에서 빨강과 노랑을 섞어 주황색을 만들기보다는 빨강과 노랑을 각각 화포에 칠해 멀리서 볼 때 섞이게 함으로써 훨씬 채도가 높은 주황색을 만드는 것을 선호했다.
문장분해1	
문장분해2	
기본문형	

7–5

원문형	인공생명론은 생명을 구성 요소 간의 상호 작용에서 생겨나는 특성으로 보기 때문에, 상호작용하는 간단한 구성 요소를 모아서 거대한 집합체를 만들어 내는 '상향식방법' 으로 행동의 합성을 시도하여 생명의 역도적인 형식을 연구한다.
문장분해1	
문장분해2	
기본문형	

8. 중복된 내용을 고쳐서 다시 써봅시다.

원문장	이 업체는 다음달 20일까지 '봄 혼수 대축제' 행사를 벌이면서 휴대전화 · 노트북은 20%, 냉장고 · TV는 15% 할인 판매하는 행사를 벌인다.
수정문장	(구절중복)

원문장	시험에 대한 중압감으로 너무 많이 신경을 써 지나치게 고민하면 건강을 해칠 수 있다.
수정문장	(의미중복)

9. 문장의 성분이 호응이 잘 되도록 고쳐봅시다.

원문장	정부 내에서는 이번 보고서에 대해 찬반 논란이 팽팽하게 맞서고 있다.
수정문장	(주어와 서술어 호응)

원문장	시민단체는 주민들의 삶을 파괴하는 무분별한 도박장 유치 계획을 전면 백지화할 것을 관계 당국에 강력히 항의했다.
수정문장	(목적어와 서술어 호응)

원문장	큰아이는 모범생이며, 작은아이는 미술을 좋아한다.
수정문장 수정문장	 (논리적 호응)

10. 어법에 맞게 사용된 문장은?

① 그 사람은 매사에 쉽게 처리하는 경향이 있다.
② 철수는 영희에 관심을 끌려고 노력하고 있다.
③ 자격증은 취업은 물론 기존의 직장에서도 유리하다.
④ 그 사건은 냉전의 종식과 평화 시대의 도래를 의미한다.

11. 다음 중 문법적으로나 문체적으로 가장 자연스러운 문장은?

① 언어를 가지고 있지 않은 동물에게서도 인간의 지적인 작용이나 사고 작용에 비길 만한 것이 많이 발견된다.
② 사회의 계층화란 재화가 불평등하게 분배되고 이에 따라 개인과 집단을 서열화시키는 현상을 말한다.
③ 외국에서 살다가 십 년 만에 돌아온 그의 눈에는 조국의 발전상에 그만 압도되었던 것이다.
④ 상대적으로 느끼는 행복이 물질적 조건에서 오는 행복이라면 절대적으로 느끼는 행복은 정신적 조건이라 할 수 있다.

12. 다음 중 문법이나 어휘 사용 등에서 어색하지 않은 문장 표현은?

① 고등학교에 들어가기 전까지는 학교에서 배워 주는 것은 그대로 받아들여 왔다.

② 재활용품을 내놓을 때, 재활용이 안 되는 쓰레기를 섞어 내놓으면 환경미화원들이 수거를 하지 않기 때문에 집 주변이 보기 흉하게 된다.

③ 도량형은 미터법 사용을 원칙으로 하되 각종 증빙 서류 등이 미터법 이외의 도량형으로 작성할 경우 미터법으로 환산한 수치를 병기한다.

④ 관계도서는 국회사무처에 비치하고 이해관계인에게 열람합니다.

⑤ 생활 철학이란 위대한 철학자가 말하는 그런 철학이 아니라, 자연물 하나에서라도 어떤 의미를 찾는다고 하는 것이 더 나을 것이다.

Step 4 맞춤법

13. 맞는 곳에 'ㅇ'를 하세요.

예) 그는 뻔뻔스러운 행동을 서슴치 않고 한다.	예) 그는 뻔뻔스러운 행동을 서슴지 않고 한다.
예) 불을 지폈으니까 곧 따뜻해질 거에요.	예) 불을 지폈으니까 곧 따뜻해질 거예요.
예) 어따대고 막말을 늘어놓는 거야	예) 얻다대고 막말을 늘어놓는 거야

14. 다음의 내용을 읽고 팀별로 문제를 해결해 봅시다.

check point

2014 기사 속 틀린 맞춤법' 70개

언론사 간 속보 경쟁과 조회수를 늘리기 위한 '어뷰징'이 늘어나면서 맞춤법이 틀린 기사가 많아졌다. 이는 언론의 신뢰 저하로도 이어지고 있다.

2015년에는 더욱 정확한 사실만을 전달하는 경향신문이 될 것을 다짐하며 2014년 한 해 동안 여러 언론사들의 기사에서 나타난 '틀린 맞춤법' 70개를 정리했다.

발목이 얇다(×)→가늘다(○)
얽히고 섥히다(×)→얽히고설키다(○)
피로회복(×)→피로해소(○), 원기회복(○)
운명을 달리하다(×)→운명하다(○), 유명을 달리하다(○)
많이 놀래다(×)→놀라다(○)
지원자가 원서를 접수하다(×)→제출하다(○)
크리스마스 캐롤(×)→캐럴(○)
가능한 빨리(×)→가능한 한 빨리(○)
바꼈다(×)→바뀌었다(○)
사겼다(×)→사귀었다(○)
어의없다(×)→어이없다(○)
됬다(×)→됐다(○)
명예회손(×)→명예훼손(○)
돈을 맞기다(×)→맡기다(○)
돈을 깍아주다(×)→깎아주다(○)
높은 취사율(×)→치사율(○)
갚진(×) 동메달→값진(○)
저렴한 인권비(×)→인건비(○)
중퇴(×)에 빠지다→중태(○)
찹찹하다(×)→착잡하다(○)
곰곰히(×)→곰곰이(○)

시험을 치루다(×)→치르다(○)
심여(×)를 기울이다→심혈(○)
설레임(×)→설렘(○)
단언컨데(×)→단언컨대(○)
되물림(×)→대물림(○)
오랫만이야(×)→오랜만이야(○)
역활(×)→역할(○)
정답을 맞추다(×)→맞히다(○)
문안하다(×)→무난하다(○)
희안하다(×)→희한하다(○)
요세(×)→요새(○)
금새(×)→금세(○)
제작년(×)→재작년(○)
건들이다(×)→건드리다(○)
도데체(×)→도대체(○)
구지(×)→굳이(○)
임마(×)→인마(○)
뒤치닥거리(×)→뒤치다꺼리(○)
빈털털이(×)→빈털터리(○)
움추리다(×)→움츠리다(○)
애띠다(×)→앳되다(○)
궁시렁거리다(×)→구시렁거리다(○)
널부러지다(×)→널브러지다(○)

핼쓱하다(×)→핼쑥하다(○)
웅큼(×)→움큼(○)
느즈막하다(×)→느지막하다(○)
댓가(×)→대가(○)
홧병(×)→화병(○)
안성마춤(×)→안성맞춤(○)
귀뜸(×)→귀띔(○)
넓직하다(×)→널찍하다(○)
설겆이(×)→설거지(○)
개구장이(×)→개구쟁이(○)
구렛나루(×)→구레나룻(○)
눈쌀(×)→눈살(○)
낭떨어지(×)→낭떠러지(○)
발자욱(×)→발자국(○)
서슴치(×)→서슴지(○)
줏어(×)→주워(○)
납짝하다(×)→납작하다(○)
간지르다(×)→간질이다(○)
가벼히(×)→가벼이(○)
깨끗히(×)→깨끗이(○)
닥달하다(×)→닦달하다(○)
하마트면(×)→하마터면(○)
통채로(×)→통째로(○)
요컨데(×)→요컨대(○)
일찌기(×)→일찍이(○)
몇일(×)→며칠(○)

(출처: 경향신문, 2014년 12월 31일)

• (진실 혹은 거짓 게임)팀별로 5개의 이상의 단어와 동서를 활용하여 이야기를 만들어 봅시다. 이야기는 5문장 이상으로 구성되어야 합니다. 문장을 구성할 때 틀린 것과 맞은 것을 섞어서 문장을 만들어 봅시다. 그리고 다른 팀에게 발표하여 봅시다.

Chapter 5

One paragraph, One topic(Ⅰ)

Wake Brain

우리는 하나 1

① 각 조별로 한 원을 만들고 안쪽을 보고 섭니다.

② 자신의 양손을 한 사람 건너 다음 사람의 배 앞쪽으로 내밉니다.

③ 모든 참가자들이 이 같은 방법으로 손을 잡고 하나의 원을 만듭니다.

④ 모두에게 자신이 원 안에 있는지, 원 밖에 있는지를 물어봅니다.

⑤ 원 밖에 있는 나와 우리가 원 안에 들어올 수 있는 방법을 찾으라고 말합니다.

⑥ 각 개인들이 여러 가지 이야기와 행동을 해보지만, 참가자 전원이 똑같은 하나의 방법을 사용해야 원 안에 우리 모두가 들어갈 수 있다고 말하고, 잡고 있는 손을 모두가 위로 들어 머리 뒤로 넘기라고 말합니다.

우리는 하나 2

① 조별로 모두 손을 잡고 원을 만들어 안쪽을 봅니다.

② 손을 풀지 않은 상태에서 모두가 바깥쪽을 보고 설 수 있도록 방법을 찾아봅니다.

Step 1 이론학습 및 모델링

학습목표

단락의 구조를 이해하여 올바른 단락을 구성할 수 있다.

1. 단락의 의미

- 여러 개의 문장이 모여서 하나의 통일된 생각을 나타내는 글의 단위
- 한 개의 중심 생각과 그것을 지원하는 여러 개의 뒷받침 문장으로 구성
- 들여쓰기로 형식적 경계를 이루는 글의 구성단위

<table>
<tr><td colspan="24">전체 글
(중심 주제)</td></tr>
<tr><td colspan="8">장(첸터)
(중심주제)</td><td colspan="8">장</td><td colspan="8">장</td></tr>
<tr><td colspan="4">단락
(소주제)</td><td colspan="4">단락
(소주제)</td><td colspan="4">단락
(소주제)</td><td colspan="4">단락</td><td colspan="4">단락</td><td colspan="4">단락</td></tr>
<tr><td colspan="2">문장</td><td colspan="2">문장</td><td colspan="2">문장</td><td colspan="2">문장</td><td colspan="2">문장</td><td colspan="2">문장</td><td colspan="2">문장</td><td colspan="2">문장</td><td colspan="2">문장</td><td colspan="2">문장</td><td colspan="2">문장</td><td colspan="2">문장</td></tr>
<tr><td>단어</td><td>단어</td><td>단어</td><td>단어</td><td>단어</td><td>단어</td><td>단어</td><td>단어</td><td>단어</td><td>단어</td><td>단어</td><td>단어</td><td>단어</td><td>단어</td><td>단어</td><td>단어</td><td>단어</td><td>단어</td><td>단어</td><td>단어</td><td>단어</td><td>단어</td><td>단어</td><td>단어</td></tr>
</table>

2. 단락의 설명

1) 글의 일부분

- 글의 일부분으로서 글의 주제를 뒷받침하는 하나의 중심 내용을 포함
- 중심내용은 단락의 주제, 글 전체 주제를 뒷받침하는 글 속의 글
- 중심내용은 글 전체의 주제를 일부 떠받드는 골격의 구실을 하므로 논의의 대상이 될 수 있을 만큼 중요한 개념

2) 중심문장과 세부 내용을 나타내는 문장의 모임

- 하나의 중심 내용을 나타내는 문장과 그 세부 내용을 나타내는 문장의 모임

- 소주제를 담고 있는 중심 문장과 소주제와 관련된 생각을 충분히 펼칠 수 있도록 하기 위한 뒷받침 문장들로 구성
- 중심문장은 단락의 뼈대이면서 추상적이고 관념적인 진술(중심문장만으로는 무엇에 대해 이야기하는지 명확치 않음), 하나의 단락은 중심문장에서 시작하여 세부적·구체적 이야기로 확대되어 완결된 생각을 표현

3) 들여쓰기, 줄바꾸기의 형식적 구분

- 각 단락에는 하나의 중심 내용이 존재하므로 중심 내용이 바뀌면 단락도 바뀜
- 일반적으로 사건, 논점, 대상, 관념, 처지가 바뀔 때 형식적 구분을 위해 들여 쓰기를 함
- 단락의 처음 부분은 한자 들여쓰기를 하며, 단락 마지막 부분의 빈 곳을 그대로 두어 채워서 쓰지 않음

3. 단락의 특징

- 단락의 내용은 글의 전체 주제와 관련
- 단락은 반드시 하나의 중심 생각만 내포
- 뒷받침문장은 소주제와 관련된 것(통일성)
- 뒷받침문장은 소주제를 구체화하는 내용
- 뒷받침문장은 설명, 논증, 서사, 묘사를 통하여 소주제를 설명(Chapter. 7 참고)

4. 단락의 구조

- 단락 = 소주제문(topic sentence) + 뒷받침 문장(supporting sentence)
- 소주제(중심문장)= 글 전체 주제의 일부를 이루는 요소로서 '단락의 핵심 내용'
- 뒷받침문장= 소주제문(중심문장)을 떠받들어 펼치는 것으로써 소주제문을 제외한 나머지 문장

소주제(중심문장) + 뒷받침 문장 + 뒷받침 문장 → 단락
뒷받침 문장 + 뒷받침 문장 + 소주제(중심문장) → 단락
뒷받침 문장 + 소주제(중심문장) + 뒷받침 문장 → 단락

중심문장(소주제문, 화제문장)

뒷받침 문장+ 뒷받침 문장+ 뒷받침 문장

1) 바람직한 소주제(중심문장)의 요건

① 소주제는 글 전체 주제와 관련되어야 하며 단일한 것이어야 함
② 소주제는 알맞은 범주의 개념
③ 복합 개념의 소주제는 특수한 경우에만 사용
④ 소주제문은 간결하고 확실하게 표현

2) 바람직한 뒷받침 문장의 요건

① 뒷받침 문장은 중심 문장과 관련된 것: 뒷받침 문장은 중심 문장을 풀이하거나 논술하여 펼치는 것
② 뒷받침 문장은 중심 문장을 충분히 발전시키는 것: 소주제를 누구나 이해하고 납득할 수 있게 구체화 또는 합리화해야 함
③ 뒷받침 문장은 알맞은 분량: 한 단락의 뒷받침 단락은 평균 5개에서 8개의 뒷받침 문장을 사용

3) 예

시립대학은 완전히 초만원이다. 공간이 부족하다는 것은 캠퍼스의 어느 곳에서나 쉽게 발견할 수 있다. 강의실은 꽉 차서 학생들은 통조림 속의 생선 모양 같다. 그들 중의 일부는 마룻바닥에 앉아서 강의를 들어야 한다. 많은 학생들이 복도와 층계에 서서 공부를 할 정도로 도서관과 연구실은 빽빽하게 들어차 있다. 학생들이 배가 고프거나 입맛을 잃었을 때 찾곤 하는 구내식당은 흡사 배불뚝이의 배처럼 금방 미어터질 정도로 붐빈다. 캠퍼스는 어느 곳이나 초만원이어서 학문 탐구의 전당이라기보다는 싸구려 시장 같다.

(Kathleen E. Sullivan, 2000)

5. 단락 전개의 3대 원리

(1) 통일성의 원리

1) 통일성의 원리(The principle of unity)의 의미

- 하나의 단락 속에는 하나의 중심 내용이 있는 것
- 소주제와 그 뒷받침 서술이 내용적으로 일치를 이루어야 한다는 것
- 통일성을 갖추어야만 초점이 뚜렷한 글이 됨, 저자는 이야기 하고자는 하는 뜻을 독자에게 명확하게 전달 가능

2) 예

(통일성이 좋은 예)

술 못 먹는 탓으로 똑똑한 내가 사람대접 못 받는 때가 있다. 술좌석에서 맨 먼저 한두 번 나에게 술을 권하다가는 좌중에 취기가 돌면 나의 존재를 무시해 버리고 저희들끼리만 주거니 받거니 떠들어댄다. 요행 인정 있는 사람이나 끼여 있다면 나에게 사이다나 코카콜라를 한 병 갖다 주라고 한다. 시외 같은데 단체로 갈 때 준비하는 사람들은 술은 으레 많이 사도 다른 음료수는 전혀 준비하지 않는 수가 많다. 간 곳이 물이 없는 곳이면 목 메인 것을 참고 밥을 자꾸 씹을 수밖에 없다.

(피천득, "술" 중에서)

(통일성이 좋지 않은 예)

음식 맛은 재료에서만 오는 것이 아니라 대부분 요리하는 솜씨에서 나오는 것이다. 우리 음식점의 요리사들이 대개 부인인 것은 옛날 여염의 음식 맛이 모두 주부들의 솜씨에서 나왔던 것을 증명하고 있다. 요즘 우리 음식이 국적 불명의 잡색 식품으로 되어 가고 있어 맛도 없고 품도 없는 것이 태반이다. 가을이 되면 나는 시골집에서 먹던 농어회나 게탕, 아욱국 등이 생각난다.

(신석초, "식도락" 중에서)

(2) 연결성의 원리

1) 연결성(The principle of coherence) 원리 의미

- 뒷받침문장들을 앞뒤가 맞게 논리적으로 배열하는 것
- 선택된 재료들을 시간적 순서나 공간적 순서, 논리적 순서에 따라 순리적으로 배열하는 것

시간적 순서	인물의 행동이나 사건을 기술할 때 사용
공간적 순서	일정 공간에 고정되어 있는 사물의 모습을 자세히 나타낼 때, 자연의 풍경, 사물의 겉모습, 얼굴 생김새 등을 있는 그대로 생생하게 글로 옮기기 위해 사용하는 배열방법
논리적 순서	추상적 생각을 나타내는 경우/원인이나 결과를 밝힌다든지, 의견이나 주장을 나타낼 때 주로 사용

2) 단락 안에서 연결성을 유지하는 방법

- 앞뒤 문장의 관계를 밝히고 뒷문장이 나아갈 방향을 예고하는 접속어구의 사용
- 앞이나 뒤에 나오는 내용을 대신하는 지시 어구의 사용
- 핵심이 되는 어구를 거듭 반복

3) 예

(연결성이 좋은 예)

속담은 우리에게 삶의 지혜를 가르쳐 주는 일이 있다. 예를 들어, "열 길 물속은 알아도 한 길 사람의 속은 알 수 없다"라는 속담은 사람의 마음씨나 됨됨이는 여간해서는 알기가 어렵다는 것을 말해 준다. 겉으로 나타난 모습만 보고 또는 몇 마디 말을 걸어 보는 것만으로 사람을 판단해서는 안 된다는 것을 이 속담은 가르쳐 준다. 한편으로 "물은 건너보아야 알고 사람은 사귀어 보아야 안다."라는 속담은 그런 경우에 우리가 어떻게 해야 할 것인지를 시사해 주고 있다. 사람의 마음속은 그처럼 알기 어려우니 오래 사귀어 보아야 한다는 것을 다시금 일깨워 주는 것이다.

(연결성이 좋지 않은 예)

①여정이 시작되자마자 나의 예상은 여지없이 빗나갔다. ②아이의 모습이 바뀐 것이다. ③집에서는 쳐다보지도 않던 도토리묵이나 나물 등을 거리낌 없이 먹어치우는 것이었다. ④군것질이나 반찬 투정이 불가능한 현실을 그대로 받아들이는 모습이었다. ⑤길거리를 터벅터벅 걸으며 입버릇처럼 이야기하는 "아빠, 목말라, 음료수 사 줘" 라는 말도 사라졌다. ⑥이번 단체여행이 아이의 음식 타박을 없앤 것이다.

(정재현, "반찬투정을 고쳐준 단체여행" 중에서)

※ 문장의 연결성을 위해 문장 ④를 어디로 옮겨야 할까?

(3) 강조성의 원리

1) 강조성(The principle of emphasis) 원리 의미

- 전하고자 하는 텍스트의 내용을 중시하여 중심내용을 특별히 두드러지게 서술하는 전개 방식

2) 강조의 효과를 나타내는 방식

- 서술 내용에 의한 강조: 중요한 사항에 대해서는 되도록 충분한 서술을 해서 독자의 관심을 오래 붙잡아 두고 납득을 시키는 강조법
- 위치에 의한 강조
  - 두괄식단락: 일반적으로 단락의 첫머리는 가장 강조 효과가 큰 자리
  - 미괄식단락: 단락의 끝 부분도 강조의 효과가 큰 부분인
  - 양괄식단락: 첫머리와 끝 부분을 함께 활용하는 것은 강조효과를 가장 크게 하는 방법
- 표현 기교에 의한 강조: 표현 기교에 의한 강조는 반복법과 과장법이 대표적이며 도치법, 열거법, 점층법도 사용

3) 예

(강조성이 좋은 예)

산하면 가을, 봄, 철 따라 그 정취가 다르고 또 각 철에 맞는 특유한 산이 있기 마련이지만, 서울의 북악산만큼 겨울 풍경의 미와 정기를 자아내고 있는 산도 드물 것이다. 요즘도 매일같이 느끼며 다니고 있지만, 내가 사는 수색동에서 버스를 타고 응암동 입구를 지나 녹번동 세거리까지 달리는 동안 왼쪽으로 멀리 바라보는 겨울의 북악산은 영하 10도를 넘는 차가운 서릿발 속에 그 날카롭고 정한한 모습을 드러내어 놓고 있다. 창기병의 날카로움과 같다 할까. 냉수욕을 금방 끝낸 신사의 희고 단단한 혈색 좋은 얼굴을 연상케 하는 정기로운 모습을 드러내어 놓고 있다.

(김현승, "겨울 산" 중에서)

(강조성이 좋지 않은 예)

나는 인생의 가을 고개를 경험해 보지 못한 애송이 풀잎이다. 그저 계절이 바뀔 때마다 내 체험을 통하여 심장에서 저절로 솟는 센티멘털리즘에 까닭 모를 슬픔이 있었을 뿐이다.

(모윤숙, "가을" 중에서)

※ 이 단락의 문제는 무엇일까?

[예제]

1. 다음 문장을 자연스럽게 전개하여 하나의 단락으로 만든 후 각 질문에 답하여 보자.

문제	
가.	예를 들어, "열 길 물속은 알아도 한 길 사람의 속은 알 수 없다"라는 속담은 사람의 마음씨나 됨됨이는 여간해서는 알기가 어렵다는 것을 말해 준다.
나.	사람의 마음속은 그처럼 알기 어려우니 오래 사귀어 보아야 한다는 것을 다시금 일깨워 주는 것이다.
다.	겉으로 나타난 모습만 보고 또는 몇 마디 말을 걸어 보는 것만으로 사람을 판단해서는 안 된다는 것을 이 속담은 가르쳐 준다.
라.	한편으로 "물은 건너보아야 알고 사람은 사귀어 보아야 안다."라는 속담은 그런 경우에 우리가 어떻게 해야 할 것인지를 시사해 주고 있다.
마.	속담은 우리에게 삶의 지혜를 가르쳐 주는 일이 있다.

질문	답변
① 문장순서	마- 가- 나- 라- 다
② 모든 핵심어	속담, 삶, 지혜
③ 베스트 핵심어	속담
④ 핵심문장	마. 속담은 우리에게 삶의 지혜를 가르쳐 주는 일이 있다.
⑤ 소주제	속담은 삶의 지혜를 알려준다.
⑥ 제목	삶의 지혜를 알려주는 속담

※ 가이드

1) 단락 배열 시 가장 먼저, 일반적 진술을 하는 문장을 찾는다.
2) 일반적 진술을 나타내는 문장은 '마' 이다. 다음으로 '마' 를 구체적으로 설명해주는 '가' 가 이어져야 한다.
3) '가' 를 한 번 더 설명해주고 있는 것이 '나' 이므로 다음 문장으로 이어져야 한다. 나머지 '다' 와 '라' 도 같은 방식으로 처리하면 된다.

Step 2 개별학습(personal learning)

1. 다음 글에서 논리 전개상 불필요한 문장은?

민담은 등장인물의 성격 발전에 대해서는 거의 중점을 두지 않는다. ㉠민담에서 과거 사건에 대한 정보는 대화나 추리를 통해서 드러난다. ㉡동물이든 인간이든 등장인물은 대체로 그들의 외적 행위를 통해서 그 성격이 뚜렷하게 드러난다. ㉢민담에서는 등장인물의 내적인 동기에 대해서는 전혀 관심을 기울이지 않는다. ㉣늑대는 크고 게걸스럽고 교활한 반면 아기 염소들은 작고 순진하며 잘 속는다. 말하자면 이들의 속성은 이미 정해져 있어서 민담의 등장인물은 현명함과 어리석음, 강함과 약함, 부와 가난 등 극단적으로 대조적인 양상을 보여 준다.

① ㉠ ② ㉡ ③ ㉢ ④ ㉣

2. 주제문과 뒷받침 문장의 구성이 가장 잘 이루어진 것은?

① 한옥 지붕의 기본적인 모양은 맞배지붕, 우진각지붕, 팔작지붕이다. 맞배지붕은 지붕의 앞면과 뒷면을 서로 맞댄 모양이다. 이에 반해 팔작지붕은 우진각지붕의 형식에 다시 팔자(八字) 모양을 덧붙여 부챗살이 펴지는 듯 한 형상을 하고 있다.

② 언어의 중요한 특성으로 자의성과 사회성을 들 수 있다. 언어의 자의성은 음성기호와 그것이 나타내는 의미의 관계가 필연적이 아니라 임의적이라는 것이며, 언어의 사회성은 이러한 기호와 의미 관계의 성립 이 언중의 약속에 의해 이루어진다는 것이다. 그러므로 언어는 임의적 기호체계이지만 반드시 사회적 약속을 획득해야만 한다.

③ 말은 듣는 이에게 다양한 심리적 반응을 일으킨다. 말하는 이가 잘못 쓴 말은 듣는 이에게 불쾌감, 소외감, 불신감 등의 부정적 결과를 초래하는 요인이 되므로, 말을 할 때는 항상 듣는 사람의 감정을 고려해 서 말해야 한다. 대화를 이기적이고 자기 중심적으로 진행하는 사람은 인간관계에서 문제를 일으킬 가능성이 많다.

④ 옛날 한국에서는 개울가 어디를 가나 쪼그리고 앉아 빨래하는 여인들을 볼 수 있었다. 빨래가 끝나면 홍두깨에 빨래를 감아놓고, 곤봉 모양의 방망이로 홍두깨질을 하고, 햇볕에 널어서 말린다. 이런 과정을 거치 면 흰 무명천도 희부연 공단처럼 눈부시게 하얀 색이 된다.

3. 다음 문장들을 하나의 단락으로 재구성할 때, 가장 자연스러운 배열순서는?

ㄱ. 또한, 이번 열차 운행은 한반도 전체를 시베리아 횡단철도 및 중국 횡단철도와 연결시키는 첫걸음으로서 큰 의미가 있다.
ㄴ. 경의선 화물열차는 우선 남북 사이 물자 수송의 단가와 시간을 대폭 줄이는 효과가 있다.
ㄷ. 이는 남쪽 기업들의 개성공단 입주 여건을 개선하는 데 크게 이바지할 것이다.
ㄹ. 지난 수십 년 북쪽 육로가 끊겨 섬과 같았던 우리나라가 다시 대륙국가로서 정체성을 강화할 조건을 갖춰가는 셈이다.

① ㄴ－ㄷ－ㄱ－ㄹ　② ㄹ－ㄴ－ㄷ－ㄱ　③ ㄱ－ㄴ－ㄷ－ㄹ　ㄴ－ㄱ－ㄷ－ㄹ

4. 다음 글의 연결 순서로 가장 자연스러운 것은?

(가) 바위에 눌어붙은 기름들은 좀처럼 닦이질 않았다.
(나) 바다에서 불어오는 바람은 찼고, 장화 속 발가락은 금세 딱딱해졌다.
(다) 발을 옮길 때마다 장화에 찐득찐득한 기름이 달라붙었다.
(라) 끌, 숟가락, 젓가락, 스테인리스 밥그릇까지 동원해 긁어내야 했다.
(마) 그러기를 5시간, 닦아낸 돌은 겨우 12개였다.
(바) 대천항에서도 배로 1시간 거리의 녹도는 아직까지 기름투성이였다.
(사) 지난 주말 충남 보령시 녹도로 기름 방제 자원봉사를 다녀왔다.

① (사)－(바)－(가)－(다)－(나)－(마)－(라)
② (사)－(바)－(나)－(가)－(마)－(다)－(라)
③ (가)－(라)－(나)－(마)－(사)－(다)－(바)
④ (사)－(바)－(다)－(가)－(라)－(나)－(마)

5. 다음 단락을 읽고 질문에 답하여 봅시다.

여성이 남성에 비해 지적 능력이 뒤떨어진다는 생각을 가진 사람들을 가끔 볼 수 있는데 이는 남성 위주의 사회가 빚어낸 잘못된 생각 중의 하나이다. 인류의 역사는 오랫동안 남성이 여성보다 우위에 서는 가부장적인 체제를 유지해 왔다. 그래서 남성은 사회 활동을 하고 여성은 가정에서 뒷바라지를 하게 되었고, 이러한 과정에서 여성은 마땅히 남성을 돕는다는 인식을 가져왔다. 근대까지만 하더라도 몇몇 안 되는 여성들의 과학적 업적이 그나마 남편의 이름으로 발표되었다든지, 설령 자신의 이름으로 남겼더라도 후세의 역사가들에 의해 고의로 남성이라고 주장된 어처구니없는 일들이 많이 일어났다.

그리고 이러한 사실들은 여성은 비이성적이며 지적이 아니라는 주장에 가려져 왔다. 그러나 사실은 그렇지 않다. 여성들의 능력이 없는 것이 아니라 다만 가려져 왔을 뿐이다. 노벨상을 두 번이나 탄 퀴리 부인의 경우가 이를 증명하고 있고, 또한 이공계의 학생 수만 하더라도 여성의 비율이 결코 남성에 비해 떨어지지 않는다. 이러한 사실로 미루어 볼 때 여성들의 지적 능력이 부족하다는 것은 남성 위주의 사회에서 남성 위주의 사고방식으로 빚어낸 잘못된 통념에 불과하다는 것을 알 수 있다.

질문	답변
① 모든 핵심어	
② 베스트 핵심어	
③ 핵심문장	
④ 소주제	
⑤ 제목	

6. 다음 글의 문맥상 ㉠에 들어갈 가장 적절한 표현은?

아파트에서는 부엌이나 안방이나 화장실이나 거실이 다 같은 높이의 평면 위에 있다. 그것보다 밑에 또는 위에 있는 것은 다른 사람의 아파트이다. 좀 심한 표현을 쓴다면 아파트에서는 모든 것이 평면적이다. 깊이가 없는 것이다. 사물은 아파트에서 그 부피를 잃고 평면위에 선으로 존재하는 그림과 같이 되어 버린다. 모든 것은 한 평면 위에 나열되어 있다. 그래서 한 눈에 들어오게 되어 있다. 아파트에는 사람이나 물건이나 다 같이 자신을 숨길 데가 없다.

땅집에서는 사정이 전혀 딴판이다. 땅집에서는 모든 것이 자기 나름의 두께와 깊이를 가지고 있다. 같은 물건이라도 그것이 다락방에 있을 때와 안방에 있을 때와 부엌에 있을 때는 거의 다르다. 아니, 집 자체가 인간과 마찬가지의 두께와 깊이를 가지고 있다. 집이 아름다운 이유는 (㉠). 다락방은 의식이며 지하실은 무의식이다.

① 세상을 조망할 수 있기 때문이다.
② 인간을 닮았기 때문이다.
③ 안정을 뜻하기 때문이다.
④ 어딘가로 떠날 수 있기 때문이다.
⑤ 휴식과 안락을 제공하기 때문이다

7. 다음 글의 논지를 이끌 수 있는 문장으로 빈칸에 적절한 것은?

( ).

사람과 사람이 직접 얼굴을 맞대고 하는 접촉이 라디오나 텔레비전 등의 매체를 통한 접촉보다 결정적인 영향력을 미친다는 것이 일반적인 견해로 알려져 있다. 매체는 어떤 마음의 자세를 준비하게 하는 구실을 하여 나중에 직접 어떤 사람에게서 새 어형을 접했을 때 그것이 텔레비전에서 자주 듣던 것이면 더 쉽게 그쪽으로 마음의 문을 열게 하는 면에서 영향력을 행사하기는 하지만, 새 어형이 전파되는 것은 매체를 통해서보다 상면하는 사람과의 직접적인 접촉에 의해서라는 것이 더 일반화된 견해이다.

사람들은 한 두 사람의 말만 듣고 언어변화에 가담하지는 않는다고 한다. 주위의 여러 사람들이 다 같은 새 어형을 쓸 때 비로소 그것을 받아들이게 된다고 한다. 매체를 통해서 보다 자주 접촉하는 사람들을 통해 언어변화가 진전된다는 사실은 언어 변화의 여러 면을 바로 이해하는 한 핵심적인 내용이라 해도 좋을 것이다.

질문	답변
① 모든 핵심어	
② 베스트 핵심어	
③ 핵심문장	
④ 소주제	
⑤ 제목	

① 언어 변화는 결국 접촉에 의해 진행되는 현상이다.
② 연령층으로 보면 대개 젊은 층이 언어 변화를 주도한다.
③ 접촉의 형식도 언어 변화에 영향을 미치는 요소로 지적되고 있다.
④ 매체의 발달이 언어 변화에 중요한 영향을 미치는 것으로 알려져 있다.
⑤ 언어 변화는 외부와의 접촉이 극히 제한되어 있는 곳일수록 속도가 느리다.

Step 3 팀학습(cooperative learning)

8. 다음 글에서 통일성을 해치고 있는 문장은?

①현대인은 광고의 홍수 속에서 살아간다. 텔레비전은 계속해서 상품 광고를 내보내고, 현관이나 대문 앞에는 광고 전단지가 수북이 쌓여 있다. ②그런가 하면 전봇대에까지 무엇인가를 선전하는 종이가 빼곡하게 붙어 있고, 건물 외벽의 절반 이상을 광고판이나 광고 문구가 뒤덮여 있다. ③이들 광고들은 제품에 대한 정보를 제공하기도 하지만, 때로는 불필요한 소비 욕구를 자극하기도 한다. 현대인 치고 광고에 혹해서 제품을 사 보지 않은 사람은 아마 드물 것이다. ④광고의 시대, 예술성 높은 광고를 감상하는 방법을 학습할 필요가 있다. 따라서 광고의 본질을 명확히 아는 자세가 필요하다.

9. 〈보기〉는 '만화의 교육적 장점과 단점'이라는 제목으로 글을 쓰기 위해 생성한 내용들이다. 글의 논지가 선명하게 드러나도록 순서를 바로잡은 것은?

보기

㉮ 이에 비해 만화는 단점도 지니고 있다.
㉯ 만화는 아동의 생활과 밀접한 연관이 있어 흥미를 유발한다.
㉰ 만화에는 저속하고 선정적인 표현들이 많이 등장한다.
㉱ 만화의 장점을 살리고 단점을 보완하여 교육적 효과를 높여야 한다.
㉲ 만화는 그림과 문자가 결합되어 있어서 내용 전달 효과가 크다.
㉳ 비윤리적인 내용을 담고 있는 만화는 가치관의 혼란을 줄 우려가 있다.
㉴ 만화는 장면을 잘라서 제시하기 때문에 독자가 장면을 상상해서 이해해야 한다.
㉵ 만화는 여러 가지로 교육에 유용하게 이용될 수 있다.

① ㉮ → ㉰ → ㉳ → ㉵ → ㉯ → ㉲ → ㉴ → ㉱
② ㉯ → ㉲ → ㉴ → ㉮ → ㉰ → ㉳ → ㉱ → ㉵
③ ㉵ → ㉯ → ㉲ → ㉴ → ㉮ → ㉰ → ㉳ → ㉱
④ ㉴ → ㉲ → ㉯ → ㉮ → ㉰ → ㉳ → ㉱ → ㉵

10. 문맥을 고려하여 ㉠~㉣을 순서대로 바르게 배열한 것은?

> ㉠ 자발적 사회성이란 사회 구성원 간에 자율적 신뢰 관계가 형성되어 있는 상태를 말한다.
>
> ㉡ 사회적 자본에는 영토, 부존자원, 인구 등 물질적인 것은 물론 교육, 기술, 정보화 등이 포함된다.
>
> ㉢ 한 국가의 경쟁력을 말할 때 흔히 그 나라가 사회적 자본을 얼마나 가지고 있느냐로 가늠한다.
>
> ㉣ 그러나, 우리가 선진국이라고 부르는 나라에는 무엇보다도 자발적 사회성이라는 사회적 자본이 풍부하다.

① ㉢ − ㉡ − ㉣ − ㉠　　② ㉡ − ㉢ − ㉠ − ㉣

③ ㉠ − ㉢ − ㉣ − ㉡　　④ ㉣ − ㉠ − ㉢ − ㉡

11. 〈보기1〉의 문장을 〈보기2〉를 참고하여 조직할 때, 가장 적절한 것은?

보기

(가) 시간은 어떻게 활용하느냐에 따라 그 가치가 달라진다.

(나) 시간은 공평하게 주어진다.

(다) 시간을 아껴 써서 훌륭한 사람으로 성장하자.

(라) "뿌린 대로 거둔다."는 속담이 있다.

(마) 시간을 가치 있게 활용하는 사람이 훌륭한 업적을 남긴다.

보기

※ 5단 구성: 흥미 유발 → 문제 제시 → 문제의 해명 → 해명의 구체화 → 요약 및 행동의 촉구

① (가) → (마) → (나) → (라) → (다)　　② (라) → (나) → (가) → (마) → (다)

③ (나) → (마) → (가) → (다) → (라)　　④ (라) → (다) → (나) → (마) → (가)

12. 다음 글에 대한 설명으로 옳지 않은 것은?

전주 중앙회관의 비빔밥은 맛이 있기로 유명하다. 이 회관은 전주 시내 한복판에 자리 잡은 음식점으로 13년 전부터 비빔밥을 전문으로 내놓고 있다. 이 집의 주인은 본디 전주역전의 오거리 '명동집'에서 콩나물 비빔밥으로 손님들의 입맛을 끌었다. 그 뒤에 이곳에 큰 건물을 짓고 본격적으로 독특한 비빔밥을 만들어 뭇사람의 미각을 돋우고 있다.

이 집의 이층 별실에 자리하여 벽면의 고서화를 감상하노라면, 주방 부인이 손수 마련한다는 비빔밥이 상 위에 놓인다. 바가지만한 곱돌 그릇에 담긴 비빔밥은 철따라 다른 재료가 눈에 띄기도 하거니와 얼른 살펴보아도 아끼바리 쌀로 지은 밥, 쇠고기 육회, 콩나물, 청포묵, 고추장이 갖은 양념으로 버무려 있다. 그밖에도 시금치, 고사리 등등도 있다.

그런데 이들 재료들은 주방 부인의 각별한 정성으로 제철에 사들여 마련해 두었다가 쓰인다. 간장만 하더라도 5년 이상 묵혀 쓴 겹장이며, 참기름, 깨소금도 시장에서 파는 것을 바로 사다가 쓰는 것이 아니고, 제철에 상품의 깨를 사두었다가 잘 이루고 말려 기름집에 가서 직접 짜온 기름이요, 또한 자기 손으로 빻은 깨소금이라는 것이다. 이윽고 수저를 들어 한 수저 내기를 잘 공글러서 입안에 덥석 넣어 씹기를 시작해 본다. 이 맛이라니! 어찌 한 마디로 표현할 수가 있으랴.

질문	답변
① 모든 핵심어	
② 베스트 핵심어	
③ 핵심문장	
④ 소주제	
⑤ 제목	

① 공간적 순서에 따른 묘사가 나타나기도 한다.
② 시간적 순서에 따른 묘사가 나타나기도 한다.
③ 소주제문이 뒤에 나오고 앞의 이야기들은 그것을 뒷받침한다.
④ 감상적 설명의 방법이 쓰이고 있다.

13. 다음 글의 중심 생각으로 가장 적절한 것은?

'읽는 문화'의 실종, 그것이 바로 현대사회의 특징이다. 신문의 판매 부수가 날로 떨어져 가는 반면에 텔레비전의 시청률은 날로 증가하고 있다. 깨알 같은 글로 구성된 20쪽 이상의 책보다 그림과 여백이 압도적으로 많이 들어간 만화책 같은 것이 늘어나고 있다.

'보는 문화'가 읽는 문화를 대체해 가고 있는 것이다. 읽는 일에는 피로가 동반하지만 보는 놀이에는 휴식이 따라온다. 그러니 일을 저버리고 놀이만 좇는 문화가 범람하고 있지 않은가. 보는 놀이가 머리를 비게 하는 것은 너무나 당연하다. 읽는 일이 장려되지 않는 한 우리 사회는 생각 없는 사회로 치달을 수밖에 없다. 책의 문화는 바로 읽는 일과 직결되며, 생각하는 사회를 만드는 지름길이다.

질문	답변
① 모든 핵심어	
② 베스트 핵심어	
③ 핵심문장	
④ 소주제	
⑤ 제목	

① 읽는 문화와 보는 문화의 차이점
② 읽는 문화의 실종으로 인한 현대사회의 문제점
③ 현대사회와 읽는 문화의 밀접한 연관성
④ 놀이에 대한 현대인들의 열망

14. 다음 글의 괄호 안에 들어갈 내용으로 가장 적절한 것은?

청중의 관심과 요구를 고려하지 않고 말하기의 목적을 설정했을 때 그 말하기 목적은 달성되기 힘들다. 예컨대, 한 남학생은 여학생 반에서 바람 빠진 타이어를 교환하는 방법을 설명했는데, 대부분의 여학생들은 타이어의 교환 따위엔 별 관심이 없기 때문에 말하기 목적을 제대로 달성하지 못했다. 그런가 하면 한 여학생은 축구 선수가 많은 반에서 결혼 선물을 포장하는 방법에 대해 이야기했다.

물론 청중도 언젠가는 결혼 선물을 사겠지만, 그들은 선물을 달리 포장하는 데서 오는 미묘한 느낌의 차이를 배우는 데 별 흥미를 느끼지 못하고 있었다. 또한, 한 청년은 청중들에게 무거운 물건을 들어 올리는 방법에 대해 설명했는데, 청중은 이미 그러한 방법에 대해 자세히 배운 뒤였다. 그는 비판을 받았지만, 그들이 특정한 방법으로 물건을 들면 왜 근육에 힘이 덜 드는지에 대해서는 배우지 않았음을 발견했다. 즉, 그가 말하기 초점을 ( ) 하는 것으로 바꿨다면, 청중의 관심을 많이 끌 수 있었을 것이다.

① 무거운 물건을 들어 올릴 때 근육을 어떻게 써야 하는가
② 무거운 물건을 잘 들 수 있게 근육을 단련하는 방법은 무엇인가
③ 무거운 물건이 근육에 미치는 부담의 정도를 어떻게 가늠할 수 있는가
④ 무거운 물건을 들어 올릴 때 어떻게 근육의 힘을 덜 들일 수 있을까

Step 4 맞춤법

15. 설명을 보고 적절한 예시 문장을 적어 봅시다.

그럼으로	그러므로
• 그럼으로(써) = '~을 가지고/~을 통해서/~을 이용하여' 등의 의미	• 그러므로 = '그렇기 때문에/~한 까닭에' 의 의미
1) 그는 열심히 공부한다. 그럼으로(써) 은혜에 보답한다.	1) 그는 부지런하다. 그러므로 잘 산다.

16. 맞는 곳에 'ㅇ'를 하세요.

예) 이 일을 어떻해 처리하지?	예) 이 일을 어떻게 처리하지?	예) 지금 나 어떡해

예) 설겆지통에 그릇이 수북이 쌓여 있다.	예) 설거지통에 그릇이 수북이 쌓여 있다.
예) 이것, 제가 읽어 봐도 돼나요?	예) 이것, 제가 읽어 봐도 되나요?
예) 도데체 바람은 어디서 불어오는 것일까?	예) 도대체 바람은 어디서 불어오는 것일까?

6 Chapter

One paragraph, One topic(Ⅱ)

Wake Brain

신문기사를 이용한 경청게임

- 진행절차 및 방법
  ① 전체참가자를 6명 단위로 팀을 나눈다.
  ② 당일조간신문에서 2~3줄의 짤막한 기사를 여러 가지 발췌한다.
  ③ 각 팀의 구성원들은 순서를 정한다. (1번부터 6번까지)
  ④ 전체참가자들은 '질문금지', '메모 금지' 라는 Rule을 지킨다.
  ⑤ 조장이 2번에게 읽어준 신문기사를 듣고 팀원 순서대로 내용을 전달합니다. 단, 다음 번 순서의 팀원이 들리지 않도록 전달한다.
  ⑥ 마지막 팀원이 내용을 전달받으면 전체 참가자를 대상으로 전달 받은 신문기사 내용을 발표한다.

기사 1
우주정거장에서는 물을 얻기 위하여 승무원은 물론 실험동물의 입김, 땀, 배설물 속의 물기를 모조리 수거해 재사용하는데, 아침까지도 쥐의 방광에 있던 물을 저녁에 사람이 마신다. 사실 물의 순환이 우주정거장의 이야기만은 아니다. 우리가 마시는 물한 컵에도 한때는 레오나르도 다빈치의 오줌이었던 물 분자가 몇 십 개쯤 들어있다.
기사 2
힐러리는 92년 대선에서 제니퍼 플라워즈 등 뭇 여성들과의 스캔들로 위기에 빠진 남편을 구하기 위해 “그를 뽑으면 나를 함께 얻게 될 것”라는 유명한 말을 남겼다. 미국 유권자들은 의미심장한 그 말을 다시 떠올리고 있을 것이다.
기사 3
지난 9일 교통사고로 혼수상태에 빠졌던 클론의 강원래(31)가 10일 새벽 의식을 되찾았는데, 매니저 김성현씨는 오전 4시 30분쯤 의식이 돌아온 강원래가 병상을 지키던 사람들의 얼굴을 알아보고 간단한 대화를 나눴다고 전했다. 병원 측은 "하루 이틀 경과를 지켜 본 후 뇌수술 여부를 결정할 수 있다"며" 처음 예상했던 것 보다는 절망적이지 않다"고 말했다.

(출처: 교육게임 99가지)

Step 1 이론학습 및 모델링

학습목표

단락의 구조를 이해하여 올바른 단락을 구성할 수 있다.

1. 단락구조의 유형

- 단락의 구조는 중심문장(소주제)를 어느 위치에 두고 뒷받침 문장을 배열하느냐와 관련

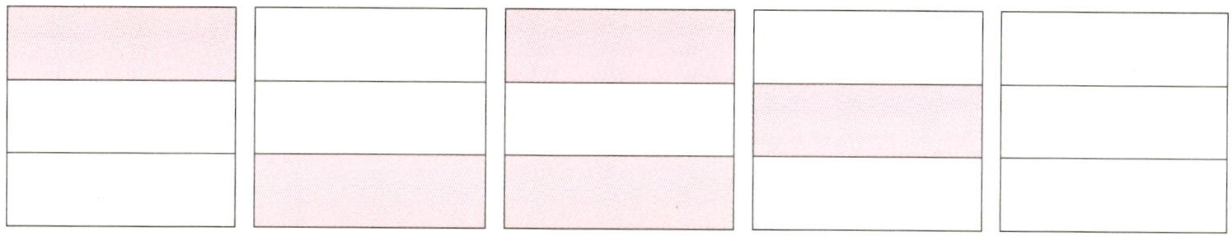

두괄식 미괄식 양괄식 중괄식 무괄식

2. 두괄식 단락 [중심 문장(소주제) +뒷받침 문장들]

1) **의미** : 중심문장(소주제)를 맨 앞에 놓고 그것을 풀이하거나 합리화하는 뒷받침 문장이 이어지는 형식

2) **두괄식 단락 전개 시 유의점** : 뒷받침 문장 하나하나를 이어갈 때마다 앞의 중심 문장(소주제)를 염두 해야 함

3) **두괄식 단락의 장점**

- 목표점을 앞에 두고 전진하므로 뒷받침 문장이 엇나가지 않음
- 단락의 핵심을 첫머리에서 파악할 수 있으므로 글을 읽는 데도 매우 능률적
- 다른 모든 단락 구조 유형의 기본

4) 예

삶이 무거울수록 더욱 필요한 것이 웃음이다. 답답한 삶은 무게를 덜어주고, 삶에 탄력을 불어 넣는 마법 같은 힘이 웃음에 담겨 있기 때문이다. 그렇기 때문에 인류는 아득한 옛날부터 웃음을 예찬해왔다. 웃으면 복이 온다고, 웃음은 건강을 부른다고, 웃으면 젊어진다고, 웃는 얼굴은 주먹도 피해 간다고…….

왼손잡이에 대한 편견과는 달리, 인류의 역사에는 위대한 업적을 남긴 왼손잡이들이 아주 많습니다. 피카소, 다빈치, 미켈란젤로, 라파엘로는 모두 왼손잡이였습니다. 처칠, 간디, 슈바이처 등도 왼손잡이였고, 뉴턴, 아인슈타인, 니체, 괴테, 베토벤 등도 왼손잡이였습니다. 고대로 거슬러 올라가면 람세스 2세, 알렉산더 대왕등도 역시 왼손잡이였습니다. 마이크로소프트사를 창립한 빌 게이츠 역시 왼손잡이입니다.

3. 미괄식 단락 [뒷받침 문장들 +중심 문장(소주제)]

1) 의미

- 미괄식 단락은 뒷받침 문장들이 앞에 놓이고 중심 문장은 맨 끝에 제시되는 형식
- 중심 문장(소주제)을 결론삼아 마지막에 드러내기 위해 그 전제적인 서술을 앞부분에서 하는 것

2) 미괄식 단락 전개 시 유의점

- 중심 문장(소주제)을 가상적으로 내걸어 놓고 그것을 뒷받침하는 문장을 전개한 다음 마지막에 동일한 중심 문장을 제시하면서 앞의 가상적인 중심 문장을 삭제

3) 미괄식 단락의 장점

- 중심 문장(소주제)을 이끌어 내는 과정을 점층적으로 거친 다음, 마지막으로 중심 문장을 극적으로 드러내는 효과가 있음

4) 예시

컴퓨터로 할 수 있는 많은 기능들을 사용하면 공부에 도움이 됩니다. 인터넷을 통해 유익한 정보를 많이 얻을 수 있습니다. 재미있는 게임을 통해 친구와 더 친해질 수도 있습니다. 그러므로 컴퓨터는 일찍 배우는 것이 좋습니다.

심청은 남의 집안일을 해서 눈 먼 아버지를 정성껏 모셨습니다. 아버지의 소원인 눈을 뜨게 해 드리려고 선원들을 따라갔습니다. 나중에 왕비가 되어서도 아버지를 찾기 위해 온갖 노력을 다하였습니다. 심청은 지극한 효녀입니다.

4. 양괄식 단락 [중심 문장(소주제) +뒷받침 문장들 +중심 문장(소주제)]

1) 의미

- 양괄식 단락은 중심 문장(소주제)가 단락의 처음과 마지막에 반복되어 나오는 유형
- 하나의 단락 속에서 처음, 가운데, 끝이 분명하게 나뉘는 유형

2) 양괄식 단락 전개 시 유의점

- 마지막의 중심 문장(소주제)이 첫머리의 중심 문장과 내용적으로는 일치하되 그 표현 형식을 달리 하는 점
- 똑같은 중심 문장(소주제)을 되풀이해서는 안 됨

3) 예

왼손잡이는 장애가 아닙니다. 오히려 왼손잡이에 대한 억압과 편견, 고정관념이 장애입니다. 왼손잡이들은 자신들이 왼손잡이여서 생활하기 힘든 것이 아니라고 말합니다. 사람들이 "어, 왼손잡이네!" 하고 말하는 것이나, 이상한 눈으로 쳐다보는 것이 더 견디기 힘들다고 합니다. 그런 의미에서 이런 사회적 편견이 왼 손잡이들에게 많은 해를 끼치고 있는 셈입니다. 따라서 이제부터라도 우리는 왼손잡이에 대한 편견이나 부정적 인식을 깨고 왼손잡이를 있는 그대로 인정하는 열린 마음을 가져야 합니다.

태풍은 모든 것을 쓸어갔다. 그 마을은 한 집도 남아 있지 않게 되었다. 집들의 울타리와 담도 모두 무너졌다. 마을의 자랑이던 오래된 참나무와 은행나무도 길위에 넘어져 있었다. 태풍으로 그 마을은 모든 것이 무너져 버렸다.

5. 중괄식 단락

[뒷받침 문장 +중심 문장(소주제) +뒷받침 문장]

1) 의미

- 중괄식은 뒷받침 문장 사이에 중심 문장(소주제)을 제시하는 유형
- 뒷받침 문장으로 시작하여 중심 내용을 유도하고 중심 문장(소주제)을 제시한 다음 다시 보충 서술을 하는 방식

2) 중괄식 단락의 단점

- 소주제가 단락의 중간에 묻혀 잘 드러나지 않는 것
- 요지 파악이 힘들고, 전달 효과가 악화되기 쉬움

6. 무괄식 단락

[중심 문장(소주제)가 겉으로 안 나타남]

1) 의미

- 중심 문장(소주제)이 중심 문장으로 표면화되지 않고 뒷받침 문장만으로 이루어진 구조
- 중심 문장(소주제)이 표면 문장으로 드러나 있지 않고 잠재되어 있는 형태
- 중심 문장(소주제)을 제외하고 뒷받침 문장들로만 순리적으로 늘어놓는 방식

2) 무괄식 단락의 전개 시 유의점

- 단락을 읽고 중심 문장이 무엇인지를 이해할 수 있도록 해야 함
- 설명문이나 논설문, 특히 과학기술문 등에서는 무괄식 단락은 적절치 않음
  (문예 작품 등에서 많이 쓰임)

[예제]

• 다음 단락을 자연스럽게 전개하여 순서를 바로잡고 각 질문에 답하여 보자.

(가) '봉사를 통한 우호의 증진'은 우리나라의 평화적이고 문화적인 원조 계획의 하나다. 2차 대전 뒤로 우리나라는 세계의 여러 나라에 경제적으로나 군사적으로 원조를 해 왔다. 전쟁으로 해를 입은 유럽 여러 나라, 아시아의 이른바 개발도상국들에게 우리는 막대한 경제 원조를 했으며, 공산 세력과 맞서도록 군사 원조도 숱하게 했다. 그런데 1960년대에 접어들면서 그러한 경제, 군사의 원조가 점차 줄거나 끊기면서 나타난 것이 해외 봉사활동단이다. 우방 여러 나라와 우호를 계속해서 높이고 상부상조가 필요했기 때문이었다.

(나) '외국 문화권에 대한 접촉'은 우리 젊은이로 하여금 경험과 시야를 넓혀서 미래 지도자의 자질을 갖추게 하는 계획의 하나다. 사람이란 자신을 바로 알고 또 바른 인생관이나 세계관을 세우려면 남을 알고 세계를 두루 경험해야 한다. 그릇은 넓고 깊을수록 가치가 있듯이, 앞으로 우리나라를 짊어지고 세계를 주름잡을 수 있는 인재는 젊어서부터 세계의 문화를 이해하고 체험하는 것은 필수적이라 할 것이다. 이런 점에서 우리 정부는 주는 데 그쳤던 경제와 군사 원조 대신에 우리 젊은이들의 '봉사 활동'을 선물로 보내면서 그들의 산 경험에서 얻은 과실을 반대급부로 삼고자 한 것이다.

(다) 해외 봉사활동의 목적은 두 가지로 볼 수 있다. 하나는 상대 국가에 대한 봉사를 통한 우호의 증진을 꾀하는 일이다. 다른 하나는 우리 젊은이로 하여금 외국 문화권에 대한 접촉을 하도록 하는 일이다. 이 두 가지는 세계에 대한 지도력을 유지하고 발전시키려는 우리 정부가 노리고 있는 일거양득의 목표다.

(출처: 서정수 1991)

질문	답변	
① 단락 순서	다- 가- 나	
② 모든 핵심어	해외봉사, 우호증진, 외국 문화권 접촉	
③ 베스트 핵심어	해외봉사	
④ 각 단락 소주제	첫째 단락	해외 봉사활동의 목적은 두 가지다.
	둘째 단락	봉사를 통한 우호 증진이다.
	셋째 단락	젊은이 들이 외국 문화를 접하는 것이다.
⑤ 핵심단락	다	
⑥ 전체 주제	해외 봉사활동의 목적은 상대국과의 우호 증진과 젊은이들의 외국문화권 접촉을 꾀하는 것이다.	
⑦ 제목	해외 봉사활동의 두 가지 목적	

※ 가이드:

1) 단락의 순서 : 단락의 순서도 문장의 순서를 찾는 것과 마찬가지로 가장 일반적인 진술을 하는 단락을 찾습니다. 나머지 단락의 진술 방향을 나타내는 단락을 찾으면 된다.
2) 핵심어 : 자주 언급하고 있는 단어를 찾아보면 된다.
3) 소주제 : 각 단락에서 핵심이 되는 문장을 찾는다. 핵심 문장은 보통 단락의 처음, 끝 문장을 확인하면 된다. 처음과 끝에도 없다면 단락의 중간을 다시 확인한다.
4) 전체 주제 : 전체 주제는 각 단락의 소주제를 모두 합하여 요약한다.
5) 제목 : 제목은 베스트 핵심어와 전체 주제의 내용에서 가장 중심 내용을 정리한다.

Step 2 개별학습(personal learning)

1. 논지 전개상 괄호 안에 들어갈 말로 가장 적절한 것은?

마젤란과 필리핀 막탄 섬의 족장 라풀라푸 사이에 있었던 1521년의 전투에서 이의 중요성을 확인해 보자.

당시 마젤란은 스페인의 지원을 받는 막강한 함대를 이끌고 있었다. 그의 배는 막탄 섬의 족장 라풀라푸가 전혀 보지 못했던 대포와 총으로 무장되어 있었다. 반면, 무적 스페인 함대를 맞이한 라풀라푸의 화력은 상대적으로 너무나 빈약했다. 그의 부족이 갖고 있는 무기란 고작 칼, 창, 활이 전부였다. 그런데 결과는 마젤란의 죽음으로 끝났다. 그 까닭은 어디에 있었을까?

마젤란의 생각은 칼, 창, 활로 무장된 적이란 오합지졸의 군대와 같은 것이기에 총과 대포로 이들을 간단히 제압할 수 있다는 것이었다. 그러나 막상 싸움이 시작되었을 때 마젤란 함대의 총포는 무용지물이었다. 당시 마젤란 함대에 무장된 총포의 유효 사거리가 오십 미터가 채 되지 않은 관계로 라풀라푸 족장이 그의 부족을 마젤란 함대로부터 철저히 오십 미터 이상의 거리가 유지되도록 하였기 때문이다.

마젤란이 갖고 있는 지식은 항해술이 대부분이었다. 이 항해술은 전쟁 수행과 관련해서 부분적인 도움을 줄 뿐이다. 분명 항해술에도 논리적이고 분석적인 면이 있지만 그렇다고 낯선 상황을 해결할 총체적인 백방의 지식이 이에 들어 있는 것은 아니다. 그런데도 마젤란은 항해술을 모든 문제 해결의 열쇠로 생각하였기에 끝내 죽음을 맞이하였다.

마젤란의 죽음은 왜 다양한 지식의 (　　)에 근거한 문제 해결 능력을 키워야 하는지를 일깨워 준다.

① 분석　　② 경험　　③ 연역　　④ 통합

2. 괄호 안에 들어갈 말로 가장 적당한 것은?

같은 시대를 살면서도 그 시대의 의미를 모두 똑같이 파악하고 있지 않은 경우도 있다. 자기가 살고 있는 현재의 시대를 파악하는 것은 더욱 어려운 일이겠지만, 지나간 시대의 역사적 의미를 파악하는 것도 그리 쉽지는 않다. 가령, 우리나라의 일제시대를 식민지 시대나 반봉건(半封建) 시대로 보는 사관이 있는가 하면, 근대화와 자본주의적 산업화가 이루어진 시대로 보는 사관도 있다. 심지어, 일본의 국수주의적 사가(史家)들은 일제의 점령기를 한국의 경제 발전과 교육 근대화에 크게 기여했던 시기로 긍정적으로 평가하려고까지 한다.

여기서 우리는 같은 시대의 의미를 파악할 때도 민족주의자의 눈과 제국주의자의 눈은 서로 다른 평가를 내리고 있음을 본다. 따라서 오늘의 시대적 의미를 파악하는 것도 어떤 사람의 눈으로 파악하느냐에 따라 달라지기 때문에, 역사를 파악하는 데 있어서는 누가 보는 역사냐 하는 것이 중요한 문제가 된다. 이런 점에서 역사의식은 곧 (　　)이라고 할 수 있다.

① 주체의식　　② 저항의식　　③ 근대의식　　④ 시민의식

3. 다음 글은 어느 청중의 질문에 대한 답변의 일부이다. 질문의 내용으로 가장 적절한 것은?

좋은 컴퓨터란 자신이 사용하고자 하는 목적에 맞는 컴퓨터입니다. 자신에게 적당한 컴퓨터를 선택하여 그 기능을 100% 활용하는 것이 사용자에게 좋은 일입니다. 돈이 있다고 해서 여러 가지 기능이 첨가된 비싼 컴퓨터를 들여 놓고 제대로 사용하지 못하고 있다면 그건 낭비일 뿐입니다. 시간이 지나면서 자신이 하나씩 배워서 새로운 기능들을 첨가하고 늘려 나가는 것이 좋습니다.

그러므로 좋은 컴퓨터를 구입하는 방법은 컴퓨터 매장에서 상담을 하거나 아니면 컴퓨터를 잘 아는 주위 사람에게 부탁을 할 때 자신이 어떤 목적으로 컴퓨터를 구입하는지 정확하게 설명하는 것이 좋습니다. 컴퓨터는 돈에 맞춰서 얼마든지 만들 수가 있기 때문입니다. 컴퓨터와 부품의 종류는 요지경 속이라서 신문 광고나 잡지 광고에 나오는 컴퓨터가 전부라고 생각하면 안 됩니다.

① 좋은 컴퓨터를 구입하는 시기는 언제가 가장 좋습니까?
② 좋은 컴퓨터를 구입하는 방법은 무엇입니까?
③ 좋은 컴퓨터를 싸게 구입하려면 어떻게 해야 합니까?
④ 좋은 컴퓨터를 구입하려면 어디에서 사야 합니까?

4. 다음 글은 미괄식으로 짜인 하나의 단락을 순서 없이 나열한 것이다. 이를 논리적 흐름에 맞게 재배열한 것은?

(가) 그리고 수렴된 의도를 합리적으로 처리해야 할 것이다.
(나) 민주주의는 결코 하루아침에 이룩될 수 없다는 것을 느낀다.
(다) 그렇게 본다면 이 땅에서의 민주 제도는 너무나 짧은 역사를 가지고 있다.
(라) 민주주의가 비교적 잘 실현되고 있는 서구 각국의 역사를 돌아보아도 그러하다.
(마) 우리의 의식 또한 확고하게 위임된 책임과 의무를 깊이 깨닫고, 민중의 뜻을 남김없이 수렴하여야 한다.
(바) 민주주의는 정치, 경제, 사회의 제도 자체에서 고루 이루어져야 할 것임은 물론, 우리들의 의식 속에서 이루어져야하기 때문이다.

① (나) - (다) - (바) - (가) - (라) - (마)
② (나) - (바) - (다) - (라) - (마) - (가)
③ (나) - (라) - (바) - (다) - (마) - (가)
④ (나) - (라) - (마) - (가) - (바) - (다)
⑤ (나) - (바) - (마) - (다) - (라) - (가)

5. 괄호 안에 들어갈 문장으로 가장 적절한 것은?

힐링(Healing)은 사회적 압박과 스트레스 등으로 손상된 몸과 마음을 치유하는 방법을 포괄적으로 일컫는 말이다. 우리보다 먼저 힐링이 정착된 서구에서는 질병 치유의 대체 요법 또는 영적·심리적 치료 요법 등을 지칭하고 있다.

국내에서도 최근 힐링과 관련된 갖가지 상품이 유행하고 있다. 간단한 인터넷 검색을 통해 수천 가지의 상품을 확인할 수 있을 정도다. 종교적 명상, 자연 요법, 운동 요법 등 다양한 형태의 힐링 상품이 존재한다. 심지어 고가의 힐링 여행이나 힐링 주택 등의 상품들도 나오고 있다. 그러나 ( ). 우선 명상이나 기도 등을 통해 내면에 눈뜨고, 필라테스나 요가를 통해 육체적 건강을 회복하여 자신감을 얻는 것부터 출발할 수 있다.

① 힐링이 먼저 정착된 서구의 힐링 상품들을 참고해야 할 것이다.
② 많은 돈을 들이지 않고서도 쉽게 할 수 있는 일부터 찾는 것이 좋을 것이다.
③ 이러한 상품들의 값이 터무니없이 비싸다고 느껴지지는 않을 것이다.
④ 자신을 진정으로 사랑하는 법을 알아야 할 것이다.

6. 다음 글은 4개의 단락으로 구성되었는데, 각 단락을 맥락상 자연스럽게 전개하여 순서를 바로잡고 각 질문에 답하여 보자.

가.	그러나 최근에는 직업의 남녀 구별이 없어지고 있습니다. 시내버스나 택시를 운전하는 여자 운전사를 자주 볼 수 있고, 높고 험한 산을 정복하는 여자 산악인도 볼 수 있습니다. 또, 머리를 손질해 주는 남자 미용사를 볼 수 있고, 아름다운 옷을 만드는 남자 디자이너도 볼 수 있습니다.
나.	예전에는 이러한 직업에도 남녀의 구별이 있었습니다. 예를 들어, 자동차운전이나 공사장의 큰 기계를 다루는 일은 남자들이 했습니다. 음식을 만드는 일이나 머리를 자르는 일은 주로 여자들이 했습니다.
다.	이처럼 남자가 하는 일과 여자가 하는 일의 구별은 사라져 가고 있습니다. 중요한 것은 어떤 일을 잘 하고 어떤 일을 좋아 하느냐 입니다.
라.	직업은 참 다양합니다. 물건을 만드는 사람, 물건을 파는 사람, 회사에서 사무를 보는 사람, 운전을 하는 사람 등 여러 일터에서 사람들은 각각 다른 일을 하고 있습니다.

질문	답변	
① 모든 핵심어		
② 베스트 핵심어		
③ 각 단락 소주제	1단락	
	2단락	
	3단락	
	4단락	
④ 전체 주제		
⑤ 제목		

7. 다음 글의 주제로 가장 적절한 것은?

인간이 이성이라는 기능을 가지고 있다고 해서 인간이 하는 일 모두가 합리적이라든가 합리적이어야 한다고 생각하는 것은 잘못이다. 합리성이 아니라 힘이나 감정에 따라 처리해야 할 일이 얼마든지 있는 것이다. 만원 지하철은 힘으로 밀고 들어가 타야하며 사랑하는 사람과의 포옹은 감정으로 해야 한다. 이성적 존재도 얼마든지 비합리적일 수도 있고 또 그래야 인간적일 수 있는 것이다.

그러나, 이치를 따져서 최선의 선택을 해야 할 필요가 있는 일들이 있는데, 이런 일들을 힘이나 감정으로 해결하려 하는 것은 사랑을 힘으로 해결하려는 것처럼 원칙을 혼동하는 것이 된다. 합리적으로 처리해야 할 일을 힘이나 감정으로 해결하려는 것은 원칙의 잘못된 것이기도 하지만 그보다는 인간성을 비하시키는 결과를 초래한다는 점에서 더욱 멀리 해야 할 일이다. 인간들 간의 문제를 밀림의 원칙에 따라 처리하려는 것은 인간을 야수의 위치로 전락시키는 일이다.

① 합리적으로 처리해야 할 일을 힘이나 감정의 힘으로 처리하려 해서는 안 된다.
② 인간은 동물과는 달리 합리적으로 일을 처리할 수 있는 능력을 지니고 있다.
③ 합리적으로 처리해야 할 일과 감정적으로 처리해야 할 일을 잘 구별해야 한다.
④ 인간성을 고양시키기 위해서는 일을 합리적으로 처리하려는 태도를 지녀야 한다.

8. 다음 단락을 읽고 각 질문에 답하여 보자.

인간의 몸은 섭씨 36~37℃에서 기능하도록 되어 있어 체내에 열이 너무 높아지면 조직이 파괴되어 버릴 위험이 있다. 기능을 정상적으로 유지시키기 위해 인간이 견딜 수 있는 체온은 42℃ 정도며 그 이상 고열이 계속되면 타격을 받은 조직은 본래대로 돌아오지 못하게 된다.

이와 같이 열이 나는 것은 대단히 위험한 일이지만 그 열도 이유 없이 나는 것은 아니다. 우선 열이 남으로써 '얘가 감기에 걸렸구나.' 하는 것을 금세 알 수 있다. 미열이 계속되는 듯싶으면 '이 애가 어딘가 안 좋은 것 같아.' 하고 의사에게 데려간다. 그러고 보면 발열은 몸의 이상 상태를 알려주는 경보장치라고 할 수 있다.

그렇다면 감기에 걸리면 왜 열이 나는 것일까?

예를 들어 몸속에 감기 바이러스가 침입했다고 하자. 바이러스는 자신에게 맞는 조직 세포에 들어가 번식을 시작한다. 그것을 그대로 두면 몸의 조직이 파괴되어 버리고 말 것이다. 이 때 백혈구나 임파구와 같은 군대가 출동하여 바이러스나 세균과 전쟁을 한다. 그렇게 되면 평상시보다 에너지가 많기 때문에 대사 기능이 활발해져 몸 전체의 열이 올라간다.

평소에는 상온 유지에 애쓰던 체온 조절 기능도 '지금은 비상이라 어절 수 없다.' 며 무리를 해서 상온을 유지하길 포기한다. 바이러스는 열에 약하므로 적을 무너뜨리기 위해서는 몸이 어지간할 정도로 열을 내는 것이 도움이 될 때도 있다. 적과 끝까지 싸워 무너뜨리면 다시 본래의 평화로운 상태로 돌아가고 열은 자연히 누그러진다. 즉 발열은 '지금 병에 걸렸어.' 라는 신호의 역할을 할 뿐 아니라 열이 병마와 싸우는 역할을 하고 있는 셈이다.

질문	답변	
① 모든 핵심어		
② 베스트 핵심어		
③ 각 단락 소주제	1단락	
	2단락	
	3단락	
④ 전체 주제		
⑤ 제목		

Step 3 팀학습(cooperative learning)

9. 다음 글의 제목으로 가장 적절한 것은?

고전 시대의 수사학자들은 여러 종류의 아이러니를 구별하는 데 능하였고, 바로크 시인들과 비평가들은 아이러니를 의식적으로 개발하여 18세기 작가들에게 전달해 주었는데 슐레겔과 티크 등 독일 낭만주의자들은 아이러니를 실제의 역설적(逆說的) 본질을 표현하는 수단으로 파악하였다.

이후 아이러니의 현대적 논의에서는 두 개의 주요한 유형인 말의 아이러니(verbal irony)와 극적 아이러니(dramatic irony)가 강조되고 있다. 말의 아이러니는 하나의 의미가 진술되고 정반대의 다른 의미가 의도되는 말하기의 한 형태이다. 반면에 극적 아이러니는 플롯 장치의 하나인데, 주로 등장인물이 적절하고 현명한 방법과는 반대로 반응하거나 등장인물과 상황들이 반어적 효과를 위해서 비교되거나 대조되는 경우를 지칭한다.

질문	답변	
① 모든 핵심어		
② 베스트 핵심어		
③ 각 단락 소주제	1단락	
	2단락	
④ 전체 주제		
⑤ 제목		

10. 다음을 하나의 논증으로 간주할 때, 논증 구조를 바르게 분석한 것이 아닌 것은?

㉠ 경제 정보를 잘 활용하게 되면 경제적 이득을 볼 수 있어 "경제 기사는 돈이다"라고 한다. ㉡ 일상생활에서 경제 정보가 차지하는 중요성은 하루가 다르게 커지고 있다. ㉢ 신문의 얼굴이라고 일컬어지는 1면에서 경제뉴스가 등장하는 빈도가 최근 크게 늘고 있다. ㉣ 청와대나 국회, 정당 등 정치분야에 대한 일반 국민들의 관심이 점차 줄어들고 있는 것과 비교하면 경제뉴스의 소비자는 꾸준히 증가하고 있는 셈이다. ㉤ 신문이나 방송 등 각 언론매체들도 최근 경제관련 기사를 크게 늘리고 있다. ㉥ 경제관련 기사를 효율적으로 잘 활용하여 금전적 이득을 올린 경우를 우리 주위에서 흔히 관찰할 수 있다.

① ㉠은 이 글 전체의 주장이다.
② ㉡은 ㉠의 부연 설명이다.
③ ㉢은 ㉡의 구체적인 예시이다.
④ ㉣은 ㉤의 결과이다.
⑤ ㉥은 ㉠을 뒷받침하고 있다.

(Chapter. 9의 4번 참고)

11. (가)의 내용에 자연스럽게 이어지는 (나)~(라)의 순서로 가장 적절한 것은?

(가) 「매트릭스」에서 모든 것은 이미 결정되어 있다. 그 속에서 주체가 스스로 결정하는 것은 아무것도 없다. 주체는 스스로 결정한다고 믿고 있지만, 자신이 스스로 결정한다고 믿는 것 자체가 이미 짜인 각본에 불과하다.

(나) 그러나 영화를 잘 들여다보면 그런 운명을 일탈하는 사건들이 자주 드러난다. 이것은 감독의 실수가 아니라 감독의 의도적인 배치의 결과이다. 왜냐하면 「매트릭스」의 세계 역시 현실 세계의 논리로부터 완전하게 벗어날 수 없고, 결국 주인공 네오는 예언과 운명을 거부해야 하기 때문이다. 네오는 사랑을 선택한다.

(다) 그런데 과연 모든 것이 조금의 잉여도 없이 미리 짜일 수 있을까? 여기서는 "지금 벌어지고 있는 모든 것이 이미 프로그램에 의해서 짜인 것인가, 아니면 주체적 결단에 의해서 그때그때 우연적으로 벌어지는 것인가?" 하는, 운명과 자유의지에 대하여 탐구한다. 「매트릭스」에 그려진 「매트릭스」의 세계는 모든 것이 미리 결정된, 즉 운명적으로 주어진 세계이다.

(라) 하지만 예언을 거부하는 것 자체가 일종의 운명일 수도 있는 또 다른 가능성은 남아 있다. 그 가능성은 「매트릭스」가 할리우드 영화의 관습을 답습하는 한 현실적인 해결 방안이 될 것이다.

질문	답변	
① 모든 핵심어		
② 베스트 핵심어		
③ 각 단락 소주제	1단락	
	2단락	
	3단락	
	4단락	
④ 전체 주제		
⑤ 제목		

① (나)-(라)-(다)　② (다)-(라)-(나)
③ (다)-(나)-(라)　④ (라)-(다)-(나)

12. 다음 글의 밑줄 친 부분에 들어갈 내용을 〈보기〉에서 찾아 순서대로 나열한 것 중 가장 적절한 것은?

계속되는 고유가 행진으로 세계 경제가 위협받자, '미래의 석유'로 불리는 수소 에너지에 대한 세계의 관심이 한층 증폭되고 있다. 특히 최근 메이저 자동차 회사들이 연료전지를 이용한 새로운 엔진을 속속 선보이면서 꿈으로만 여겼던 수소 에너지가 현실로 성큼 다가오고 있다. 과연 수소가 석유를 대신해 새로운 시대의 에너지원으로써 그 역할을 다할 수 있을 것인가? 수소 에너지의 실용화까지는 몇 가지 넘어야 할 중요한 산이 있다.

그 하나는 ㉠ 물로부터 수소를 얻기 위해서는 전기분해의 과정을 거쳐야 하는데, 이 효율을 얼마나 높이느냐에 따라 에너지의 경제성이 결정된다. 따라서 ㉡ 또 하나 ㉢ 연료 전지의 메커니즘은 비교적 간단하다. 연료 전지는 두 개의 극을 가지고 있는데, 음극은 공기로 부터 산소 이온을 채집하고, 양극은 산소 이온을 끌어당겨 연료와 결합시키는 역할을 수행한다. 이결합 반응 결과 전자가 연료 전지로부터 이탈되어 나오면서 전기가 만들어지는 것이다. 문제는 충분한 전기를 얻기 위해서는 연료 전지의 크기가 커질 수밖에 없다는 것이다. 따라서 ㉣ 마지막으로 ㉤ 수소는 잘 알려진 대로 폭발의 위험성이 있기 때문에 이를 달리는 자동차에 가능한 한 많은 양을 싣고 안전하게 운반하는 것이 중요하다. 따라서 ㉥ 과학자들은 현재의 기술 발전 추이라면 적어도 5년 이내에 수소를 에너지로 하는 자동차가 거리를 누빌 것으로 전망하고 있다. 세계 유수의 자동차 생산업체들이 시제품을 속속 선보이고 있고, 우리나라의 자동차 회사들도 연료 전지 개발에 뛰어들어 세계와 경쟁하고 있다.

보기

가. 수소와 산소를 결합해 전기를 생산하는 연료 전지의 효율성 문제다.
나. 수소를 얼마나 안전하게 저장하느냐의 문제다.
다. 수소를 얼마나 값싸게 얻을 수 있느냐의 문제다.
라. 수소의 실용화를 위해서는 경박단소(輕薄短小) 작업이 필수적이다.
마. 과학자들은 소위 압축 기술을 이용해 액체 상태의 수소를 작은 탱크 안에 구겨 넣는 기술을 개발하는 데 주력하고 있다.
바. 과학자들은 전기 분해 효율을 높이기 위한 방편으로 각종 촉매를 채용하거나 태양광 에너지를 활용하는 방안을 연구 중이다.

① 가－마－나－바－다－라
② 가－바－다－라－나－마
③ 가－바－다－마－나－라
④ 다－라－나－마－가－바
⑤ 다－바－가－라－나－마

13. ㉠~㉢에 들어갈 말이 순서대로 바르게 된 것은?

직장인들이 꼭 알아 두어야 할 글쓰기 전략의 핵심 사항 몇 가지를 소개하면 다음과 같다.

첫째, (㉠). 보고서, 제안서와 같은 사내 업무 문서는 물론이고 제품 설명서나 안내문, 그리고 보도 자료 같은 홍보 문서에 이르기까지 모든 업무 문서는 보고를 받는 사람, 혹은 이를 읽을 독자가 있다. 이들을 고려하지 않고 문서를 작성한다는 것은 내 맘대로 써서 보고할 테니 알아서 보라는 것과 다를 바 없다.

둘째, (㉡). 예컨대 중간 관리자나 실무자가 경영자에게 보고서를 제출할 때에는 설득의 관점에서 문서를 작성해야 한다. 반면 경영자나 중간 관리자가 실무자를 상대로 지시 문서를 작성할 때에는 교육의 관점에서 글을 쓰는 것이 좋다.

셋째, (㉢). 해결책 없는 보고서를 제출하는 이들이 있다. 말 그대로 '보고'만 하는 것이다. 하지만 이는 보고서에 '무능력'이라는 꼬리표를 붙여 제출하는 것과도 같다. 상사는 어떠한 내용의 단순 보고만을 원하지 않는다.

① ㉠상대방이 누구인지 살펴라.-㉡직급에 따라 설득 논리를 차별화하라.-㉢반드시 해결책을 제시하라.
② ㉠상대방이 누구인지 살펴라.-㉡반드시 해결책을 제시하라. -㉢직급에 따라 설득 논리를 차별화하라.
③ ㉠반드시 해결책을 제시하라.-㉡상대방이 누구인지 살펴라. -㉢직급에 따라 설득 논리를 차별화하라.
④ ㉠반드시 해결책을 제시하라.-㉡직급에 따라 설득 논리를 차별화하라.-㉢상대방이 누구인지 살펴라.

14. 다음 글의 연결 순서로 가장 자연스러운 것은?

(가) 갈등론자들은 이와 달리 교육을 통하여 사회 평등을 실현하는 것은 불가능하며 오히려 교육이 기존의 불평등 구조를 재생산한다고 주장한다. 그들에 따르면, 교육은 지배 계급의 이익을 보장해 주는 장치이기 때문에 학교 교육의 기회가 확대된다고 하더라도 결코 사회 평등의 실현에 기여할 수 없다.

(나) 특히 하류 계층에게도 능력에 따라 적절한 수준의 학교 교육을 받게 하여 능력과 학력에 의한 사회적 계층 이동의 기회를 제공함으로써 사회 평등을 실현할 수 있다고 한다. 말하자면 학교 교육을 통하여 불평등의 세대 간 재생산을 감소시킬 수 있다는 것이다.

(다) 학교 교육 기회가 확대되어 점점 더 많은 사람들이 점점 더 오랫동안 학교에 다니게 되고, 학교 교육이 사회적 선발 체제로 확립되어 감에 따라서 많은 학자들이 학교 교육과 사회적 지위 획득의 관계를 설명하려는 노력을 기울여 왔다.

(라) 학교를 통해서 사회 평등을 실현할 수 있다는 믿음은 진보주의자 또는 자유주의자들에 의해 신봉되어 왔다. 그들은 교육 기회의 평등한 분배를 통하여 계층 이동이 원활해지고 결과적으로 사회 평등이 실현될 수 있다고 생각한다.

① (가)-(다)-(나)-(라) ② (나)-(다)-(가)-(라)

③ (다)-(라)-(나)-(가) ④ (라)-(가)-(나)-(다)

Step 4 맞춤법

15. 설명을 보고 적절한 예시 문장을 적어 봅시다.

던지	든지
• '던지'는 막연한 의문이 있는 채로 그것을 뒤 절의 사실이나 판단과 관련시키는 데 쓰는 연결 어미 • 과거형에서 사용	• '든지'는 "어느 것이 선택되어도 차이가 없는 둘 이상의 일을 나열함을 나타내는 보조사" • '든지'는 '든'으로 쓸 수 있다.
대로	**데로**
~하는 즉시	장소

16. 맞는 곳에 'ㅇ'를 하세요.

예) 살다 보면 별 희안한 일이 다 생기지요.	예) 살다 보면 별 희한한 일이 다 생기지요.
예) 아내는 회사에서 경리뿐만 아니라 비서의 역활까지 수행한다.	예) 아내는 회사에서 경리뿐만 아니라 비서의 역할까지 수행한다.

예) 궂이 그렇게 따질 이유가 없었다.	예) 구지 그렇게 따질 이유가 없었다.	예) 굳이 그렇게 따질 이유가 없었다.

7 Chapter

생각을 전달하는 방식

Wake Brain

'하상욱'의 시 제목 맞추기

	시	제목
1)	늘 고마운 당신인데 바보처럼 짜증내요	
2)	나는 했는데 너는 몰랐네	
3)	안 좋은 척 안 기쁜 척	
4)	"닥쳐" "닥쳐" "닥치고 내 말 들어"	
5)	짧은 순간 많은 생각	
6)	잘못된 선택 뒤늦은 후회	
7)	끝이 어딜까 너의 잠재력	

Step 1 이론학습 및 모델링

학습목표

글을 진술하는 설명, 논증, 묘사, 서사 등 4가지 방법을 설명할 수 있다.

1. 설 명

1) 의미

- 독자를 이해시킬 목적으로 대상의 의미나 원인, 목적, 어떤 사실이나 사물, 현상, 사건의 내용, 의의, 이유 등을 알기 쉽게 진술하거나 풀이하는 서술 방식

2) 유의사항

- 독자에게 대상을 이해시키는 것이 목적이므로 객관적이고 공정한 입장에서 기술
- 처음부터 끝까지 일관된 주제나 문제의식에 따라 서술

설명의 방법	
분류	• 의미: 유사한 특성을 지닌 대상들을 일정한 기준에 따라 나누거나 묶어서 설명하는 서술 방식 • 예: 한방에서는 사람 체질에 따라 태양인, 태음인, 소양인, 소음인의 네 종류로 나뉜다.
분석	• 의미: 어떤 대상을 구성요소나 부분들로 나누어 설명하는 방법으로, 서로 연관된 여러 부분들로 이루어진 대상을 설명하는 데 효과적 • 예: 소나무의 잎은 뾰족하고, 줄기는 껍질로 싸여 있고, 뿌리는 지상의 키 정도의 길이로 땅 속에 뻗어 있다.
원인과 결과 (인과)	• 의미: 어떤 결과를 가져오게 한 원인을 밝히거나 어떤 원인에 의하여 초래된 현상을 중심으로 전개하는 방식 • 예: 온실 효과로 인해 지구의 기온이 상승할 때, 가장 심각한 영향은 해수면의 상승이다.
비교 대조	• 의미: 둘 이상의 사물이나 대상을 견주어 비슷한 점과 차이점을 드러냄으로써 대상의 특성을 밝히는 서술 방식으로, 비교는 두 화제의 공통점을 견주어 설명하는 방식이며 대조는 두 화제의 차이점을 견주어 설명하는 방식 • 예: 연극과 영화는 공간예술, 행위예술, 종합예술이라는 점에서 일치한다. 그러나 연극은 시간과 공간의 제약이 있지만, 영화는 상대적으로 자유롭다.

(계속)

<table>
<tr><th colspan="2">설명의 방법</th></tr>
<tr><td>정의</td><td>• 의미:
- 정의: 어떤 대상의 본질이나 개념을 진술하는 방식으로 대상이나 용어의 범위, 개념을 규정지음으로써 그 본질적 속성을 명확하게 이해시키려는 설명 방식
('무엇인가' 라는 물음에 대한 응답의 형식이라는 점에서 지정과 비슷하지만, 어떤 대상을 가리키는 말이 어떤 뜻으로 쓰였는가를 밝히는 점에서 차이)
• 예
- 정의: 민주 복지 국가란 국민이 주권을 가지고 국민의 힘으로 국민 전체의 행복 추구를 목적으로 하는 나라이다./삼각형은 세 직선으로 둘러싸인 도형이다./행복이란 우리가 그것을 인식하고 있는 순간에만 존재하는 감정이다.</td></tr>
<tr><td>예시</td><td>• 의미: 어떤 대상에 대한 설명이 어렵거나 너무 추상적이어서 이해하기 쉽지 않을 때 구체적인 예를 들어 알기 쉽게 설명하는 방법(글의 중심 내용을 명시적으로 드러내거나 일반적 진술에 타당성을 높이는 효과)
• 예: 꽃가루 예보제는 꽃가루위원회에서 매주 분석해 일반인에게 홈페이지를 통해 공개하는 방식으로 이뤄진다. 예컨대 꽃가루가 발견되면 분석 책임자가 이 꽃가루가 알레르기 환자들에게는 어느 정도 영향을 미칠 것인가 등을 분석해 예보하게 된다.</td></tr>
<tr><td>과정</td><td>• 의미: 어떤 일의 시작에서부터 끝까지를 진행 과정에 따라 설명하는 방식으로서 특정한 목표나 결과를 가져오게 하는 일련의 행동, 변화, 작용 등에 초점
(서사 '무엇' 에 초점, 과정 '어떻게' 에 초점)
• 예
- 가열되는 비커의 밑면에 접해 있는 물은 온도가 올라가면 그 부피가 팽창하고, 따라서 밀도가 낮아진다. 이렇게 더워져서 밀도가 낮아진 물은 위로 올라가고, 위에 있던 찬물이 밑으로 흘러든다.
- 글쓰기는 주제 설정부터 시작해 자료 수집, 개요 작성, 집필, 고쳐 쓰기의 순서로 이뤄진다.
- 조선 종이의 주된 원료는 닥나무인데, 그 종이 제조 공정은 다음과 같다. 닥나무를 큰 가마솥에 넣고 쪄서 껍질을 벗겨 건조시킨다. 이것을 흑피라고 하는데, 이를 물에 불리고 표피를 제거해 햇볕에 표백시킨다.
- 전상운, '한국 과학 기술사' -</td></tr>
</table>

2. 논 증

1) 논증에 대한 이해

- 글쓴이가 자기의 주장이나 견해를 내세워 독자를 설득할 목적의 글에 쓰이는 진술 방식
- 전제나 근거를 바탕으로 주장을 논리적으로 끌어내어 상대방의 신념이나 태도를 변화시키는 것이 목적
- 논설문, 보고서, 평론, 담화문, 연설문의 진술 방식
- 논증은 대립되는 견해에서 오는 갈등을 해결하는 데에 목적이 있으므로 합당한 논리로써 지성적으로 설득할 만큼 이론 정립과 증명 과정에 모순이 없어야 함

2) 논증의 종류

① 귀납추리

- 특수한 사실들의 공통점으로부터 일반적인 사실이나 주장을 이끌어내는 추론
- 여러 가지 특수한 사실이나 주장을 열거한 다음 그것을 근거로 일반적인 사실이나 주장을 펼침

> 임진왜란과 병자호란은 내정의 불안으로 인한 국력의 약화가 원인이다. 좋은 정치로 부국강병 해야 외침을 예방할 수 있다.

② 연역추리

- 일반적인 사실이나 주장으로부터 특수한 사실이나 주장을 이끌어내는 추론
- 널리 알려진 일반적인 사실이나 주장을 근거로 새로운 특수 사실이나 주장을 펼침

> 물가가 오르면 소비가 감소한다. 최근의 유가폭등으로 자가용의 이용이 줄고, 대중교통의 이용이 늘어날 것이다.

③ 변증법

- 정과 반의 상반된 두 가지 사실 또는 주장을 두 가지의 합인 제3의 사실이나 주장으로 이끌어내는 추론
- 상반되는 사실이나 주장의 특징, 장단점 등을 소개한 후 둘의 단점을 버리고 장점을 취해 새로운 사실이나 주장을 펼침

> 정: 자본주의 사회는 자유경쟁 논리와 성장 이론을 강조한 결과 국민 소득은 높지만 빈부의 격차가 심하다.
> 반: 공산주의 사회는 통제 논리와 분배 이론에 빠져 빈부 격차는 심하지 않지만 국민 소득이 낮다.
> 합: 따라서 국민 소득을 높이고 빈부 격차를 줄이려면 자유경쟁과 통제의 조화, 성장과 분배의 균형을 꾀하는 복지적 자본주의가 필요하다.

④ 유추

- 유비 추론의 줄임말로서, 두 대상 사이의 유사성을 바탕으로 하여 잘 알려지지 않은 것을 잘 알려진 것에 빗대어 진술하는 추론 방식으로 귀납추리의 일종
- 어렵고 복잡한 개념을 설명하고자 할 경우, 보다 친숙하고 단순한 개념과 비교해 나감으로써 좀더 쉽게 이해할 수 있도록 하는 방법
- 유사한 상황을 근거로 새로운 사실이나 주장을 펼침

예 1) 영화 '해운대' 는 불법 복제되어 파문을 일으켰다. 개봉을 앞둔 대작 '한강' 도 그럴 가능성이 없지 않다.

예 2) 이 사회의 경제는 모두가 제로섬 요소로 구성되어 있다. 제로섬(Zero - Sum)이란 어떤 수를 합해서 제로가 된다는 뜻이다. 어떤 운동 경기를 한다고 할 때, 이기는 사람이 있으면 반드시 지는 사람이 있게 마련이다. 어느 한쪽 팀이 점수를 얻게 되면 다른 팀은 점수를 잃는다. 이 승리자와 패배자의 점수를 합치면 전체로서는 제로가 된다.

예 3) 미생물을 실험실에서 배양하면 어느 순간까지는 잘 자라다가 일정 시간이 지나면 먹이 고갈과 노폐물의 축적으로 성장을 멈추고, 끝내 사멸하게 된다는 것은 익히 알려진 바이다. 인류라고 해서 예외일 수는 없다. 만약 인류가 생산 활동의 부산물인 대기 오염, 수질 오염 및 토양 오염을 그대로 방치할 경우, '환경 문제' 는 '환경 오염' 의 차원을 넘어 '환경 파괴' 로 치닫게 될 것이다. 그 다음의 결과야 불을 보듯 뻔 하지 않은가?

- 윤순창, '현대 과학은 환경 문제를 해결할 수 있을까?' -

3) 유의사항

- 논증을 할 때에는 주장의 내용(명제)이 명백해야 함
- 다른 주장과 비교해 그 주장의 타당성과 정당성이 입증되어야 함

3. 묘 사

1) 묘사에 대한 이해

- 배경, 분위기, 사물이나 인물 등을 대상의 형태, 색채, 감촉, 향기, 소리 등을 그림을 그리듯이 그려 내는 표현하는 방식.
- 일정한 순서에 따라 묘사가 진행되며, 대상을 직접 보고 있는 듯한 느낌을 전달
- 정서 표현(문학작품), 정보 전달을 목적으로 하는 글(비문학)에 두루 쓰임
- 객관적(설명적) 묘사 : 대상을 객관적으로 정확하게 재현
- 주관적(문학적) 묘사 : 주관적 인상이나 느낌을 제시

> 경회루는 정면 7간, 측면 5간 해서 35간이나 된다. 이층 누마루집인데, 아래층은 돌기둥을 세우고 위층은 나무로 지었다. 지붕은 앞뒤 지붕면이 높이 솟아오르고, 옆 지붕은 중간에 가서 붙고 그 윗부분에는 삼각형의 단면이 생기는 팔작지붕 형식이다. 팔작지붕에서 앞뒤 지붕이 만나는 정상에 용마루를 쌓고, 그 양 끝은 새가 입을 벌리고 있는 모양이나 새의 꼬리 모양으로 흙을 구워 설치한다.
> – 황순민, '우리 궁궐 이야기' –

2) 유의사항

- 독자로 하여금 필자와 거의 동일한 인상을 받거나 상상적 체험을 할 수 있도록 설명
- 대상의 모습을 가능한 한 정확하고 풍부하게 재현할 필요가 있다.

4. 서 사

1) 서사에 대한 이해

- 시간 개념을 전제로 사건의 전개나 사물의 변화, 인물의 행동을 시간의 경과에 따라 구체적으로 서술하는 전개 방식
- 움직임(사건, 행동), 시간, 의미의 3요소로 이루어짐/행동(움직임)의 과정, 시간의 흐름, 의미 있는 사건의 연속이 중요한 요소
- 인물의 행동이나 사건의 전개 과정을 이야기할 때 또는 정서 표현을 목적으로 하는 글(소설 양식) 뿐만 아니라 전설, 설화, 우화(寓話), 고사(故事), 신문 기사, 기행문, 일기, 수기(手記), 회고록, 자서전 등에서 다양하게 쓰임

2) 유의사항

- 움직임(사건의 내용), 시간(전개되는 과정), 행위의 의미(무엇이 왜 일어났는가)가 드러나야 함
- 하나의 행위나 사건의 발생과 경과 그리고 결과까지가 대상이 되므로 시간적 완결성이 가장 중요
- 행위의 주체나 대상, 목적과 방법, 행위가 전개되는 구체적이고 개별적인 시간과 장소 등을 명백히 밝혀야 함
- 이 요건들 모두가 일정한 순서와 원칙에 따라 정리되고 하나의 주제로 통일되어 완전한 의미를 지닐 때 서사의 완성이라고 말할 수 있음

경기도는 농산물 직판장을 추가로 건설하고, 인터넷을 통한 상품 판매를 늘리는 등 농산물 직거래 규모를 대폭 확대키로 했다.

도(道)는 13일 "도로변 농산물 직판장을 500곳 정도 추가로 만들고, 경기 사이버 장터의 판매 품목을 확대해 도내 농산물 직거래 규모를 1조 4000억 원으로 확대할 방침"이라고 밝혔다.

[예제]

• 설명, 논증, 묘사, 서사의 네 가지 방식 중 어느 방식으로 진술하고 있는지 쓰시오.

귀뚜라미의 오른쪽 날개는 왼쪽 날개 위에 포개져 거의 몸 전체를 뒤덮고 있다. 이 두 날개는 그 모양이 똑같이 생겼다. 오른쪽 날개는 등 위에서 거의 똑바르게 나 있으며, 옆구리 위에서 거의 직각으로 꺾이고, 얇게 되어 몸통을 덮고 있다. 등 부분에는 새까맣고 억센 줄기가 뻗어서 복잡한 무늬를 이루고 있다.

핵심 키워드	귀뚜라미, 날개, 등
중심내용	귀뚜라미는 등에 두 개의 날개가 있다.
서술방식	묘사

다음 날도 찬호는 학교 담을 따라 돌았다. 선생님은 여전히 교문에 서 계셨다. 그러나 다행히도 선생님은 이때 먼눈을 팔고 계셨다. 찬호는 이 기회를 놓치지 않았다. 고무신을 벗어 한 손에 한 짝씩을 쥐고는 고양이 걸음으로 보초의 뒤를 빠져 팽이처럼 교문 안으로 뛰어들었다. 그러나 채 몇 발 가지도 못하고 찬호는 그만 덜미를 잡히고 달랑 끌려 나왔다.

핵심 키워드	찬호, 선생님, 교문, 덜미
중심내용	몰래 교문을 들어가려던 찬호는 선생님에게 덜미를 잡혔다.
서술방식	서사

※ 가이드

① **핵심 키워드 찾기** : 본문에 등장하는 단어 중 가장 많이 등장하는 단어와 각 문장이 설명하는 대상을 찾는다.

② **중심내용** : 단락의 중심내용은 처음이나 끝부분을 살펴본다. 중심내용이 없는 경우, 핵심 키워드를 중심으로 본문의 내용이 설명하는 내용을 간추린다.

③ **서술방식** : 이론학습의 내용을 숙지하여 설명, 논증, 묘사, 서사 중 하나를 골라서 쓴다.

Step 2 개별학습(personal learning)

1. 설명, 논증, 묘사, 서사의 네 가지 방식 중 어느 방식으로 진술하고 있는지 쓰시오.

1–1

공해(公害)란 독 있는 물질에 의한 자연의 오염으로 공중(公衆)의 건강이나 건전한 위생 생활에 끼치는 해를 뜻하며, 대기 오염, 수질 오염, 토양 오염, 소음 공해 등이 대표적이다.

핵심 키워드	
중심내용	
서술방식	

1–2

삼팔 접경의 이 북쪽 마을은 드높이 개인 가을 하늘 아래 한껏 고즈넉했다. 주인 없는 집 봉당에 흰 박통만이 흰 박통만을 의지하고 굴러 있었다. 어쩌다가 만나는 늙은이는 담뱃대부터 뒤로 도렸다. 아이들은 또 아이들대로 멀지 감치서 미리 길을 비켰다. 모두 겁에 질린 얼굴들이었다. 동네 전체로는 이번 동란에 깨어진 자국이라곤 별로 없었다. – 황순원, "학" –

핵심 키워드	
중심내용	
서술방식	

2–3

1789년에 개최된 삼부회에서 수적 우위를 앞세운 평민들은 귀족과의 동등한 투표권을 주장했으나, 귀족들의 반대로 무산되고 말았다. 타협이 불가능해지자 제 3신분의 의원들은 '국민 의회' 라는 그들만의 의회를 구성하였다. 귀족과 국왕은 이를 빌미로 평민 의원들을 탄압하기 시작하였고, 이에 분노한 파리 시민들은 시의 동부 요새이며 정치범 수용소인 바스티유 감옥을 습격하였다. 이를 진압하려던 군대도 시민들의 열렬한 열기에 눌려 감히 손을 쓰지 못하였으며 마침내 절대주의의 상징이었던 바스티유가 함락하였다. 바스티유의 함락은 바로 프랑스혁명의 시발점이 되었다.

핵심 키워드	
중심내용	
서술방식	

2. 설명, 논증, 묘사, 서사의 네 가지 방식 중 어느 방식으로 진술하고 있는지 쓰시오.

2–1

소년은 무명 겹저고리를 벗어 소녀의 어깨를 싸 주었다. 소녀는 비에 젖은 눈을 들어 한 번 쳐다보았을 뿐, 소년이 하는 대로 잠자코 있었다. 그리고는 안고 온 꽃묶음 속에서 가지가 꺾이고 꽃이 일그러진 송이를 골라 발밑에 버린다.

핵심 키워드	
중심내용	
서술방식	

2–2

눈에 모래가 들어갔다. 엎드린 채 손등으로 비벼댔다. 땀과 먼지로 눈이 맵다. 쑤쑤, 틀림없이 맞았다. 마지막이다! 몸뚱이가 냉큼 들렸다가 떨어졌다. 눈을 떴다. 4번이 산산이 부서졌다. 경석은 BAR를 잡아채어 미친 듯이 포복 전진하였다.

핵심 키워드	
중심내용	
서술방식	

2–3

김 첨지는 취중에도 설렁탕을 사 가지고 집에 다다랐다. 집이라 해도 물론 셋집이요 또 집 전체를 세든 게 아니라 안과 뚝 떨어진 행랑방 한 칸을 빌려 든 것인데 물을 길어 대고 한 달에 일 원씩 내는 터이다. 만일 김 첨지가 주기를 띠지 않았던들 한 발을 대문에 들여놓았을 제 그곳을 지배하는 무시무시한 정적(靜寂)—폭풍우가 지나간 뒤의 바다 같은 정적에 다리가 떨렸으리라. 쿨룩거리는 기침 소리도 들을 수 없다. 그르렁거리는 숨소리조차 들을 수 없다. 다만 이 무덤 같은 침묵을 깨뜨리는—을 깨뜨린다느니 보다 한층 더 침묵을 깊게 하고 불길하게 하는 빡빡 하는 그윽한 소리, 어린애의 젖 빠는 소리가 날 뿐이다. (후략)

– 현진건, "운수 좋은 날" 중에서 –

핵심 키워드	
중심내용	
서술방식	

Step 3 팀 학습(cooperative learning)

3. 설명, 논증, 묘사, 서사의 네 가지 방식 중 어느 방식으로 진술하고 있는지 쓰시오.

3–1

독도는 분명히 우리 땅이다. 이는 역사적 기록이 증명하며, 무엇보다 일인(日人)들 스스로가 만든 옛 지도가 이를 뒷받침한다. 즉 '세종실록', '동국여지승람' 등에 우리 영토로 기록되어 있을 뿐만 아니라, 18세기 일본 지도에도 독도를 분명히 우리 영토로 그려 놓고 있는 것이다.

핵심 키워드	
중심내용	
서술방식	

3–2

공해 문제를 해결하기 위하여 우리는 지금 당장 무슨 대규모의 범국민적 추방 운동을 벌일 필요가 없다. 어쩌면 강경하고 융통성 없는 공해 규제가 오히려 생산력을 크게 떨어뜨릴지도 모르기 때문이다. 우리에게는 단지 세심하게 주의하고 자기가 할 수 있는 적절하고 필요한 정도의 대책과 모럴을 마련하는 것이 중요하다.

핵심 키워드	
중심내용	
서술방식	

3–3

짐승 같은 달의 숨소리가 손에 잡힐 듯이 들리며, 콩 포기와 옥수수 잎새가 한층 달에 푸르게 젖었다. 산허리는 온통 메밀밭이어서, 피기 시작한 꽃이 소금을 뿌린 듯이 흐뭇한 달빛에 숨이 막힐 지경이다. 붉은 대궁이 향기같이 애잔하고, 나귀들의 걸음도 시원하다.

핵심 키워드	
중심내용	
서술방식	

4. 설명, 논증, 묘사, 서사의 네 가지 방식 중 어느 방식으로 진술하고 있는지 쓰시오.

4–1

길 오른편은 적이 가파르게 경사진 개간지요, 왼편은 소나무 숲이었다. 이 사이로 외발자국 오솔길이 나 있었다. 여름이면 쑥과 뱀딸기 덩굴로 해서 덮이다시피 되는 길이었다.

핵심 키워드	
중심내용	
서술방식	

4–2

철학은 본래가 현실과 유리될 수 없는 학문이다. 19세기 초엽, 프랑스 군 점령하의 베를린에 있어서 '독일 국민에게 고하노라.' 하는 피끓는 애족의 공개 강연을 감행하여 독일 국민의 기백을 고무시킨 것은 바로 철학자 피히테가 아니었던가?

핵심 키워드	
중심내용	
서술방식	

4–3

어떤 연못에 개구리들이 살고 있었다. 그들은 자기네들을 다스려 줄 임금을 원했다. 그래서 하느님에게 임금을 보내 달라고 간청하여, 하느님은 통나무를 내려 주었다. 통나무와 함께 며칠 지내다 보니 아무래도 통나무가 임금 같지 아니하였다. 이에 새로운 임금을 보내 달라고 하여, 하느님이 이번에는 황새 한 마리를 보내 주었다. 개구리들은 기뻐하며 새 임금의 눈에 띄려고 서로 앞을 다투며 나아갔다. 그러자 황새는 개구리들을 닥치는 대로 잡아먹기 시작하였다. 개구리들이 놀라 도망을 치려 했으나 황새 앞에서는 어쩔 수 없었다. 얼마 안 되어 그 연못에 개구리는 한 마리도 남지 않게 되었다.

핵심 키워드	
중심내용	
서술방식	

4-4

이제현은 고려 충렬왕 13년 12월에 경주에서 정승 문정공 진의 아들로 태어났으니, 신라 시조 때의 좌명 대신이었던 이알평의 후예였다. 그는 충렬왕 27년에 나이 15세의 어린 몸으로 성균시에 장원하고, 또 대과에서 병과에 합격하였다.

핵심 키워드	
중심내용	
서술방식	

5. 설명의 방법 중 하나를 골라 쓰시오.

	내용	설명의 방법
1)	컴퓨터의 구조	분석
2)	녹차의 종류	분류
3)	긍정적 사고와 부정적 사고	대조
4)	사고란 무엇인가?	정의
5)	고려 사회와 조선의 정책은 그 근저부터 상이한 양면을 보여 준다. 먼저, 고려 사회는 태조 이래 줄곧 숭불정책을 지향한 데 반하여, 조선은 억불숭유로 치달았다.	대조
6)	전항에서 본 바와 같이 황진이뿐만 아니라 천편일률적인 도학자들의 작품보다는 오히려 기생들의 작품에서 더욱 걸작을 찾을 수 있다. 이를테면, 소백주 · 한우 · 구지 · 송이 · 매화 등의 작품이 각각 한두 편씩 전하고 있다.	예시
7)	소나무의 잎은 뾰쪽하고, 줄기는 껍질로 싸여 있고, 뿌리는 지상의 키 정도의 길이로 땅 속에 뻗어 있다.	분석
8)	조선 종이의 주된 원료는 닥나무인데, 그 종이 제조 공정은 다음과 같다. 닥나무를 큰 가마솥에 넣고 쪄서 껍질을 벗겨 건조시킨다. 이것을 흑피라고 하는데, 이를 물에 불리고 표피를 제거해 햇볕에 표백시킨다.	과정
9)	연극과 영화는 공간예술, 행위예술, 종합예술이라는 점에서 일치한다. 그러나 연극은 시간과 공간의 제약이 있지만, 영화는 상대적으로 자유롭다.	비교 · 대조
10)	곤충은 몸뚱이가 머리, 가슴, 배로 되어 있고, 다리가 세 쌍인 동물이다.	정의
11)	판소리 예술의 기본적 구성 요소에는 창, 아니리, 발림의 세 가지가 있다.	분석

Chapter 8

나누거나 묶거나

Wake Brain

좌뇌 우뇌 TEST

3) Test 1.

그림과 같이 자연스럽게 양손을 붙잡고 깍지를 껴보세요.

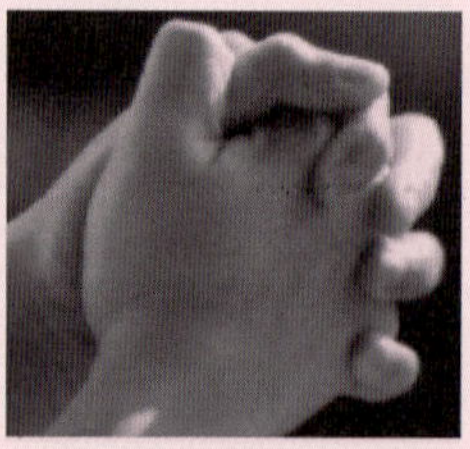

(출처: http://imommy-gogogo.tistory.com/m/post/612)

왼쪽과 오른쪽 중 어느 쪽 엄지손가락이 위로 올라가는지 기억해 놓으세요.

4) Test 2.

무리뉴처럼 자연스럽게 팔짱을 해보세요.

(출처: http://dcab.egloos.com/m/5346088)

왼쪽과 오른쪽 중 어느 쪽 팔이 위로 올라가는지 기억해 놓으세요.

5) 결과

① Test 1. 깍지

• 정보를 받아들이는 타입 판별

깍지의 경우 왼쪽 엄지손가락이 위로 올라갔다면 우뇌를 사용하여 정보를 받아들인다. 반대인 오른쪽 손가락이 위로 올라갔다면 좌뇌를 사용하여 정보를 받아들인다.

② Test 2. 팔짱

• 정보의 표현방식 판별

왼팔이 올라가 있는 경우에는 우뇌를 사용하여 표현합니다. 오른팔이 올라가 있는 경우에는 좌뇌를 사용하여 표현한다.

각각 2가지의 경우가 있어서 분류는 4가지로 할 수 있다. 즉, 정보의 입력과 출력을 어떻게 하는가 하는 점이다.

입력	출력	내용
우뇌	우뇌	감각과 이미지로 이해하고 감각과 이미지로 표현
우뇌	좌뇌	직감으로 이해/논리적으로 표현
좌뇌	좌뇌	논리적으로 이해하고 논리적 표현
좌뇌	우뇌	논리적으로 이해/ 감각으로 표현

첫 번째, 우뇌 – 우뇌 타입은 다음과 같다. 완전 우뇌타입은 감각, 직관, 이미지로 이해를 하고 표현하기 때문에 쉽게 이해는 하지만, 그것을 타인에게 전달하거나 이해시키지 못하는 경우가 많다. 숨겨진 천재성을 갖고 있는 사람이 많을지도 모른다.

두 번째, 우뇌 – 좌뇌 타입은 역시 감각, 직관, 이미지로 정보를 받아들이지만 표현하는데 있어서 논리적으로 설명하는 것이 가능하기 때문에 소위 말하는 득을 보는 타입, 혹은 출세할 수 있는 타입이다. 하지만 이런 타입인 사람은 의외로 많지 않다.

세 번째, 완전 좌뇌 타입인 사람은 논리적인 성향이 굉장히 강하기 때문에 논리적인 사고를 필요로 하는 수학, 과학과 같은 학문의 일을 굉장히 잘한다. 좀 딱딱한 타입의 사람이 많이 있다고 하는데 소위 말하는 공부 잘하는 사람이 이런 타입의 사람이다.

네 번째, 좌뇌 – 우뇌 타입의 사람은 논리적으로 이해를 하기 때문에 이해는 잘 하였지만 그것을 다른 사람에게 표현하는 것은 서툰 경우가 많다. 정보를 받아들일 때 논리적인 이해를 잘 하기 때문에, 이것을 감각적으로 표현할 수만 있다면 굉장한 발명을 할 수 있을지도 모른다.

그런데 왼손잡이인데도 오른쪽 팔이 올라오는 사람이 있고, 오른손잡이인데도 왼쪽팔이 올라오는 사람이 있다. 깍지도 마찬가지다. 사람들에게 오른손잡이와 왼손잡이가 있는 것처럼 두뇌에도 좌뇌잡이가 있고, 우뇌잡이가 있다. 어떤 사람은 좌뇌가 발달하고 어떤 사람은 우뇌가 발달했으며, 혹은 어떤 사람은 좌뇌 우뇌 모두 발달한 사람도 있을 것이다. 왼손잡이라고 해서 반드시 우뇌가 발달했다고 보기는 어렵다. 또한 오른손잡이 중에서도 우뇌가 월등히 발달한 사람이 많다.

Step 1 이론학습 및 모델링

학습목표

분류와 분석 구조를 익혀 그 구조에 맞게 글을 쓸 수 있다.

1. 분류의 이해

(1) 분류(classification)의 의미와 원칙

1) 의미

① 대상을 일정한 기준에 따라 부분별로 나누거나 공통성을 가진 대상들을 하나의 종류로 묶는 방법

② 한 큰 무리(class)에 속하는 사물을 일정한 기준에 따라 더 작은 무리로 갈래짓는 것

③ 유사한 특성을 지닌 대상들을 일정한 기준에 따라 나누거나 묶어서 설명하는 서술 방식

2) 분류의 원칙

① 각 계층별 분류의 기준은 하나

② 하위 계층은 소속되는 상위 계층에 남김없이 포섭되어야 함

③ 모든 계층에 적용되는 원칙은 일관된 것

④ 분류를 할 때는 유개념과 종개념을 명확히 구분하여 인식

⑤ 어떤 대상들이 가지고 있는 보편적인 특성은 무엇인가, 무엇이 분류의 기준이 되는가를 잘 파악해야 함

(2) 분류의 예

1) 책의 분류

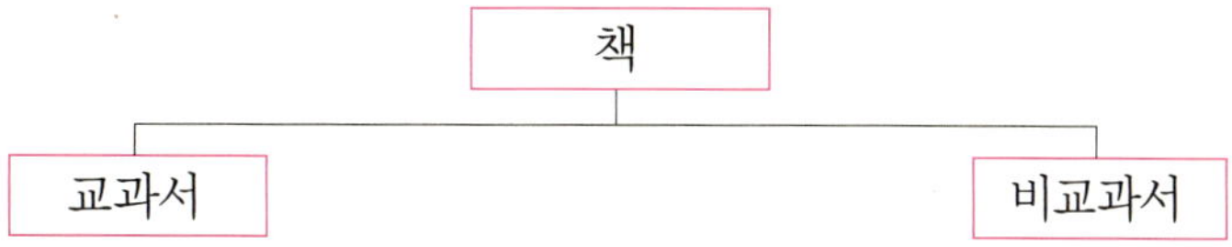

2) 나무의 분류 : 상록수와 낙엽수로 분류, 또는 과실수와 관상수로 분류
(나무 자체의 본질은 건드리지 않고, 어떤 종류의 것들이 있는가를 갈래짓는 것)

3) 기타 : 도서관의 책 분류, 마트의 상품 분류

4) 예

> 지붕은 어떤 자재를 써서 그것을 구성하느냐에 따라 새 지붕, 너새 지붕, 너와 지붕, 굴피 지붕, 초가지붕, 기와지붕으로 나뉜다. 형태에 따라서는 맞배지붕, 팔작지붕, 우진각 지붕, 육모 지붕, 갖은모 지붕, 정자 지붕, 십자 지붕, 고패 지붕, ㄷ자 지붕, ㅁ자 지붕, 솟을지붕, 까치구멍 지붕 등으로 나뉜다.

(3) 분류 구조(구조화)

1) 광고의 종류 구조(구조화)

> 광고의 종류는 그 분류 방법에 따라 여러 가지가 있다. 먼저, 광고의 대상이 누구인가에 따라 소비자 광고와 유통광고로 나눌 수 있다. 소비자 광고는 상품을 직접 소비하는 사람들에게 하는 광고이며, 유통광고는 다시 팔 목적으로 그 상품을 사려는 사람들(중간 상인)에게 하는 광고이다.
>
> 또 광고의 목적에 따라 상품광고와 기업광고로 나누기도 한다. 상품광고는 상품명, 성능, 제품의 우수성 등을 알리고 판매를 촉진하기 위한 광고이며, 기업 광고는 기업이 자기 회사를 널리 알리기 위하여 하는 광고로서, 최근에 크게 성행하고 있다.
>
> – 출처 : 황재옥, 1999 –

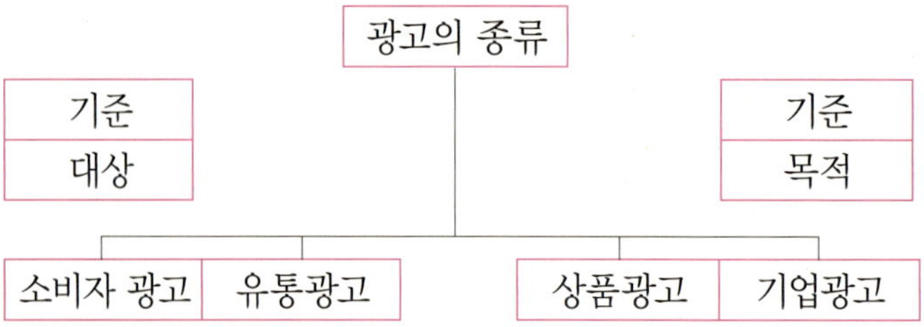

2) 김치의 종류 구조(구조화)

우리가 흔히 집에서 먹는 김치에는 배추김치, 총각김치, 부추김치, 깍두기, 오이소박이, 동치미, 백김치, 갓김치 등이 있습니다. 김치는 색깔, 만드는 재료, 먹는 시기, 주로 먹는 지역 등을 기준으로 삼아 살펴볼 수 있습니다. 여기에서는 주재료에 따라 김치를 분류해 보겠습니다.

먼저, 배추를 주재료로 이용하여 만든 김치에는 배추김치, 백김치 등이 있습니다. 둘째, 오이를 주재료로 이용하여 만드는 김치에는 오이소박이가 있습니다. 셋째, 무를 주재료로 이용하여 만드는 김치에는 깍두기, 총각김치 등이 있습니다. 넷째, 갓을 주재료로 이용하여 만드는 김치에는 갓김치가 있습니다.

우리나라에는 김치의 종류가 다양하고 주재료는 같아도 지방에 따라 부재료가 달라서 맛도 다양합니다.

– 출처: 장남숙, 2003 –

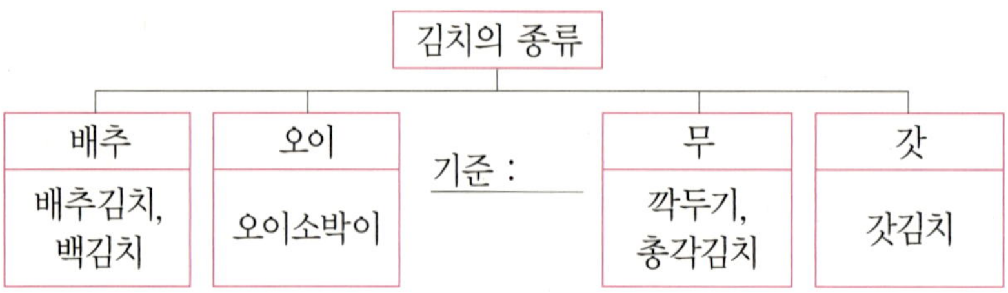

(4) 분류 구조의 단서어

~에 따라 나누면 ~의 갈래는 ~로 나누면 ~로 구분할 수 있으나	~분류하여 ~로 분류된다. ~로 나뉜다. ~에 따라 ~로 나눌 수 있다. ~에 따라 ~로 나누기도 한다.

2. 분석의 이해

(1) 분석(analysis)의 의미와 원칙

1) 의미

① 하나의 구조를 대상으로 하고, 그것을 이루고 있는 각 성분을 나누어 살핌
② 분석의 대상은 물, 공기, 흙, 꽃, 사람 같은 구체적인 것과 종교, 이념, 사상 같은 추상적인 것
③ 어떤 대상을 구성요소나 부분들로 나누어 설명하는 방법으로, 서로 연관된 여러 부분들로 이루어진 대상을 설명하는 데 효과적

2) 분석의 원칙

① 설명 대상이 몇 개의 구성 요소를 복수로 지니고 있을 때에만 가능
② 효과적인 분석이 되기 위해서는 분해된 부분들의 상호 관계나 전체 구조 속에서 각 부분이 갖는 위치나 기능도 설명

(2) 분석의 예

- 나무의 분석 = 뿌리 + 줄기 + 가지 + 잎사귀
(나무는 사라지고 그 껍질이나 줄기, 가지 따위 부분만 남음)
- 국문학의 특질

> 국문학의 특질에 대해서는 그 동안 여러 가지로 이야기해 왔다. 은근과 끈기, 가냘픔과 애처로움, '두어라' 와 '노세' 라고도 하였고, 한 마디로 뭉뚱그려서 '멋' 이라고도 하였다. 이밖에도 한풀이와 신명풀이를 강조하기도 하였고, 풍자와 해학을 우리문학의 특질로 보기도 하였다.
>
> – 출처 : "한국 문학의 개념과 특질" 중에서 –

- (　　　　　　)

> 진공청소기는 모델에 따라 약간씩 구조가 다르나, 그 원리상의 구조는 같다. 진공청소기의 가장 중요한 부분은 노즐, 팬, 모터 및 여과기이다. 표준적인 청소기의 부품은, 보통 유연성 있는 호스, 연결대·카펫용 노즐·마룻바닥용 솔·가구용 부품 및 틈바구니용 부품 등이다. 이러한 것들 가운데 서로서로 합쳐져서 그 자체로서 하나의 부품을 형성할 때도 있다. 그 밖의 부품도 모델에 따라서는 더 추가되는 경우도 있다.

(3) 분석 구조(구조화)

- 분석의 구조

대상 (전체)	=	부분	+	부분	+	부분	+	부분
꽃	=	꽃잎	+	줄기	+	이파리	+	뿌리

- 분석 구조는 대상의 구조를 그 성분에 따라 나누어 밝히는 것
- 구성 요소들은 유기적으로 조직되었을 때만 분석이 가능
- 대상구조의 분해에 그치는 것이 아니라 분해된 부분들의 상호 관계나 전체 구조 속에서의 위치, 기능까지도 분석

코끼리 얼굴	=	코	+	눈	+	귀	+	상아
		코의 위치 코의 기능		눈의 위치 눈의 기능		귀의 위치 귀의 기능		상아의 위치 상아의 기능

(4) 분석의 방법

- **항목에 따른 분석** : 움직이지 않는 대상을 분석할 때
  [예] 식물의 구조 분석
- **일의 순서에 따른 분석** : 시간의 흐름에 따라 이루어지는 일을 설명할 때
  [예] 이야기(심청전 분석) 등

(5) 분석과 분류의 구분

분석	• 구조는 그 성분의 일부만 빼내도 손상을 입으며, 또 많은 부분을 갈라내면 그 구조 전체가 분해되거나 해체 • 분석은 부분으로 나눈 것/ 부분이 전체의 기능을 하는 것은 불가능
분류	• 분류는 공통된 특징을 가진 물체의 단순한 집합 • 분류는 종류별로 묶은 것 • A를 B로 분류했다면 B는 A의 종류/ 종류는 전체의 기능이 가능

[예제]

• 다음 글을 읽고 내용을 구조화 후 요약하시오. (분류 또는 분석 글인지 파악)

한방에서는 사람 체질에 따라 태양인, 태음인, 소양인, 소음인의 네 종류로 나뉜다. 이러한 네 체질에 따라 사람들의 성격도 차이가 나는데, 각 성격마다 좋은 나쁜 점이 있다.

태양인은 진취적이며 뚜렷한 목표와 이를 달성하려는 집념이 있는 반면에, 독선적이며 냉정한 면이 있다. 태음인은 잘 참고 기다릴 줄 알지만 느리기 때문에 기회를 놓치는 경우가 종종 있다. 소양인은 재치와 순발력이 뛰어나고, 매우 활동적이나 지루한 것을 참지 못하고 덤벙대며 자신의 것을 잘 챙기지 못하는 면도 있다. 소음인은 섬세하고 내성적이나 총명하고 꼼꼼한 면이 있다.

– 출처 : 박수진, 2011 –

질문	답변
① 모든 핵심어	한방, 체질, 태양인, 태음인, 소양인, 소음인, 성격
② 베스트 핵심어	체질
③ 주제	한방에서는 사람의 체질에 따라 태양인, 태음인, 소양인, 소음인의 네 종류로 나누며, 체질에 따라 성격의 차이도 구분한다.
④ 제목	한방의 4가지 체질과 성격

구조화		
구분	체질	성격
한방의 4가지 체질과 성격	태양인	진취적, 목표의식, 독선적, 냉정적
	태음인	인내, 기회를 놓치는 경우 발생
	소양인	재치, 순발력, 활동적, 인내심 부족, 덤벙, 잘 챙기지 못함
	소음인	섬세, 내성적, 총명, 꼼꼼

요약
한방에서는 체질을 태양인, 태음인, 소양인, 소음인 등 4가지로 구분하며 체질에 따른 성격의 장단점도 제시한다.

※ 가이드

① **구조화** : 분류와 분석의 구조화는 표를 사용하면 쉽게 구조화가 가능하다. 분류의 경우 본문에서 어떤 기준으로 내용을 분류하고 있는지 찾는다. 분석의 경우, 분석의 대상을 찾은 다음 그 대상이 무엇으로 구성되어 있는지 찾아서 위와 같은 표를 만든다. 위처럼 간략형으로 정리한다.

② **요약** : 요약은 주제(중심내용)과 달리 본문의 핵심내용을 독자 자신의 언어로 재정리하는 것이다. 요약 시에 본문의 내용을 충분히 검토 후 자신의 언어로 표현하도록 한다.

Step 2 개별학습(personal learning)

1. 다음 글을 읽고 내용을 구조화 후 요약하시오. (분류 또는 분석 글인지 파악)

이 세상에는 아주 다양한 종류의 악기가 있다. 우리가 손쉽게 만들어서 연주할 수 있는 악기가 있는가 하면, 아주 전문적인 기술자에 의해 만들어지고 또 연주되어지는 악기도 있다. 이 악기들을 재료에 따라, 소리에 따라, 가격에 따라 여러 가지 방법으로 나눌 수 있는데 여기서는 그 중에서도 소리 나는 방법에 따라 분류해 보자.

먼저, 두드려서 소리 나는 악기가 있다. 예를 들면 북, 소고, 탬버린, 캐스터네츠, 편경 등이 여기에 해당한다. 동물의 가죽이나 돌, 쇠 등을 주로 이용해서 만들어져 있으며 리듬을 연주하는데 주로 쓰인다. 둘째, 입으로 불어서 소리 나는 악기에는 대금, 피리, 단소, 태평소, 나팔, 나각, 플루트, 색소폰 등이 있다. 주로 길쭉한 모양을 하고 있는 경우가 많고, 다양한 음을 낸 수 있는 편이다. 셋째, 활로 켜서 소리 나는 악기가 있다. 바이올린, 비올라, 첼로, 더블베이스 등이 여기에 해당하며 고운 가락을 연주하기에 적합하다. 넷째, 손으로 뜯어서 소리 나는 악기가 있는데 우리나라의 가야금, 하프, 기타 등이 있다.

위의 분류 기준 이외에도 기구를 이용해서 바람을 불어넣어서 소리가 나는 악기도 있다. 파이프 오르간이나 아코디언 등은 입이 아닌 다른 방법으로 바람을 불어넣어서 소리가 나도록 한다. 여러 가지 악기에 대해 더 많이 알면 음악을 이해하는 데도 도움이 될 것이다.

– 출처 : 장남숙, 2003 –

질문	답변
① 모든 핵심어	
② 베스트 핵심어	
③ 주제	
④ 제목	

구조화

요약

2. 아래의 글을 읽고 내용을 구조화 후 요약하시오. (분류 또는 분석 글인지 파악)

지구 내부는 성질이 서로 다른 물질들이 층상 구조를 이루고 있다. 각각의 층상 구조는 성분 물질의 종류도 다르고 독특한 특징을 가지고 있으며, 내부로 갈수록 밀도와 온도가 증가한다.

내핵은 지하 5,100km부터 지구 중심부에 해당하는 구간이다. P파의 속력이 증가하는 것으로 보아 고체 상태일 것으로 여겨진다. 성분 물질은 외핵과 비슷하며 중심부의 온도는 약 6,000°C에 이를 것으로 추정한다. 내핵과 외핵을 구분하는 레만면이 존재한다.

외핵은 지하 2,900~5,100km에 이르는 구간이다. 지진파 중 고체 상태만 지날 수 있는 S파가 이 구간을 지나지 못하는 것으로 보아 액체 상태의 물질로 추정하는데, 이는 높은 온도와 압력 때문이다. 주성분은 철·니켈 등 무거운 금속성 원소이다. 맨틀과 외핵의 경계면인 구텐베르크 불연속면이 존재한다.

맨틀은 지각의 아래쪽에 위치하는 고체 상태의 물질로, 지각에 비해 더 무거운 물질로 이루어져 있다. 지구 전체 부피의 약 83%를 차지하고 있으며, 맨틀 층의 깊이는 지하 2,900km에 이른다. 한편, 맨틀층 내의 상하 온도 차이로 인해 오랜 시간에 걸쳐 대류 운동이 일어나는데, 이것이 대륙을 이동시키는 힘의 근원이다. 지각과 맨틀을 구분해주는 모호면이 존재한다.

지각은 지구의 가장 겉부분을 이루는 단단한 암석층으로 지구 전체 부피의 약 1% 미만이다. 가벼운 대륙 지각과 좀 더 무거운 해양 지각으로 이루어져 있으며, 대륙 지각이 해양 지각에 비해 좀 더 두껍다. 대륙 지각의 평균 두께는 35km, 평균 밀도는 2.7g/cm³이며, 해양 지각의 평균 두께는 6km, 평균 밀도는 3.0g/cm³이다.

– 출처 : 홍준의 등, 살아 있는 과학교과서 "지구 내부는 어떻게 생겼을까?" 중에서 –

질문	답변
① 모든 핵심어	
② 베스트 핵심어	
③ 주제	
④ 제목	

구조화

요약

Step 3 팀학습(cooperative learning)

3. 아래의 글을 읽고 내용을 구조화 후 요약하시오. (분류 또는 분석 글인지 파악)

온라인 저널리즘 매체는 크게 두 가지 유형으로 구분할 수 있는데, 하나는 기존의 대중 매체가 그 활동 영역을 가상공간으로 확장한 경우이고, 또 하나는 가상공간에서만 존재하는 저널리즘 매체이다. 기존의 인쇄 매체나 지상파 방송의 뉴스가 온라인을 통해 네티즌에게 서비스되는 경우가 전자라면, 온라인에서만 활동하는 뉴스 매체나 공개 게시판은 후자의 유형에 속한다.

– 출처 : 윤영철, "가상공간과 저널리즘" 중에서 –

질문	답변
① 모든 핵심어	
② 베스트 핵심어	
③ 주제	
④ 제목	

구조화

요약

4. 아래의 기사를 읽고 다음카카오에서 서비스하고 있는 앱을 일정한 기준으로 분류하여 보자.

카카오 서비스 출시현황

2010년 3월	카카오톡
3월	카카오아지트
2012년 3월	카카오스토리
7월	카카오게임
2013년 2월	카카오앨범
4월	카카오페이지
5월	카카오홈
6월	카카오스타일
9월	카카오그룹

2013년 9월	카카오뮤직
9월	카카오플레이스
2014년 8월	옐로아이디
9월	카카오토픽 (2015년 8월 서비스 종료)
9월	카카오픽 (2015년 5월 서비스 종료)
9월	카카오페이
11월	뱅크월렛카카오
2015년 3월	카카오택시
6월	카카오TV

다음카카오는 지난해 10월 합병 당시 '모든 것을 연결하겠다(Connect Everything)'는 캐치프레이즈로 출범했다. 다음카카오는 사람 간 네트워크에 그치지 않고 O2O(Offline to Online), 사물과 사람의 네트워크로 보폭을 넓혀가고 있다.

23일 관련업계에 따르면 다음카카오의 전신인 카카오는 초창기에 '소셜서비스'들을 대거 선보였다. 특정 그룹이 정보나 사진을 공유하는 '카카오아지트'와 '카카오앨범'이 그 예다. 지인 기반 소셜네트워크서비스(SNS) '카카오스토리'는 카카오톡 다음으로 성공했다는 평가를 받기도 했다.

이제는 카카오택시 애플리케이션으로 택시를 부른다. 친구에게 카카오톡으로 커피 기프티콘을 보낼 때는 카카오페이로 결제할 수 있고 TV까지 볼 수 있다.

◆ '카카오○○' 서비스 총 16개 = 다음카카오에 따르면 '카카오' 브랜드로 제공중인 서비스는 총 16가지다. 다음카카오가 만든 서비스의 중심에는 카카오톡이 있다.

2010년 3월 출시된 카카오톡의 국내 이용자 수는 3800만 명에 달한다. 카카오톡은 그룹채팅, 보이스톡, 게임하기에 이어 최근 영상통화 기능까지 추가했다. 카카오톡은 한국의 커뮤니케이션 문화까지 바꿔놨다는 평가를 받고 있다.

카카오톡이 커다란 광장 역할을 하지만 모든 갈증을 해소해 주지는 못한다. 다음카카오는 이용자들의 콘텐츠갈증을 해소해 줄 서비스를 끊임없이 만들어내고 있다.

대표적인 서비스가 SNS 카카오스토리, 음원 스트리밍 서비스 카카오뮤직, 웹툰과 소설 등 콘텐츠 서비스 카카오페이지다. 닐슨코리아에 따르면 지난 4월 기준 카카오스토리는 월간 이용자 수가 1800만 명, 카카오뮤직은 380만 명, 카카오페이지는 170만 명이다.

◆ 게임, 쇼핑, 결제까지 연결 = 다음카카오는 모바일 게임시장에도 한 획을 그었다. 카카오게임은 '애니팡'을 국민 게임으로 만든 일등공신이다. 카톡 친구들의 게임 순위를 보여주며 경쟁심을 자극하고, 친구를 초대하면 아이템을 주면서 이용자들을 유혹했다. 카카오게임은 게임에 관심이 없던 사람들까지 끌어들여 모바일 게임의 저변을 넓혔다. 게임 매출 증대는 곧 모바일 매출 증대로 이어졌다.

쇼핑과 관련된 서비스도 꾸준히 강화하고 있다. 카카오톡 내에서도 선물·쇼핑 탭을 직접 운영하면서 하나의 쇼핑몰을 구축했다. 패션콘텐츠와 쇼핑몰을 모아둔 '카카오스타일'도 있다. 여기에 그치지 않고 다음카카오는 지난해 간편결제 '카카오페이'와 송금서비스 '뱅크월렛카카오'를 출시했다. 뱅크월렛카카오의 경우 한도가 낮아 이용 실적은 주춤한 상황이지만 카카오페이 가입자 수는 400만 명을 넘어섰다. 오는 3분기 이후에는 오프라인 간편결제도 가능해질 전망이다.

◆ 새 서비스, 또 나온다 = 다음카카오가 내놓은 서비스들이 모두 승승장구한 것은 아니다. 모바일 쇼핑 서비스 '카카오픽'은 출시 9개월인 지난 5월 서비스를 종료했다. 9월 출시한 모바일 뉴스플랫폼 카카오토픽도 약 1년 만에 서비스를 접는다. 10대와 20대를 겨냥한 메신저 '쨉' 역시 성적이 부진하다. 출시 당시 15만 명이었던 이용자는 3개월 만에 4만 명으로 급격히 줄었다.

그럼에도 불구하고 다음카카오는 끊임없이 새로운 서비스를 내놓고 있다. 이달에만 신규 서비스 3종을 내놓는다. 지난 16일에는 모바일 동영상 서비스 '카카오TV'를 출시했다. 방송, 영화, 웹드라마, 라이브 방송 등을 제공하고 카톡 대화창에서 동영상을 재생할 수 있다.

카톡창에서 관심사 기반 콘텐츠를 제공하는 '채널'도 조만간 나온다. 카톡 대화 입력창에서 바로 궁금한 것을 검색할 수 있는 '샵검색'도 이달 중 출시 예정이다. 하반기 중 카카오톡으로 음식을 주문, 결제할 수 있는 '카카오오더'도 출시할 계획이다.

– 출처 : 아시아 경제, 2015년 6월 23일, 한진주 기자 –

질문	답변
① 모든 핵심어	
② 베스트 핵심어	
③ 주제	
④ 제목	

구조화

요약

5. 아래의 기사를 읽고 각 회사의 결제 서비스에 대하여 구조화하여 보자.

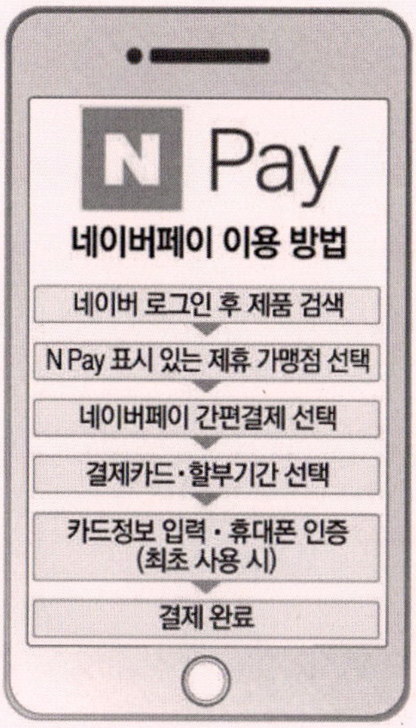

네이버가 야심차게 준비한 간편결제 네이버페이가 25일 공식 서비스를 시작한다. 네이버가 국내 포털 시장을 장악하고 있는 만큼 간편결제 시장에 적지 않은 변화가 예상된다.

이와 함께 삼성전자도 9월부터 '삼성페이'를 본격 시작할 예정이어서 국내 결제 시장이 온라인은 네이버, 오프라인은 삼성전자를 중심으로 재편될 가능성마저 점쳐지고 있다.

네이버페이는 아이디만 있으면 원하는 상품을 검색부터 결제 및 환불까지 '원스톱' 으로 이용할 수 있는 게 장점이다. 네이버페이와 제휴한 가맹점은 총 5만여 곳으로 상품 옆에는 'N Pay' 표시가 뜬다.

가맹점에서는 각 쇼핑몰의 회원 가입이나 배송지 입력 등 번거로운 절차 없이 네이버 아이디만으로 물건을 구매할 수 있다. 상품의 반품이나 취소 환불 등의 과정도 네이버페이에서 한 번에 관리할 수 있다. 네이버 뮤직, 영화, 웹툰 등 디지털 콘텐츠도 결제할 수 있다.

결제 방식도 보다 간편해졌다. 기존 온라인 결제는 매번 공인인증서를 통하거나 문자메시지 인증을 거쳐 이뤄졌다. 이에 비해 네이버페이는 첫 결제 시 이용 카드나 은행계좌의 등록 과정을 거치면 그 다음부터는 지정한 비밀번호 입력만으로 결제할 수 있다.

온라인 쇼핑몰뿐만 아니라 오프라인에서도 네이버페이의 영향력을 확장할 계획이다. 패션·식품·생활용품 등 전국오프라인 상점 정보를 제공하는 '샵윈도우' 의 가맹점에서는 온라인뿐만 아니라 매장을 직접 방문해서 네이버페이로 물건을 구매할 수 있다.

네이버페이가 원클릭 서비스의 편리함을 무기로 시장에 뛰어들면서 선발 주자들도 바짝 긴장하고 있다. 지난해 9월 다음카카오가 선보인 카카오페이는 카카오톡과 연동한 간편결제 시스템이다. 가맹점 숫자는 네이버페이에 밀리지만 카카오톡과 연동해 이용자들의 접근성을 높였다. 최근에는 지방세 등 세금 납부도 카카오페이로 낼 수 있도록 서울시와 제휴하는 등 다방면으로 사용처를 늘려가고 있다.

지난 4월 SK플래닛에서 출시한 시럽페이도 국내 모든 카드사와 제휴하고 앱 다운로드나 카드사별 보안프로그램 등 추가 설치 과정 없이 결제할 수 있다. 다른 서비스는 결제액이 30만 원을 넘으면 공인인증서 등을 통해 본인 인증이 필요한 반면, 시럽페이는 유일하게별도 인증 절차 없이 최대 200만 원까지 즉시 결제가 가능하다.

여기에 9월 출시될 '삼성페이'는 결제 방식을 '모바일'로 바꾸는 데 결정적 영향을 미칠 것으로 분석된다. 삼성페이는 마그네틱 결제와 근거리 결제(NFC), 바코드 방식까지 지원한다. 삼성전자가 인수한 루프페이 방식을 이용할 수 있는 미국 내 매장은약 1000만 곳이어서 글로벌 시장에서도 위력을 발휘할 것으로 보인다.

국내 간편결제 시장을 선점하기 위해 네이버와 삼성전자는 네이버페이와 삼성페이 제휴 카드사로부터 결제 수수료를 거의 받지 않을 방침이다.

– 출처 : 매일경제, 2015년 6월 23일, 조희영 기자 –

질문	답변
① 모든 핵심어	
② 베스트 핵심어	
③ 주제	
④ 제목	

구조화				
구 분	카카오 페이	시럽페이	네이버페이	삼성페이
출 시				
가입자수				
결제수단				
방 식				
가 맹 점				

요약

Step 4 맞춤법

6. 둘 중 맞는 곳에 'ㅇ'를 하시오.

예) 썰물 때는 드넓은 갯벌이 들어난다.	예) 썰물 때는 드넓은 갯벌이 드러난다.
예) 오랫만에 고향 사람을 만나자 무척 반가웠다.	예) 오랜만에 고향 사람을 만나자 무척 반가웠다.
예) 매일 만나는 사람인데 오늘따라 웬지 모르게 멋있어 보인다.	예) 매일 만나는 사람인데 오늘따라 왠지 모르게 멋있어 보인다.
예) 여러 사연을 일일히 들어보다.	예) 여러 사연을 일일이 들어보다.

7. 설명을 보고 적절한 문장을 적어 보자.

맞추다	맞히다
• 서로 떨어져 있는 부분을 제자리에 맞게 대어 붙임 • 둘 이상의 일정한 대상들을 나란히 놓고 비교하여 살핌 • 서로 어긋남이 없이 조화를 이룸	• '쏘거나 던지거나 한 물체가 어떤 물체에 닿다. 또는 그런 물체에 닿음을 입다'의 뜻
1) 분해했던 부품들을 다시 맞추다. 2) 3)	1) 정답을 맞히다. 2) 3)
서	**써**
• '서'는 자격일 때	• '써'는 수단일 때

Chapter 9

안 땐 굴뚝에 연기

Wake Brain

인생을 만점으로 만들기 위한 조건

(1) 알파벳 숫자

A	B	C	D	E	F	G	H	I	J	K	L	M
1	2	3	4	5	6	7	8	9	10	11	12	13
N	O	P	Q	R	S	T	U	V	W	X	Y	Z
14	15	16	17	18	19	20	21	22	23	24	25	26

(2) 질문

※ 각 알파벳에 해당하는 숫자를 모두 더해보시오.

① 행운이 많으면 나의 인생은 만점짜리가 되나요? (Luck)
② 사랑을 하면 어떻게 될까요? (Love)
③ 돈이 많으면? (Money)
④ 지식을 많이 쌓으면 인생은 만점이 될까요? (Knowledge)
⑤ 열심히 일을 하면 인생이 만점짜리가 될까요? (Hard Work)
⑥ 그렇다면 100점이 되려면?

우리의 인생은 마음먹기에 따라 100점이 될 수 있습니다.
어떤 자세(Attitude) 로 인생을 살아가시겠습니까?

– 출처 : 이영민, 강의를 살리는 스팟 테크닉 101 중에서 –

Step 1 이론학습 및 모델링

학습목표

원인과 결과 구조를 익혀 그 구조에 맞게 글을 쓸 수 있다.

1. 원인과 결과의 의미와 특징

1) 의미

① 어떤 결과를 가져오게 한 원인을 밝히거나 어떤 원인에 의하여 초래된 현상을 중심으로 내용을 서술하는 방식

② 원인이 되는 요소와 결과가 되는 요소가 상호관련적으로 전개되는 방식

- 원인(原因) : 어떤 사물이나 상태를 변화시키는 근본이 된 일이나 사건
- 결과(結果) : 어떤 원인으로 생긴 것, 또는 생긴 상태

2) 특징

① 원인이 선행하고 결과가 후행하지만, 그렇지 않은 경우도 존재

② 시간적인 선후 개념이 원인과 결과라는 서로 대등한 관계로 조직

③ 의미 구조의 관계가 긴밀해서 강한 구조성을 지님

2. 원인·결과 글의 예

1) 예 1

이 세상에서 일체의 서적을 없애 버린다면, 전지전능한 신도 입을 다물 수밖에 없고, 정의는 잠들 것이요, 과학은 막힐 것이며, 철학은 눈이 멀고, 문학은 벙어리가 되고, 정의는 절름발이가 되지 않을 수 없을 것이다.

– 출처 : 조지훈, "책이 놓는 다리" 중에서 –

2) 예 2

옛날부터 '금수강산' 이라고 불리었던 아름다운 우리의 국토가 점차 오염되어 가고 있다. 이는 인구가 계속 늘어나면서 사람들이 여러 가지 물자를 더 많이 얻기 위해 자원의 개발과 산업발전에 힘썼기 때문이다.

– 출처 : 이은숙, 1997 –

원인		결과
자원개발과 산업발전	→	국토의 오염

3) 예 3

이글루 안은 밖보다 온도가 높다. 그 이유 중 하나는 이글루가 단위 면적당 태양 에너지를 지면보다 많이 받기 때문이다. 이것은 적도 지방이 극지방보다 태양빛을 더 많이 받는 것과 같은 이치이다. 다른 이유로 일부 과학자들은 온실 효과를 든다. 지구에 들어오는 태양 복사 에너지의 대부분은 자외선, 가시광선 영역의 단파이지만, 지구가 열을 외부로 방출하는 복사 에너지는 적외선 영역의 장파이다. 단파는 지구의 대기를 통과하지만, 복사파인 장파는 지구의 대기에 의해 흡수된다. 이 때문에 지구의 온도가 일정하게 유지된다. 이를 온실 효과라고 하는데, 온실 유리가 복사파를 차단하는 것과 같다는 데서 유래되었다. 이글루도 내부에서 외부로 나가는 장파인 복사파가 얼음에 의해 차단되어 이글루 안이 따뜻한 것이다.

– 이글루의 과학적 원리 –

온실 효과로 인해 지구의 기온이 상승할 때, 가장 심각한 영향은 해수면의 상승이다. 해수면의 상승은 남극과 북극의 빙하가 녹게 되어 생기는 현상이다. 이러한 현상은 바다와 육지의 비율을 변화시켜 엄청난 기후 변화를 초래하며, 게다가 섬나라나 저지대는 온통 물에 잠기게 된다. 일단 물이 차오르면 해안의 자연 생태계가 파괴되어 어패류 양식 등 수산 양식업에 뜻밖의 큰 해를 가져올 수 있음은 물론이다.

3. 원인과 결과 구조(구조화)

1) 의미 : 시간적으로 앞서 일어난 일인 원인 개념과 시간적으로 뒤이어 일어난 일인 결과 개념 사이의 인과적 관련성을 보여주는 관계 구조

2) 원인·결과 구조

원인		결과
한국 사회는 1960년대 후반부터 급속한 산업화 · 도시화를 추구하여 왔다	→	그 결과로 오늘날 우리의 전통적 가치관은 혼란에 빠져 있다

4. 원인·결과 구조의 단서어

원인	결과
원인, 이유, 까닭, 왜, 때문, 덕분, 귀결, 야기된다. 인하다, 원인은 ~이다, ~ 때문에, ~덕분에, ~으로 인해, 왜냐하면, ~에 대하여 ~하기에, 이러한 이유로	결과, 결론, 결과는 ~이다. 결론부터 말하면, ~라서, 그러므로, 그러면, 결국, 마침내, ~한 결과, 그래서, 따라서, 왜냐하면, 따지고 보면, ~에 의하여, 그러니까, 그렇다면, 결국, 결과를 낳았다.

5. 원인·결과의 유형

1) 체인 모양

- 체인처럼 꼬리에 꼬리를 물고 인과관계가 이어지는 모양
- 어떤 원인이 결과를 낳고 그 결과가 다시 원인이 되어 다른 결과를 가져오는 것

[예]

날씨가 무더워 아이스크림을 너무 많이 먹었더니 배탈이 났다. 배탈이 나서 병원에 갔다.

2) 순환 모양

- 하나의 원인이 결과를 낳고 결과가 다시 원인이 되어 결과를 낳고 그 결과 다시 처음의 원인으로 돌아오는 모양
  [예] 경제의 부익부 빈익빈

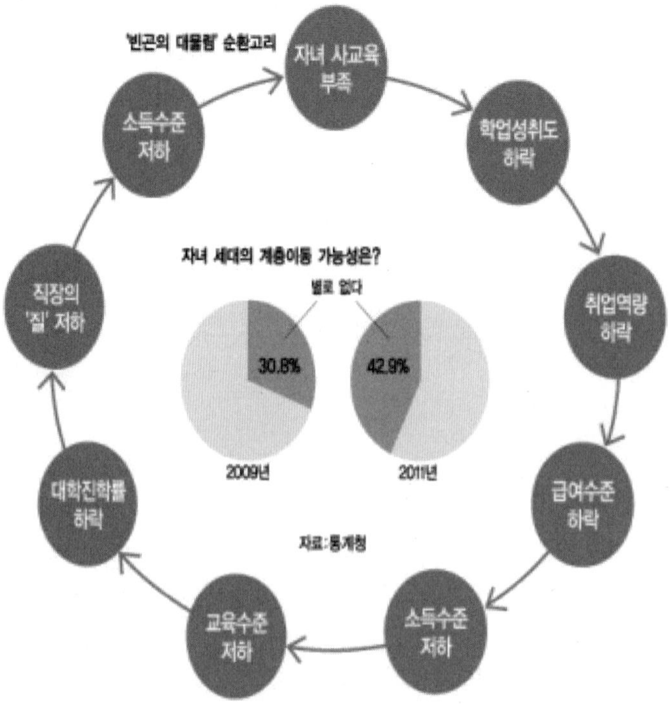

(그림출처: http://arthurjung.tistory.com/222)

[예제]

• 다음 글을 읽고 내용을 구조화 후 요약하시오.

16세가 말엽, 조선에서는 양반 사회의 모순이 깊어져서 지배층이 분열되고 국력이 약화되어 가고 있었습니다. 이때, 일본에서는 도요토미 히데요시에 의하여 100여 간 계속되어 온 내란이 끝나고 통일 국가가 성립되었습니다. 도요토미는 자신에 대한 불평 세력의 관심을 밖으로 쏠리게 하고, 아울러 자신의 침략적 야심을 펴기 위해 우리나라로 쳐들어왔습니다. 이것이 임진왜란입니다.

우리나라에서는 의병과 이순신 장군이 맞서 싸워 7년간에 걸친 전란을 끝맺었으나 그 결과, 우리나라는 많은 피해를 입게 되었습니다. 농토가 심하게 황폐해졌고, 경작 면적이 3분의 1로 줄어들어 농민의 생활은 비참해졌으며, 전사, 포로 등으로 인구가 감소하였습니다. 또, 경복궁, 불국사, 사고 등이 불타서 문화재의 손실이 컸습니다. 반면에, 비격진천뢰, 화차 등의 새로운 전술 무기가 개발되기도 하였습니다.

– 출처 : 김수영, 1999 –

구조화

원인		결과	
		피해	유익
임진왜란	→	– 농토의 황폐 – 인구 감소 – 문화재의 손실	새로운 전술 무기 개발

요약
임진왜란은 농토의 황폐, 인구감소, 문화재의 손실과 같은 피해와 함께 새로운 전술 무기 개발이라는 결과를 낳았다.

※ 가이드

① **구조화** : 원인결과의 글에서 구조화는 크게 두 부분으로 나누어서 표를 만든다. 한 부분은 원인을 찾아 쓰는 부분이며, 다른 부분은 결과를 찾아 쓰는 부분이다. 위처럼 표에 들어가는 내용은 간략한 형태로 정리한다.

② **요약** : 원인결과의 글을 요약할 때도 핵심내용을 자신의 언어로 정리한다. 문장 구성을 할 경우, 상황에 따라 원인이나 결과를 주어로 사용하여 원인과 결과를 정리하여 요약한다.

Step 2 개별학습(personal learning)

1. 다음 글을 읽고 내용을 구조화 후 요약하시오.

양파가 2008년 이후 처음으로 대형마트 채소 매출 1위 자리를 빼앗겼다. 롯데마트는 올해 1월부터 8월까지 인기 채소 매출을 집계한 결과 양파 매출 비중은 19.5%로 파프리카(26.7%)에 밀려 2위를 기록했다고 11일 밝혔다.

양파는 고구마, 감자, 오이 등과 달리 계절에 따른 매출 변화가 덜해 2008년 이후 6년 연속 연간 매출 1위를 유지해 왔다. 하지만 지난 5월 하순까지 매출액에서 파프리카와의 격차가 좁혀지면서 1위 자리를 위협받았다.

채소 매출 순위가 뒤바뀐 것은 양파 가격 급락에 따른 매출 감소와 다이어트 식품으로 알려진 파프리카의 인기가 급상승했기 때문이다. 한국농수산식품공사에 따르면 파프리카(상품·100g)의 평균 소매가격은 807원으로 지난해 881원에 비해 8.4% 하락한 데 비해 양파(상품·1kg)는 올해 1574원으로 지난해 2,368원보다 33.5%나 급락했다. 비타민 함유량이 높고 칼로리가 낮은 파프리카가 다이어트 식단으로 각광받는 것도 매출이 늘어난 주요 원인이다.

유통업계에서는 양파가격 급락에 따라 소비 촉진 캠페인을 벌이는 한편 양파즙 등 가공식품 판매도 늘리고 있다.

– 출처 : 국민일보, 2014년 8월 12일 –

질문	답변
① 모든 핵심어	
② 베스트 핵심어	
③ 주제	
④ 제목	

구조화		
원인	→	결과

요약

2. 다음 글을 읽고 내용을 구조화 후 요약하시오.

불법 쓰레기종량제 봉투의 유통을 차단하기 위해 내년부터 신규 제작되는 쓰레기종량제 봉투에 지폐처럼 홀로그램을 넣거나 특수 형광 잉크를 사용하는 등의 위조 방지 기술이 도입된다. 환경부 조사에 따르면, 지난 2004년부터 2010년 6월까지 전국에서 총 48건의 쓰레기종량제 봉투의 불법 제작·유통 사례가 발생해 이 가운데 대부분이 유통 이전에 적발됐으나 98만 7,000매는 회수되지 않고 시중에 유통된 것으로 확인됐다.

– 출처 : 한국일보, 2010년 11월 10일 –

질문	답변
① 모든 핵심어	
② 베스트 핵심어	
③ 주제	
④ 제목	

구조화		
원인	→	결과

요약

3. ㉠~㉤의 기능을 순서대로 바르게 나열한 것은?

> ㉠국어 연구사란 말할 것도 없이 국어에 관한 연구의 역사를 일컫는 것이다. ㉡그런데 현대의 국어 연구에 대한 역사적 서술은 거의 체계화되지 못하고 있다. ㉢그 이유는 현대의 국어에 관한 연구를 이 시점에서 평가하기 어려운 탓도 있지만, 그러한 연구를 평가하는 데 필요한 사료를 섭렵하기 힘든 점이 더 큰 원인이었다. ㉣이런 토대 위에서 연구된 논문이 충실하기 어렵고, 더구나 전진을 향한 방향 제시를 통하여 새로운 이론을 개발하기는 불가능하다고 해야 할 것이다. ㉤이러한 상황에서 우선 긴급한 것은 여기저기 흩어져 있는 현대의 국어에 관한 사료를 조사하는 작업이다.

① 정의－원인－결과－문제제기－화제　② 화제－원인－결과－문제제기－정의
③ 화제－문제제기－원인－결과－정의　④ 정의－문제제기－원인－결과－화제

문장 분석		
구분	구조파악	핵심내용
㉠		
㉡		
㉢		
㉣		
㉤		

4. ㉠과 ㉡의 관계로 알맞은 것은?

> 나는 오늘날의 ㉠인류의 문화가 불완전함을 안다. 나라마다 안으로는 정치상, 경제상, 사회상으로 불평등, 불합리가 있고, 밖으로 국제적으로는 나라와 나라의, 민족과 민족의 시기(猜忌), 알력(軋轢), 침략(侵略), 그리고 그 침략에 대한 보복(報復)으로 작고 큰 전쟁이 끊일 사이가 없어서 많은 생명과 재물을 희생하고도, 좋은 일이 오는 것이 아니라 인심(人心)의 불안(不安)과 도덕(道德)의 타락(墮落)은 갈수록 더하니, 이래가지고는 전쟁이 끊일 날이 없어, 인류는 마침내 멸망하고 말 것이다. 그러므로 인류세계에는 ㉡새로운 생활원리(生活原理)의 발견(發見)과 실천(實踐)이 필요하게 되었다. 이야말로 우리민족이 담당한 천직(天職)이라고 믿는다.

① 주지-부연 ② 원인-결과 ③ 주장-논거 ④ 명분-실제 ⑤ 주지-예시

질문	답변
① 모든 핵심어	
② 베스트 핵심어	
③ 주제	
④ 제목	

※ 참고

① 도입 : 글의 서두에 쓰이며, 논지의 필요성 및 동기, 화제, 주제의 방향 등이 제시
② 전제 : 일정한 결론을 이끌어 내기 위해서 그 근거를 제시하거나 배경을 서술
③ 주지 : 중심 내용이나 글쓴이의 주된 주장이 단적으로 제시
④ 연결 : 앞의 내용을 이어받아 뒤의 부분으로 이어 주는 화제 전환 내용
⑤ 부연 : 중심 내용에서 제시한 내용에 덧붙여 보다 자세하게 서술
⑥ 예시 : 중심 내용을 구체적인 사례를 들어 뒷받침
⑦ 강조 : 이미 충분히 해명된 내용을 다시 한 번 반복하고 요약
⑧ 상술 : 중심 내용을 구체적으로 풀이

5. 다음 글을 읽고 내용을 구조화 후 요약하시오.

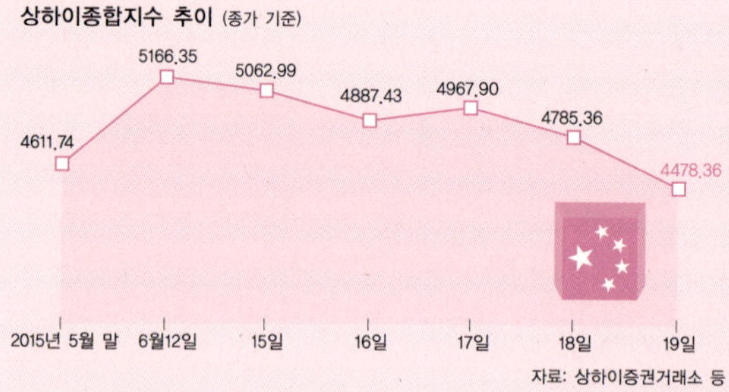

상하이종합지수는 19일 전날보다 6.4%(306.99포인트)나 빠진 4478.36으로 마감했다. 지난 12일 5166.35에서 1주일 만에 무려 13.3% 추락한 성적이다. 이는 주간 기준으로 2008년 6월 이후 7년 만에 최대 하락폭이다.

이번 폭락으로 1주일 만에 시가총액 9조2400억 위안(약 1650조 원)이 공중으로 사라졌다. 중국 신경보(新京報)는 유효 증권계좌를 보유한 투자자 1억7500만 명이 평균 5만2800위안(약940만 원)의 평가손실을 봤다고 전했다.

중국증시의 폭락 요인으로는 증권당국의 신용거래 제한 조치에 대한 투자자들의 우려가 우선적으로 꼽히고 있다. 중국의 증권 규제당국인 증권감독위원회는 최근 증시과열 억제를 위해 빚을 내 투자하는 마진트레이딩과 공매도 등에 대해 사상 첫 법적 제한에 나설 것이라고 발표했다. 이 발표가 나오면서 상하이와 선전증권거래소를 합친 하루 거래대금이 최근 1주일 새 거의 반 토막이 났다.

여기에 최근 기업공개(IPO)가 몰린 것도 한 요인으로 지적된다. 중국에선 IPO에 참여하면 단기간에 고수익을 올릴 수 있다는 기대감이 커지면서 투자자들이 너도나도 IPO 청약에 나서는 분위기다. 18~19일에만 무려 25개 기업의 IPO가 실시됐다. 사정이 이렇다 보니 시중 자금이 IPO 청약으로 급격하게 쏠리면서 증시의 자금경색 현상이 일어났다는 게 전문가들의 설명이다.

– 출처 : 세계일보, 2015년 6월 21일, 김동진 기자 –

질문	답변
① 모든 핵심어	
② 베스트 핵심어	
③ 주제	
④ 제목	

구조화

요약

Step 3 팀 학습(cooperative learning)

6. 다음 글을 읽고 내용을 구조화 후 요약하시오.

요즈음 아프리카에서는 해마다 술 취한 코끼리 수가 증가하고 있다. 개발이라는 구실 아래 자꾸만 코끼리의 생활 터전인 밀림이 파헤쳐지는데다가, 그나마 남아 있는 생활공간마저도 점점 부족해져 코끼리는 스트레스를 심하게 받고 있다. 그래서 코끼리들은 그 스트레스를 해소할 수 있는 방법으로 알코올 열매를 찾아다니며 술에 취하는 것이다. 좀 더 인간적으로 이야기하면 자꾸만 줄어드는 생활터전, 그에 따라 더욱 치열해지는 먹이 경쟁에서 공포를 잊기 위해 코끼리들은 자꾸만 술을 마시고 있는지도 모른다.

– 출처 : 박수진, 2011 –

질문	답변
① 모든 핵심어	
② 베스트 핵심어	
③ 주제	
④ 제목	

구조화

요약

7. 다음 글을 읽고 내용을 구조화 후 요약하시오.

한국투자공사(KIC)가 미국 프로야구단 LA다저스 투자 계획을 백지화한 것으로 알려졌다. 21일 정의당 박원석 의원실 등에 따르면 KIC는 지난해부터 유상증자에 참여하는 방식으로 다저스 지분 인수를 추진했으나 최근 구단주인 구겐하임 파트너스와의 협상이 결렬돼 투자계획을 접었다.

안홍철 사장은 지난 1월 다저스 홈구장인 다저스 스타디움을 직접 찾아 구겐하임과 구단 관계자들을 만날 정도로 이번 투자에 공을 들였다. 하지만 투자업계에서는 지난해 1200만 달러의 적자를 기록한 LA다저스의 상황과 계약 조건 등을 고려할 때 4000억 원 이상의 투자 원금도 회수하지 못할 것이란 지적이 제기됐다. 이에 대해 안 사장은 "기대수익률이 연 10% 미만이면 투자하지 않는다. 최소 수익을 보장 받겠다"고 해명에 나서기도 했다. 하지만 KIC는 구겐하임과 협상했으나 끝내 이견을 좁히지 못해 결국 계약이 불발된 것으로 전해졌다.

감사원이 진행 중인 감사에도 관심이 쏠리고 있다. 감사원은 국회 요구에 따라 KIC 감사에 착수한 상태다. 지난 15일에는 감사인력 10여 명을 KIC사무실로 보내 투자 의사결정과 관련한 각종 결재문서와 회의록 등을 확보한 것으로 전해졌다. 다저스투자와 관련해 KIC 내부 의사결정 과정이 적법하게 이뤄졌는지, 수익성과 리스크는 충분히 검토됐는지를 검증하는 게 이번 감사의 초점이다.

언론을 통해 LA다저스 투자문제가 불거지자 KIC가 내부 직원들의 6개월치 통화 내역을 강제로 받았다는 의혹도 도마 위에 오를 전망이다. 안 사장의 호화출장 논란과 더불어 KIC가 추진한 각종 부동산 투자의 적정성 여부도 관심사다.

– 출처 : 세계일보, 2015년 6월 21일, 안용성 기자 –

질문	답변
① 모든 핵심어	
② 베스트 핵심어	
③ 주제	
④ 제목	

구조화

요약

8. 다음 글에서 인과관계로 묶을 수 있는 단락으로 짝지어진 것은?

ㄱ. 대학생 때는 청소년기의 급성장기를 거쳐 성인기로 이행하는 전환기로 성장과 성숙이 완성되는 단계이다. 이 시기는 성적 성숙이 완성되므로 남성은 여성보다 근육의 양이 약 2배나 많아지고, 반대로 여성은 남성보다 체지방의 비율이 높아지게 된다.

ㄴ. 이러한 육체적 성숙과 독립된 개인 즉, 성인으로서의 역할을 감당할 수 있는 사회·정서적 발달이 이루어지는 시기이므로 식품 섭취에 있어서도 부모에 의존하기보다 스스로 선택하는 경향이 높아지는 단계이다.

ㄷ. 육체적·정신적 활동이 활발한 시기인 대학생 때는 바른 식생활을 통한 적절한 영양섭취가 중요하다.

ㄹ. 대학생들은 바른 식생활을 통한 영양섭취가 건강 유지에 얼마나 중요한지를 잘 인식하지 못하고 있을 뿐 아니라 오히려 식생활에 대한 잘못된 가치관을 지니고 있는 경우도 많다.

ㅁ. 부모로부터의 독립, 이성에 대한 차별화, 사회적 역할이나 직업선택, 결혼, 우월감 및 열등감 등에 대한 사회·심리적 발달 및 성취를 외모와 연결시키려 하고, 자신이 바라는 외모를 만들기 위해 식생활을 임의로 변경함으로써 심각한 영양문제를 야기하기도 한다.

ㅂ. 상당수의 대학생들은 불규칙한 식사, 높은 결식률, 부적당한 간식과 과다한 음주 및 흡연, 저체중이나 비만 등 많은 건강문제를 안고 있다.

① ㄱ – ㄷ ② ㄴ – ㄷ ③ ㄴ – ㄹ ④ ㄹ – ㅁ ⑤ ㄹ – ㅂ

단락	핵심 파악
ㄱ	성인기로 이행하는 성장과 성숙이 완성되는 단계인 대학생 시기
ㄴ	
ㄷ	
ㄹ	
ㅁ	
ㅂ	

9. [A]에서 정의한 인과 관계에 따라 [B]의 인지 지도를 올바르게 해석한 사람은?

[A]

◆ '+' 인과 관계 : 인과관계의 증가

폭우 (+) ⇒ 교통사고

[예] 폭우가 '증가' 하면 교통사고도 '증가' 하고, 폭우가 '감소' 하면 교통사고도 '감소' 한다.

◆ '–' 인과 관계 : 인과관계의 감소

항생제 남용 (–) ⇒ 면역력

[예] 항생제 남용이 '증가' 하면 면역력은 '감소' 하고, 항생제 남용이 '감소' 하면 면역력은 '증가' 한다.

[B]

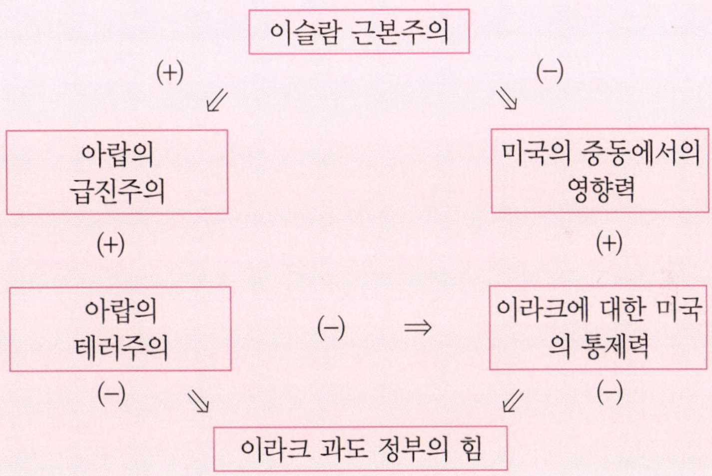

보기

가. 일선 : 이슬람 근본주의가 강화되면 이라크에 대한 미국의 통제력은 항상 약화될 것이다.
나. 이종 : 이슬람 근본주의가 강화되면 이라크에 대한 미국의 통제력은 강화되는 경우도, 약화되는 경우도 있을 것이다.
다. 삼룡 : 이슬람 근본주의가 강화되면 이라크 과도 정부의 힘은 항상 강화될 것이다.
라. 사영 : 이슬람 근본주의가 강화되면 이라크 과도 정부의 힘은 강화되는 경우도, 약화되는 경우도 있을 것이다.
마. 오훈 : 중동에서 미국의 영향력이 증대되면 이라크 과도 정부의 힘이 강화될 것이다.

① 일선, 삼룡 ② 일선, 사영 ③ 이종, 삼룡 ④ 삼룡, 오훈 ⑤ 사영, 오훈

[B] 풀어쓰기	
(+) 증가하면 증가한다.	(−) 증가하면 감소한다.
(+) 감소하면 감소한다.	(−) 감소하면 증가한다.

Step 4 맞춤법

10. 맞는 곳에 'ㅇ'를 하시오.

예) 약을 먹은 효과가 금새 나타났다.	예) 약을 먹은 효과가 금세 나타났다.
예) 요세 날마다 산책하러 다닌다.	예) 요새 날마다 산책하러 다닌다.
예) 소문이 너무 황당하여 어이없다.	예) 소문이 너무 황당하여 어의없다.
예) 대꾸 한마디 안하다. 예) 대꾸 한마디 하지 않다.	예) 대꾸 한마디 않하다.

11. 설명을 보고 적절한 문장을 적어 보자.

바램	바람
• '바래다'는 '볕이나 습기를 받아 색이 변하다', '볕에 쬐거나 약물을 써서 빛깔을 희게 하다'는 뜻	• '바람'은 '바라다'에서 온 말 • '바라다'는 '생각한 대로 이루어지기를 원한다'는 뜻
예요	**이에요**
• 받침 없이 모음으로 끝난 명사의 경우	• 받침이 있는 명사

Chapter 10 너와 나의 공통점, 차이점

Wake Brain

Bullet and Cigarette

• 다음은 공익광고입니다. 광고에서 보이는 두 사물의 공통점과 차이점을 이야기 해봅시다.

– 출처 : 변추석, "크리에이티브 벤치마킹" 중에서 –

구분	내용
공통점	
차이점	

Step 1 이론학습 및 모델링

학습목표

비교와 대조 구조를 익혀 그 구조에 맞게 글을 쓸 수 있다.

1. 비교·대조 글의 이해

1) 의미

- 둘 이상의 사람, 사물, 사건, 개념 등을 이미 잘 알려진 사항과 견주어 공통점이나 차이점에 대하여 논의하는 글
- 구조성이 매우 강하여, 다른 구조에 비해 이해와 회상이 용이한 진술구조

2) 비교와 대조의 구분

비교	대조
두 대상 간의 공통점을 중심으로 기술	두 대상의 차이점을 중심으로 설명하는 것

3) 비교·대조 글의 특징

- **친숙성** : 비교·대조로 설명하고자 할 때 독자가 잘 알고 있는 내용과 관련지어 진술
- **균형성** : 비교와 대조의 진술 모두 균형 잡힌 진술
- **관계성** : 비교·대조는 의미의 관계가 반드시 쌍을 이룸

4) 비교·대조 진술 시 유의사항

- 설명하려는 사항을 독자들이 이미 친숙히 알고 있는 것과 관련 맺기
- 독자가 잘 알고 있는 일반 원리에 관련시켜 비교·대조
- 일반적인 원리나 관념의 설명을 위하여 이미 알고 있는 여러 사항 들을 비교·대조

2. 비교와 대조의 예

• 설탕과 소금의 비교와 대조

설탕과 소금은 비슷한 점이 많습니다. 설탕과 소금은 색깔이 모두 흰색이라는 점이 같습니다. 그리고 음식의 맛을 내주는 물질이라는 점도 같고 적당히 먹어야 건강에 좋다는 점도 같습니다.

설탕과 소금은 다른 점도 있습니다. 설탕이 단맛을 내는 것에 비해 소금은 짠맛을 냅니다. 설탕은 사탕수수에서 뽑아내지만 소금은 바다에서 납니다. 그리고 설탕이 소금보다 알갱이가 작습니다.

– 출처 : 김나연, 2012 –

• 물개와 바다사자의 비교와 대조

물개와 바다사자는 둘 다 활동하는 곳이 바다와 육지라는 공통점이 있습니다. 그리고 주둥이의 모양도 둘 다 뾰족하고 수염이 나 있습니다. 다리의 모양도 비슷하여 물갈퀴가 붙어 있으며 몸의 모양도 유선형으로 같습니다.

그러나 물개와 바다사자는 차이점도 있습니다. 크기에 있어서 물개가 바다사자보다 약간 작습니다. 색깔은 물개는 흑갈색이지만 바다사자는 황갈색입니다. 가죽은 물개는 탄탄해 보이지만 바다사자는 주름이 있습니다. 물갈퀴에도 차이가 있는데 물개는 긴 홈이 있고 가지런하지만 바다사자의 물갈퀴는 홈이 짧고 불규칙적입니다.

– 출처 : 황재옥, 1999 –

• 사스와 감기, 몸살의 비교/진달래와 튤립의 대조

- **비교** : 사스는 초기에는 감기, 몸살과 비슷한 증상이 있다. 열이 38℃ 이상 오르고 기침, 오한, 두통, 근육통, 숨 가쁨 등 전형적인 호흡기 질환의 특징을 보인다.
- **대조** : 진달래가 꽃바구니 둘러맨 시골 봄 처녀와 어울린다면 튤립은 네덜란드 고성(古城)과 공주에 더 잘 어울린다.

3. 비교 대조의 필요성과 방법

1) 필요성

- **대상에 대한 판단** : 낯선 대상에 대하여 내가 아는 것과 공통점을 찾다 보면 대상이 가진 속성을 좀 더 쉽게 이해 가능하며, 따라서 대상에 대한 올바른 판단이 가능해짐
- **대상에 대한 설명** : 낯선 대상이나 현상에 대하여 잘 이해하게 되면 그 대상에 대한 자신의 생각을 표현할 때 자세하고 구체적인 근거를 들 수 있음

2) 방법

- **기준 설정** : 일정한 기준을 세워 그 기준에 맞추어 두 사물을 비교대조하여 보면 사물의 특성을 보다 쉽게 파악 가능

4. 비교와 대조의 구조화

1) **형태** : 비교는 'A는 B와 이런 점에서 비슷하다', 대조는 'A는 B와 이런 점에서 다르다' 식의 구조

2) 비교대조의 구조(구조화)

- 벤다이어그램형식의 구조화

- 표 형식의 구조화

차이점(물개)	공통점	차이점(바다사자)
몸 크기(바다사자 보다 약간 작음) 가죽(흑갈색) 뒷물갈퀴(긴 홈, 가지런함)	활동하는 곳 주둥이 모양 수염 다리 모양 몸의 모양	몸의 크기(물개보다 약간 큼) 몸 색깔(황갈색) 가죽(주름) 뒷물갈퀴(홈이 짧고 불규칙적임)

5. 비교·대조의 단서어

비교	대조
~과 비교하면, ~와 –는 유사하다, 비교된다, ~와/과 비교하면, ~에 비하여, 같다, 닮다, 비슷하다, ~도 동일하다, 와~는 공통점이 있다, ~와 ~는 유사하다, ~도 마찬가지이다, ~와 ~는 같다, 비교, 비유, 공통, 공유, 동일, 유사, 마찬가지	다른, 반대로, 서로 같은, 차이, 구별, 대신, 대조, 예외, 다르다, 반하다, ~와 반대로, ~대신에, ~에 반하여, 그러나, 하지만, 반면에, ~와 달리, ~보다, 와 ~은 차이가 있다, 예외도 있다, ~은 ~과 다르다, ~이 아니다, 그럼에도 불구하고, ~와 ~은 서로 구별된다.

[예제]

• 다음 글을 읽고 내용을 구조화 후 요약하시오.

농구와 축구는 전 세계인들이 즐기는 운동으로 올림픽 정식 종목이다. 공을 사용하여 상대팀 골에 공을 넣어 득점을 겨루는 빠르고 재미있는 운동이다.

농구는 한 팀당 5명으로 구성되고 주로 실내에서 경기를 한다. 경기 시간은 전반과 후반으로 나누어 각 20분씩이며 휴식 시간이 10분이나 15분 있다. 농구 기술로는 드리블과 패스가 있다.

반면에 축구는 한 팀에 11명이 속하고 주로 실외에서 경기를 한다. 경기시간은 전반과 후반 각 45분씩이며 중간 휴식시간이 10분이다. 축구 기술로는 킥, 패스, 드리블, 태클, 헤딩 등이 있다.

– 출처 : 박수진, 2011 –

구조화			
구분		농구	축구
공통점		올림픽종목, 구기종목, 득점방식(골대)	
차이점	팀구성	5명	11명
	경기시간	전후반 20분씩	전후반 45분씩
	휴식시간	10분, 15분	10분
	기술	드리블, 패스	킥, 패스, 드리블, 태클, 헤딩

요약
농구와 축구는 올림픽, 구기, 골대에 골을 넣는 종목이라는 공통점과 팀 구성(경기장소), 경기시간, 휴식시간, 기술 측면에서 차이점이 있다.

※ 가이드

① **구조화** : 비교·대조의 글에서 구조화는 글이 비교의 글인지 대조의 글인지, 또는 비교와 대조의 진술을 모두 하고 있는지 파악 후 위와 같이 표를 만들어 구조화한다.

② **요약** : 비교·대조의 글을 요약할 때도 핵심내용을 자신의 언어로 정리한다. 문장 구성을 할 경우, 비교와 대조의 구분 기준을 중심으로 요약한다.

Step 2 개별학습(personal learning)

1. 다음 글을 읽고 어떤 대상에 대하여 비교하였는지 대조하였는지 쓰시오.

글	핵심내용	비교/대조
시나리오는 장면 전환이 자유스러워 과거와 미래, 미래와 과거를 짧은 시간 내에 제시할 수 있기에 아무리 먼 거리의 장면이라도 동시에 표현할 수 있는 특징을 지니고 있다. 이에 비해 희곡은 일정한 무대 위에서 상연되는 것을 전제로 이루어지는 것이므로 공간적인 제약이 있다.	1. 핵심단어 2. 핵심내용	대조
판소리 사설에 나타나는 악인(惡人)들과 전통 문학의 소설 작품에 나타나는 악인(惡人)들은 스스로 그 인간형에서 차이를 보여 주고 있다. 즉, 후자의 경우는 지능적이고 계획적인 악의 유형을 보여 주는 반면, 전자의 경우에는 그러한 지능적이고 계획적인 악의 유형이 아니라 우리가 듣고 보아서 증오하기보다는 웃음으로 받아넘기게 되는 그런 유형들이다.	1. 핵심단어 2. 핵심내용	
영화는 스크린이라는 일정한 공간 위에 시간적으로 흐르는 예술이며, 연극 또한 무대라는 제한된 공간 위에서 시간적으로 형상화되는 예술이다. 두 예술 모두 시간과 공간의 예술이라는 점에서, 다른 분야의 예술에 비해 가까운 위치에 놓여 있음을 알 수 있다. 영화와 연극은 문학이나 미술처럼 한 사람의 창조적 노력만으로 이루어지는 개인 예술이 아니라 여러 부분의 예술을 종합하여 완성되는 예술이라는 점에서도 서로 통한다.	1. 핵심단어 2. 핵심내용	

2. 다음 글을 읽고 내용을 구조화 후 요약하시오.

사람들은 누구나 다른 사람들의 이야기를 들으면서 기뻐하거나 슬퍼하며 새로운 인생을 경험한다. 그런데 이런 이야기에 음악이 더해지면 그 감동은 배가 된다. 그래서인지 동서양을 막론하고 어느 나라나 이야기와 음악의 만남을 통한 음악극이라는 장르가 있다.

이탈리아에서 시작된 오페라나 한국의 판소리는 모두 이야기를 음악으로 표현한다는 점에서는 공통적이지만 유럽과 아시아라는 물리적 거리만큼이나 내용면에 있어서 차이점을 가진다.

오페라는 16세기 말 이탈리아에서 발생하여 유럽 전 지역으로 퍼져나가 현재까지 전 세계적으로 인기를 얻고 있는 반면에 판소리는 17~18세기 한국에서 발생한 장르로 한국의 전통 문화로 인기를 모으고 있다. 오페라가 화려한 무대에서 웅장한 관현악 음악을 배경으로 여러 명의 배우가 공연을 하는 것이라면 판소리는 이와 달리 좁은 공간에서 북소리에 맞추어 한 명의 배우가 공연을 한다는 점에서 큰 차이가 있다. 오페라와 판소리는 모두 문학작품을 바탕으로 이루어졌다는 점, 그리고 대사가 주로 노래로 이루어진다는 점, 무대 예술이라는 점에서 장르적 공통점을 찾을 수 있다. 그리고 누구나 즐길 수 있지만 아무나 공연자가 될 수는 없는 전문적인 영역이라는 점이 또한 같다.

이와 같이 오페라와 판소리는 문학, 음악, 연극이라는 요소를 모두 포괄하는 종합 예술이라는 점에서는 같다. 하지만 그 장르가 형성된 나라의 문화적 배경에 따라 그 문화에 어울리게 서로 다른 모습으로 발전되어 나름대로 독특한 특성을 가지게 되었다.

– 출처 : 김혜경, 2012 –

질문	답변
① 모든 핵심어	
② 베스트 핵심어	
③ 주제	
④ 제목	

구조화			
구분		오페라	판소리
비교(공통점)			
대조 (차이점)			

요약

3. 다음 글을 읽고 내용을 구조화 후 요약하시오.

연기라고 하면 우리는 흔히 연극의 연기를 떠올린다. 연극에서 연기를 잘 눈여겨보면 영화에서의 연기와는 상당한 차이가 있음을 금방 알 수 있다. 먼저 연극에서는 이야기의 흐름을 주로 대사로 전달해야 하기 때문에 연극 연기의 기본은 대사를 잘 해야 한다는 것이다. 다시 말해서 연극배우는 목소리를 크게 낼 수 있어야 하고, 발음을 정확히 할 수 있어야 하며, 말하는 속도도 대사의 내용에 따라 적당히 조절할 수 있어서 관객 모두가 배우가 말하는 내용을 제대로 잘 알아들을 수 있도록 해야 한다 .

그러나 영화에서는 발성이 연극에서만큼 중요하지 않다. 물론 동시 녹음을 주로 하는 현대의 영화 제작 상황을 감안하면 영화배우 또한 발성을 무시할 수 없다. 하지만 영화에서는 배우의 성량 등을 기계를 통해 조절할 수도 있고, 틀리면 다시 할 수도 있다. 성우의 목소리를 대신 쓸 수도 있다. 연극에서는 이런 것들이 불가능하다 .

연극의 무대는 관객으로부터 멀리 떨어져 있다. 연극 공연장을 한 번이라도 가본 사람이라면 알겠지만, 맨 앞자리에 앉더라도 배우의 표정을 살피기가 쉽지 않다. 다시 말해서 연극에서는 배우가 표정을 통해서 관객에게 감정을 전달하는 게 불가능에 가깝다. 바로 이 점 때문에 연극배우들은 분장을 짙게 한다. 멀리 앉아 있는 관객이 배우의 표정을 그나마 읽을 수 있게 하기 위해서이다. 하지만 영화에서는 클로즈업이라는 기법을 사용해 관객들이 배우의 표정 하나하나를 살필 수 있게 한다. 영화에서는 표정을 통해서 관객에게 아주 섬세한 감정까지 전달할 수 있다. 표정 연기는 영화에서 가장 중요한 연기이다.

연극에서는 배우들의 신체 조건이 커다란 문제가 되고, 의사를 전달하는 데에 있어서도 몸짓이 매우 중요한 역할을 한다. 영화에서는 이런 것이 별로 중요하지 않다. 영화에서는 관객들이 배우의 표정 하나하나를 살필 수 있고 아주 작은 목소리라도 들을 수 있으므로 영화배우들은 굳이 연극에서처럼 과장된 몸짓을 할 필요도 없고 소리를 지를 필요도 없다. 거꾸로 훌륭한 영화배우란 연기를 하지 않는 듯이 연기하는 배우, 다시 말해서 실제로 생활하듯이 자연스럽게 연기하는 배우를 말한다.

– 출처 : 조성남, 2000 –

질문	답변
① 모든 핵심어	
② 베스트 핵심어	
③ 주제	
④ 제목	

구조화

요약

Step 3 팀 학습(cooperative learning)

4. 다음 글을 읽고 내용을 구조화 후 요약하시오.

내향적인 사람은 자신이 없다. 어딘가 모자란 듯한 자기 부족감에 고민하고 있다. 적극성도 없고 매사에 용기도 없으니, 해 보기도 전에 패배감부터 든다. 이들이 열등감에 잘 빠지는 것도 이 때문이다. 내향적인 성격 때문에 정상적으로 사회활동을 하지 못하고 깊은 수렁에 빠져 버리는 이들도 없진 않다. 하지만, 내향적인 사람 모두가 좌절의 늪에 가라앉는 것은 아니다. 그들 중에서 많은 이들은 자기의 성격 때문에 더 열심히 일하고 공부한다. 이들에게 주어진 무기는 그것밖에 없기 때문이다. 노력, 근검형이 될 수밖에 없는 숙명을 타고난 셈이다.

외향적인 사람은 화려하다. 갖춘 것도 많고 인기도 좋다. 어딜 가나 사람들로부터 귀여움도 받고 인정도 받는다. 여기저기 불려 다닌다. 자기가 가지고 있는 것을 충분히, 아니 그 이상 발휘할 수 있으니 크게 노력을 하지 않아도 사람들이 예뻐해 준다. 그렇게 모든 것이 외부로부터 채워지니 어떤 사람들은 더 이상 스스로 채워야 할 필요를 느끼지 못해서 노력하지 않는 경우도 있다.

– 출처 : 송무아, 2006 –

질문	답변
① 모든 핵심어	
② 베스트 핵심어	
③ 주제	
④ 제목	

구조화

요약

5. 다음 글은 축구와 식물을 비교한 것이다. 가, 나, 다, 라에 대응하는 내용을 〈보기〉에서 골라 순서대로 나열한 것은?

가. 우선, 축구는 각기 포지션이 있고 수비·공격·골키퍼 등 다른 역할을 맡은 11명의 선수가 모여 한 팀을 이룬다.
나. 한 팀이 승리하는 데는 골을 넣은 사람이 가장 직접적인 수훈을 세운 것이지만 수비수를 비롯한 모든 선수의 뒷받침이 있어야 가능하다.
다. 후보 선수들을 두고 만일의 사태를 대비한다.
라. 축구를 하는 어린이들 가운데 월드컵에 나갈 수 있을 만큼의 선수로 성장하려면 많은 노력을 통해 경쟁을 뚫고 선발되어야 하며 행운도 따라야 한다.

보기

ㄱ. 암술머리에 닿을 하나의 인연을 위해, 솜털을 달고 여행을 떠나는 작은 민들레 씨앗들이 적당한 장소에 이르러, 이듬해 새로운 식물로 태어날 확률은 높지 않다.
ㄴ. 식물도 한 개체 내에 식물체를 땅에 고정시키고 물과 무기염류를 흡수하는 뿌리, 광합성으로 양분을 만드는 잎, 식물체에서 가장 중요한 꽃과 열매 등 역할이 다른 여러 기관으로 이뤄져 있다.
ㄷ. 줄기 끝에 달려있는 눈이 봄에 새 가지로 자란다. 하지만 이 눈에 사고가 생기면 옆에 있던 눈이 그 역할을 대신한다.
ㄹ. 식물에 있어서도 궁극적으로는 후손이 번성하게 하기 위한 꽃과 열매가 핵심이지만 다른 식물기관이 없다면 생존 그 자체가 위협받는다.

① ㄱ - ㄴ - ㄷ - ㄹ ② ㄱ - ㄷ - ㄹ - ㄴ ③ ㄴ - ㄱ - ㄷ - ㄹ
④ ㄴ - ㄹ - ㄷ - ㄱ ⑤ ㄹ - ㄴ - ㄷ - ㄱ

비교		
축구	비교 기준	식물

6. 다음 두 글에서 '이것'에 대한 설명으로 가장 적절한 것은?

가. 미국 코넬 대학교 심리학과 연구팀은 본교 32명의 여대생을 대상으로 미국의 식품산업 전반에 대한 의견조사를 실시했다. 'TV에 등장하는 음식 광고가 10년 전에 비해 줄었는지 아니면 늘었는지' 를 중심으로 여러 가지 질문을 던졌다. 모든 조사가 끝난 후 설문에 참가한 여대생들에게 다이어트 여부에 대한 추가 질문을 했다.

식사량에 신경을 쓰고 있는지, 지방이 많은 음식은 피하려고 노력하고 있는지 등에 대한 질문들이었다. 현재 다이어트에 신경 쓰고 있는 여대생들은 그렇지 않은 여대생보다 TV의 식품 광고가 더 늘었다고 인식한 분석 결과가 나타났다. 이들이 서로 다른 TV 프로그램을 봤기 때문일까? 물론 그렇지 않다. 이유는 간단하다.

다이어트를 하는 여대생들은 음식에 대한 '이것' 으로 세상을 보고 있었기 때문이다.

나. 코넬 대학교 연구팀은 미국의 한 초등학교 교사와 교직원을 대상으로 아동들이 직면하고 있는 위험 요소가 5년 전에 비하여 증가했는지 감소했는지 조사했다.

그런 다음 응답자들에게 신상 정보를 물었는데, 그 중 한 질문이 첫 아이가 태어난 연도였다. 그 5년 사이에 첫 아이를 낳은 응답자와 그렇지 않은 응답자의 위험 지각 정도를 비교했다. 그 기간 동안에 부모가 된 교사와 직원들이, 그렇지 않은 사람들에 비해 아이들이 직면한 위험 요소가 훨씬 더 늘었다고 답했다. 부모가 되는 순간 세상을 위험한 곳으로 인식하기 시작하는 것이다.

그런 이유로 이들은 영화나 드라마에 등장하는 'F' 로 시작하는 욕도 더 예민하게 받아들인다. 이 점에 대해 저널리스트 엘리자베스 오스틴은 이렇게 지적한다.

"부모가 되고 나면 영화, 케이블 TV, 음악 그리고 자녀가 없는 친구들과의 대화중에 늘 등장하는 비속어에 매우 민감해진다." 이처럼 우리가 매일 보고 듣는 말이나 그 내용은 개개인의 '이것' 에 의해 결정된다.

① 자기 자신의 관심에 따라 세상을 규정하는 사고방식이다.
② 자기 자신에 의존하여 자신이 모든 것을 결정하려고 하는 욕구이다.
③ 특정한 부분에 순간적으로 집중하여 선택적으로 지각하는 능력이다.
④ 자기 자신의 경험과 인식이 정확하고 객관적이라고 믿는 입장이다.
⑤ 어떤 일에 깊이 몰입해서 자기 자신을 분명하게 자각하려는 태도이다.

구분	글 분석	
가	질문	답변
	① 모든 핵심어	
	② 주제	
	③ 제목	
나	질문	답변
	① 모든 핵심어	
	② 주제	
	③ 제목	

7. 신데렐라와 콩쥐팥쥐의 이야기 속 내용을 비교하고 대조하여 봅시다.

<table>
<tr><th colspan="2">구분</th><th>내용</th></tr>
<tr><td rowspan="2">제목</td><td>공통</td><td></td></tr>
<tr><td>차이</td><td></td></tr>
<tr><td rowspan="2">학대</td><td>공통</td><td></td></tr>
<tr><td>차이</td><td></td></tr>
<tr><td rowspan="2">원조자</td><td>공통</td><td></td></tr>
<tr><td>차이</td><td></td></tr>
<tr><td>잔치</td><td>차이</td><td></td></tr>
<tr><td>신발</td><td>공통</td><td></td></tr>
<tr><td>귀인</td><td>공통</td><td></td></tr>
<tr><td>결혼</td><td>차이</td><td></td></tr>
<tr><td>악인의 응징</td><td>차이</td><td></td></tr>
</table>

Step 4 맞춤법

8. 맞는 곳에 'ㅇ'를 하시오.

예) 어제는 온 가족이 모여 올겨울에 먹을 김장을 담궜다. 예) 누가 들어올지 위름하여 문을 꼭꼭 걸어 잠궜다.	예) 어제는 온 가족이 모여 올겨울에 먹을 김장을 담갔다. 예) 누가 들어올지 위름하여 문을 꼭꼭 걸어 잠갔다.
예) 그럼 나중에 뵈요.	예) 그럼 나중에 봬요.
예) 옷에 흙이 묻다. 예) 소파에 몸을 묻다.	예) 옷에 흙이 뭍다. 예) 소파에 몸을 뭍다.

9. 설명을 보고 적절한 문장을 적어 봅시다.

되	돼
• 문장의 끝에는 '되'가 오지 않음 • '되-'는 '되다'의 어간인데, 용언의 어간이 홀로 쓰일 수는 없다.	• '돼'는 '되다'의 활용형인 '되어'의 준말 • 돼의 자리에 되어를 넣어서 말이 되면 돼의 쓰임이 맞고 아니면 되가 맞음 • 문장의 끝에는 '돼'가 온다.
지그시	**지긋이**
• '지그시'는 '슬며시 힘을 주는 모양'이나 '조용히 참고 견디는 모양'	• '지긋이'는 '나이가 비교적 많아 듬직하게/참을성 있게 끈지게'의 뜻

Chapter 11

정의의 이름으로 너를!

Wake Brain

상상하라

그림을 보고 각 그림에 자신이 생각하는 제목을 붙여 봅시다. 보는 사람의 관점에 따라 다르게 보일 겁니다.

(출처: "강의를 살리는 스팟 테크닉" 101, 이영민)

제목을 적는 형식은 아래의 예와 같습니다.

예) 3번 그림은 식사 데이트를 하는 벌레 그림이다.
1. 멕시코 모자를 쓰고 자전거 탄 소년을 위에서 본 모습
2.
3. 식사 데이트를 하는 벌레
4.
5. 15곱빼기 햄버거
6.
7. 나무를 타는 곰, 나무 뒤편에 매달려 있는 코알라
8.
9. 이빨과 대합조개
10.
11.
달리기 경주를 하려고 선 쥐의 뒷모습
12.
13. 공중전화 박스 안에서 트럼펫을 연주하는 키다리 아저씨
14.
15. 어느 미치광이가 남긴 둔 의자
16.
17. 피사의 기울어지는 사탑
18.
19. 샴페인 방울을 지나는 개미들의 행렬
20.

명언 블랭크

다음은 정의 형식으로 구성된 명언입니다. 명언 중 블랭크가 있는 곳을 자신의 생각을 넣어서 블랭크를 채워 봅시다.

① 몸가짐은 각자 자기의 모습을 비추는 거울이다. – 괴테 –

② 사랑은 신뢰의 행위다. 믿으니까 믿는 것이다. 사랑하니까 사랑하는 것이다.
– 로망롤랑 –

③ 절망이란, [ㅇ ㄹ ㅅ ㅇ ㅅ ㄹ]의 결론이다. – G. 그랑빌 –

④ 세월은 누구에게나 공평하게 주어진 [ㅈ ㅂ ㄱ]이다. 이 [ㅈ ㅂ]을 잘 이용한 사람에겐 승리가 있다. – 아뷰난드 –

⑤ 사람의 얼굴은 하나의 풍경이다. 용모는 결코 거짓말을 하지 않는다. - 발자크 -

⑥ 남자란 [ㄱ ㅈ ㅁ] 나라의 서민이지만 여자는 그곳의 귀족이다. - A. 에르망 -

⑦ 사랑이란 게 처음부터 풍덩 빠지는 건 줄로만 알았지. 이렇게 서서히 물들어 버릴 수 있는 것인 줄은 몰랐어. –영화 "미술관 옆 동물원" 中 -

Step 1 이론학습 및 모델링

학습목표

정의예시 구조를 이해하여 그 구조에 맞게 글을 쓸 수 있다.

1. 정의의 이해

1) 의 미

① 화제의 의의나 용어의 개념, 사물의 뜻을 밝혀 앞으로 전개할 주제의 방향이나 범위에 대해 알려 주는 방식

② 어떤 대상 또는 사물의 범위를 규정짓거나 그 사물의 본질을 진술하는 것으로, 대상의 속성을 해명하거나 설명하는 데 사용

③ 독자에게 명료하게 설명할 경우는 물론, 논증의 요점이 무엇인지 분명히 할 때에도 사용

2) 종 류

① 외연적 정의 : '삼각형이란 정삼각형, 이등변 삼각형, 직각삼각형 등이다' 와 같이 개념이 가리키는 대상들을 열거하는, 비교적 쉬운 정의 방식

② 내포적 정의 : 개념의 대상들이 공통적으로 가지고 있는 성질이나 특징을 기술함으로써 개념의 본질적인 속성을 밝히는 것

3) 예

• 역사란 역사가와 사실의 부단한 상호작용의 과정이며, 현재와 과거의 끊임없는 대화이다.
– E. H. 카아 –

• 행복이란 우리가 그것을 인식하고 있는 순간에만 존재하는 감정이다.

• 사형은 그 사회 구성원의 약속으로 한 인간의 목숨을 빼앗는 제도이다.

• 백색 왜성이 계속해서 중력 붕괴를 일으키면, 별의 내부 밀도가 점점 높아져서 결국 활발하게 운동하고 있던 전자와 원자핵 안의 양성자가 압축되어 중성자로 변한다. 이처럼 중심핵이 중성자만으로 이루어진 별을 '중성자 별'이라 한다. 중성자 별은 1934년에 스위스 태생의 천문학자 츠비키와 독일 태생의 천문학자 바데 등에 의해 이미 그 존재가 예언되었다.

• 오리엔탈리즘이란, 동양을 지배하고 재구성하며, 위압하기 위한 서양의 스타일이다.
– 에드워드 사이드 –

4) 정의의 구성

• 정의는 피정의항과 정의항으로 이루어져 있으며, 두 항은 대등한 등식관계로 구성
• 정의항은 유개념과 종차로 이루어지며 종개념을 이루는 것이 피정의항

피정의항 = 정의항
종개념 = 종차 + 유개념

피정의항 (정의 받는 영역)	정의항 (정의하는 영역)	
종개념	종차(변별요소)	유개념
정자	경치나 전망이 좋은 곳에 아담하게 지은	집
사고	생명체 내에 축적된 지식을 상호 관련시키는	두뇌 작용
자서전	스스로 기록한 자기의	전기
글	글자로 적은	말
사전	낱말의 뜻을 풀이하는	책
삼각형	세 개의 선분으로 둘러싸인	평면도형
중성자별	중심핵이 중성자로만 이루어진	별

5) 정의의 유의점

① 피정의항은 정의항과 대등하여야 하며, 두 부분을 서로 바꾸어 놓아도 성립되어야 한다.

② 피정의항의 용어나 관념이 정의항에서 되풀이되어서는 안 된다.
(예 : 통계학자는 통계학을 연구하는 사람이다.)

③ 피정의항이 부정이 아닌 한, 정의항도 부정적이어서는 안 된다.
(예 : 포유동물은 날개가 있는 짐승이 아니다.)

④ 정의항이 대상에 대한 단순한 묘사나 해석이어서는 안 된다.
(예 : 퉁소는 대나무에 여러 개의 구멍을 뚫어 그것을 손가락으로 막은 뒤에 입으로 불어 소리를 낸다.)

2. 예시의 이해

1) 의미

① 설명하려는 대상이 관념적이거나 추상적일 경우 구체적이고 적합한 예를 들어 설명하는 방식

② 설명하려는 대상의 근거가 되는 예를 충분하고 적절하게 제시하여야 내용의 타당성 수용이 가능

③ 설명하고자 하는 대상과 관계있는 실례를 보임으로써 일반적이고 추상적인 것을 구체적으로 설명하는 방법

2) 예

기름 파동을 앞에 두고 추위를 이겨내기 위한 세계의 움직임은 부산하다. 인도의 간디 수상은 마차를 타고 출퇴근을 한다. 네덜란드의 딘 아일 수상은 자전거 타기에 앞장을 섰다. 미국의 닉슨 대통령은 시간당 2갤론 남짓한 기름을 아끼기 위해 전용기를 속도를 줄였다. 이 모든 본보기는 세계의 기름 파동이 얼마나 심각한가를 단적으로 보여준다. (출처: 동아일보, 횡설수설 중에서)

꽃가루 예보제는 전국 여덟 개 지역 병원 옥상에 설치된 채집 장비에 담긴 정보를 이 학회 산하 꽃가루위원회에서 매주 분석해 일반인에게 홈페이지를 통해 공개하는 방식으로 이뤄진다. 예컨대 알레르기를 유발할 우려가 있는 꽃가루가 발견되면 분석 책임자가 이 꽃가루가 다음 한 주 동안 어느 정도 날릴 것이며 알레르기 환자들에게는 어느 정도 영향을 미칠 것인가 등을 분석해 예보하게 된다. (출처: 김희진, 국립국어연구원)

3) 예시의 유익

① 독자의 이해 증진
② 독자의 흥미 유발
③ 의미의 구체적 정보 전달
④ 글의 중심 내용을 더 명시적으로 드러내거나 일반적 진술에 타당성을 높이는 효과

4) 예시 진술 시 유의점

① 특수한 예의 진술은 부적합
② 너무 많은 예의 진술도 부적합
③ 설명 대상과 관련이 깊은 예를 선택
④ 추상적인 개념의 예의 경우 수준에 맞는 예를 선택

3. 정의와 예시의 구조화

1) 정의의 구조(구조화)

• 정의 구조의 형태 : 'A는 B이다' 형태

A	=	B
봉죽놀이는	=	고기잡이가 잘 되기를 바라는 섬사람들의 정성을 모아 바다 신에게 비는 놀이 형태의 의식이다.

2) 예시의 구조(구조화)

• 예시 구조의 형태 : 'B는 A의 예이다', 'A의 예는 B이다' 형태

별명을 붙이는 동기	용모	예	족제비, 꼬마, 곰보
	성격		대포, 까불이
	행동		곰, 굼뱅이

4. 정의와 예시의 단서어

즉, ~라 불린다, ~는 ~이다, ~를 의미한다, ~를 뜻한다, ~라 규정한다	예컨대, 예를 들면, ~는 ~의 예다, 가령, 이를테면, 설명하자면

[예제]

1. 다음 글을 읽고 내용을 요약하시오.

바다의 생산성은 육지보다 훨씬 높다. 플랑크톤은 하루에 한 번씩 수화할 수 있고, 미국 캘리포니아 연안에서 자라는 자이언트 캘프라는 해조는 하루에 60cm씩 자라며, 고래는 3~4년이면 다 자라 그 큰 고래가 된다.

구조화

육지보다 높은 바다의 생산성	예	플랑크톤 – 하루에 한번 수확
		자이언트 캘프 – 하루에 60cm씩 성장
		고래 – 3~4년이면 완전한 성장

요약

육지보다 높은 바다의 생산성이 높은 예로는 플랑크톤, 자이언트 캘프, 고래 등이 있다.

2. 다음 글을 읽고 내용을 요약하시오.

미술 작품 중, 미술사의 주류를 이루는 위대한 화가의 훌륭한 작품이 아니라, 그림을 제대로 배우지 못한 이름 없는 사람의 그림을 민화라고 한다.

(출처: 김남연, 2006)

구조화

민화	=	그림을 제대로 배우지 못한 이름 없는 사람의 그림

요약

민화는 그림을 제대로 배우지 못한 이름 없는 사람의 그림이다.

Step 2 개별학습(personal learning)

1. 무엇에 대한 정의 또는 예시인지 쓰시오.

1-1

우리 조상들은 한옥에서 살았다. 한옥이란 우리나라 고유의 건축 양식으로 지은 집을 서양식 건물에 대비하여 이르는 말이다. 한옥에 온돌과 마루를 갖추고 있어, 한반도의 더위와 추위를 동시에 해결할 수 있는 한국의 독특한 주거 형식이다.

(출처: 김나연, 2012)

1-2

이처럼 눈을 움직이면서 자는 얕은 수면을 렘(REM;Rapid EyeMovement)수면이라고 한다. 렘수면은 성인의 경우 하룻밤에 4~6회 반복되는데, 시간으로는 전체 수면의 약 20~25퍼센트를 차지한다. 결국 인식하지는 못하지만, 우리는 하루에도 여러 번 얕은 잠과 깊은 잠의 상태를 반복하고 있는 셈이다.

(출처: 송무아, 2006)

1-3

예혀로 먹이를 잡아 삼키는 동물도 있습니다. 카멜레온은 곤봉처럼 생긴 아주 긴 혀를 총처럼 쏘아서 벌레를 잡아 삼킵니다. 개구리와 두꺼비도 카멜레온보다는 짧지만 길고 넓은 혀로 번개처럼 빠르게 벌레를 잡아 삼킵니다. 달팽이는 치설이라고 불리는 강판처럼 까끌까끌하게 생긴 혀로 잎이나 꽃을 갉아 먹습니다. 또, 개미핥기는 끈끈한 혀로 흰개미를 핥아 먹습니다. (출처: 김나연, 2012)

1-4

예낱말이 모여 글이 되는데, 낱말의 뜻은 글 속에서 구체적으로 드러난다. 따라서, 글을 읽을 때에는 서로 연결되어 있는 앞 뒤 낱말을 주의 깊게 읽어야 한다.

예를 들어, '이슬 젖은 눈망울' 에서 '이슬' 의 본래 뜻은 '공기 중의 수증기가 식어서 물체의 겉면에 물방울이 되어 엉겨 붙어 있는 것' 이지만, 글의 앞 뒤 낱말을 통해 볼 때에 그 의미는 '눈물' 이 된다. 뒤에 나오는 '눈망울' 을 생각해 볼 때, 눈에 있는 물은 눈물이 되기 때문이다. (출처: 황재옥, 1999)

2. 다음 글을 읽고 내용을 요약하시오.

조직은 두 사람 이상이 공동의 목표를 달성하기 위해 의식적으로 구성된 상호작용과 조정을 행하는 행동의 집합체이다. 그러나 단순히 사람들이 모였다고 해서 조직이라고 하지는 않는다. 조직은 목적을 가지고 있고, 그 목적을 달성하기 위해 구성원들은 서로 협동적인 노력을 하며, 외부 환경과 긴밀한 관계를 가지고 있다. 조직은 일반적으로 재화나 서비스의 생산이라는 경제적 기능과 조직구성원들에게 만족감을 주고 협동을 지속시키는 사회적 기능을 갖는다.

현대사회에서 인간의 생활은 조직 내에서 또는 조직과의 관계 속에서 이루어진다. 특히 직업인에게 조직이란 직장을 의미한다. 직장은 사람들이 일을 하는데 필요한 물리적 장소이며 심리적 공간이다. 물리적 장소란 외형적으로 건물의 형태를 가지고 있는 것을 의미하며, 자신의 업무를 처리하는 활동영역이다. 심리적 공간으로써 직장은 직업인들이 일을 하면서 만족을 얻기도 하고, 좌절감을 경험하기도 하는 무형의 공간이다.

(출처: "직업기초능력- 조직이해능력" 중에서)

구조화

요약

3. 다음 글을 읽고 내용을 구조화 후 요약하시오.

우리나라 속담에 "떡 줄 사람은 생각도 없는데, 김칫국부터 마신다."는 말이 있는데, 여기서 말하는 '김칫국' 은 '나박김치' 를 말하는 것이지 일반 김치의 국물을 말함이 아니다. 그러나 요즈음 사람으로 '나박김치' 의 뜻을 알고 먹는 이는 거의 없는 것 같다. '나박김치' 의 '나박' 은 곧 '나복(蘿葍)' 의 변음이며, 나복은 '무' 의 한음이니, '나박김치' 는 무로 만든 김치를 말하는 것이다.

(출처: 진태하, "나박김치" 중에서)

구조화

요약

4. 다음 글을 읽고 내용을 구조화 후 요약하시오.

데카르트는 두 개의 실체가 있다고 가정합니다. '연장(延長)' 과 '사유(思惟)' 가 그것입니다. 일단 여기서 '실체(substance)' 라는 말에 대해 알 필요가 있습니다. 여러분 가운데 〈터미네이터 2〉란 영화를 못 보신 분은 별로 없겠지요? 거기 보면 어떠한 모습으로도 변형될 수 있는 '괴물' 같은 놈이 나옵니다. 이름은 T-1000이라고 하던가요? 미래의 세계에서 기계들이 보낸 터미네이터지요. 이 친구의 모습은 아시다시피 자유자재로 바뀝니다. 그렇지만 이 친구가 주인공의 어머니인 사라 코너의 모습을 하고 있다고 하더라도 주인공의 목숨을 노리는 터미네이터인 건 변함없는 사실이죠. 이처럼 아무리 모습이 바뀌고 다른 것처럼 보이는 경우에도 변함없는 불변적인 본질(특징)이 바로 '실체' 입니다. 이는 다른 변화를 만들어 내지만, 다른 것에 의존하지 않는 영원한 특징을 뜻합니다.

(출처: 이진경, "철학과 굴뚝 청소부," 그린비 2002)

구조화

요약

Step 3 팀 학습(cooperative learning)

5. 다음 글을 읽고 내용을 구조화 후 요약하시오.

사람이라는 것은 말하는 점에 그 특징이 있지 않을까? 사람 말고 말하는 능력을 가진 딴 동물이 없으니 말이다. 앵무새가 말을 하지 않느냐고 할지 모르지만, 그것은 말의 흉내이지 본격적인 언어 능력을 구사하는 것은 아니다. 오늘날까지도 많은 학자들이 사람을 빼고 동물 가운데 말하는 부류가 있는지 열심히 찾아보고 있지만, 결론은 사람만이 말하는 능력을 천부적으로 가지고 태어난다는 것이다.

(출처: 서정주, "문장력 향상의 길잡이" 중에서)

구조화

요약

6. 다음 글을 읽고 내용을 구조화 후 요약하시오.

우선 새말이란 무엇인가, 새말은 어떤 것을 지칭하는 것인가 하는 것부터 규정해야 할 필요가 있다. '새말' 이란 이미 있었거나, 새로 생겨난 개념이나 사물을 표현하기 위해 지어낸 말, 그리고 이미 있던 말이라도 새 뜻이 주어진 것을 통틀어 일컫는다. 다른 언어로부터 사물과 함께 차용되는 외래어도 여기에 포함된다.

(출처: 남기심, "새말의 생성과 사멸" 중에서)

구조화

요약

7. 다음 글을 읽고 내용을 요약하시오.

분주한 생활에 쫓기는 중년층 이후의 도시인에게 레저 활동은 대단히 중요하다. 레저(leisure) 또는 로와지르(loisir)란 '자기 일에서의 해방' 이란 의미를 갖고 있다. 우리말의 여가, 한가로움, 안일 같은 소극적인 의미는 없고, 더구나 한가한 시간 보내기와는 전혀 의미가 다르다. 소크라테스는 '최상의 재산은 레저' 라고 하여 이 레저가 학문을 위한 레저라고 했고, 아리스토텔레스는 인생의 목적을 '지식, 행복, 레저' 의 세 가지로 구분하고, 레저는 지식과 행복을 얻기 위한 조건이며 인생의 궁극 목표라고까지 하였다.

(출처: 이문호, "운동 부족" 중에서)

구조화

요약

8. 다음 글을 읽고 내용을 요약하시오.

이런 이야기가 있다. 옛날에 우산 장수와 짚신 장수를 아들로 가진 어머니가 있었는데, 이 어머니는 비가 오면 짚신 장사 아들의 장사가 안 될까 걱정하고 날씨가 좋으면 우산 장수 아들의 장사를 걱정하느라 하루도 마음편할 날이 없었다. 그런데 어느날 그 어머니의 마음에 변화가 일어났다. 그의 생각이 긍정적인 사고로 변화되었다. 비가 오면 우산이 잘 팔리겠다는 생각으로 즐거워하고 날이 좋으면 짚신이 잘 팔릴 것으로 기뻐했다고 한다.

이것은 생활 환경이 변했기 때문에 일어난 것이 아니다. 오히려 그의 생각이 부정적인 생각에서 긍정적인 사고로 바뀌었기 때문이다. 바로 이 점이다. 소극적인 사고, 부정적인 사고는 인간에게 근심과 고통을 주며 성장도 기대할 수가 없는 것이다. 적극적인 사고, 긍정적인 사고를 가져야 기쁨과 즐거움을 누릴 수 있고 성장을 기대하며 위대한 일도 해낼 수 있게 되는 것이다.

(출처: 이사무엘, "긍정적인 사고" 중에서)

구조화

요약

9. 다음 글을 읽고 내용을 구조화 후 요약하시오.

우선 사투리를 꼭 써야 효과적인 경우 또는 그것이 일반 청중으로부터 호응을 받을 수 있는 경우는 어떤 것인가? 이 문제는 여러 관점에서 여러 의견이 나올 수 있겠지만, 가령 다음과 같은 상황에서는 굳이 사투리를 써야 할 필요가 있었다고 본다. 극의 배경이 서울의 문명과는 동떨어진 지역으로 설정된 경우라면 사투리를 씀으로써 토속적인 냄새를 한층 더 물씬 풍기게 한다. 얼마 전 방영된 "검생이의 달"은 전라남도 신안을 배경으로 한 드라마였는데 여기서의 전라 방언 사용은 필수적인 것이었다고 본다. 서울물도 먹어 본 일이 없고 그 고장을 뜨지 못한 채 고기잡이로 살아가는 이들의 생활을 그리는 이 작품에서 선택할 수 있는 유일한 언어는 그 고장의 말일 것이다.

그뿐 아니라 사투리의 사용은 작품의 전체적인 분위기를 특이하게 이끌어 가면서 테마를 부각시키는 효과도 있었다. 이런 경우 사투리의 사용은 전라 방언을 전혀 모르는 시청자들에게조차 친근미를 느끼게 한다. 심지어 "지랄하고 자빠졌네", "이 년아, 니 년 밥맛 떨어지면 에미는 살 될 줄 아냐?" "아따, 입이 짝 찢어져부렀다, 제길헐" 따위 욕설도 참삶의 현장을 실감있게 드러내는 묘사로 여겨져 거부감이 없었다. "난 옷도 젖었고 싸목싸목 걸어 갈께니께 싸게 가 보더라고", "햐이고, 고기가 참말로 쏭쏭하여이" 등 귀를 솔깃하게 하는 어휘의 사용은 연기하는 이의 표정, 몸짓과 함께 극 중 성격을 부각시키는 데 한 몫을 했다.

(출처: 김미형, "텔레비전을 보니: 사투리의 모욕" 중에서)

구조화

요약

10. ㉠~ ㉣과 관련된 광고 행위로 볼 수 없는 것은?

현대인은 광고에 파묻혀 산다고 말할 수 있다. 하루라도 접하지 않으면 살 수 없는 신문, 방송, 잡지가 광고를 홍수처럼 쏟아내기 때문이다. 그런데 광고는 우리의 정신세계를 공략한다. 우리를 '생각하는 갈대'에서 '소비하는 동물'로 전락시키는 것이 광고의 궁극적 지향점이다. 광고는 우리에게 상품의 소비가 절대선(絕對善)임을 끊임없이 세뇌시킨다. ㉠광고의 세례를 받는 동안, 우리는 상품의 소비를 통해서 현실에 대한 불안과 공포에서 벗어나고 미래에 대한 낙관적인 전망을 가지게 된다.

광고의 중요 기능 중의 하나는 상품에 대한 과학적 정보의 제공이라고 흔히 말한다. 그러나 그런 기능을 하는 광고란 별로 없다. 신문 광고는 한정된 지면 사정 때문에, 방송은 20초라는 한정된 시간 때문이라지만, 광고의 본래 기능인 ㉡상품의 바른 사용에 필요한 생활 과학적 정보는 증발하고 상품과는 상관없는 뜬구름 같은 이미지만이 너울거린다. 어떤 특정 상품과 그 상품과 무관한 아름답고 감미로운 이미지를 결합시키는 것은 그래도 봐 줄만하다. 왜냐하면, ㉢상품 자체에 내재되어 있는 부정적인 자질·기능·덕목 등을 긍정적인 것으로 둔갑시켜 우리의 올바른 판단을 방해하는 광고 사례도 적지 않기 때문이다. 이러한 광고는 상품에 대한 정보를 왜곡하여 전달하는 것이라고 말할 수 있다.

이것보다 더 심각한 것은 ㉣광고와 기사, 또는 광고와 프로그램의 경계가 애매해져 가는 현상이다. 특히 문제가 되는 것은 방송 프로그램에 출연하고 있는 사람들이 그 프로그램의 앞뒤 광고에서 프로그램에서 형성된 이미지를 이용하고 있고, 광고에서 획득한 이미지를 거꾸로 프로그램에 투영하는 것이다. 이런 사례가 늘어나다 보니 프로그램과 광고의 구분이 점점 어려워진다.

질문		답변
① 모든 핵심어		
② 베스트 핵심어		
③ 각 단락 소주제	첫째단락	
	둘째단락	
	셋째단락	
④ 핵심단락		
⑤ 전체 주제		
⑥ 제목		

① ㉠ : 전 세계에 가맹점을 두고 있는 신용카드 A는 지구는 말할 것도 없고 우주에서도 카드 소지자가 당면한 문제라면 그것이 무엇이든 모두 해결해 줄 수 있다고 광고한다.

② ㉡ : 터치스크린 기술을 채택한 휴대폰 B를 사용하는 남성은 품위 있고 세련된 남성으로 평가받게 된다고 광고한다.

③ ㉢ : 연비가 좋은 자동차 C를 구입하는 것은 '맑은 공기, 깨끗한 물'을 지향하는 환경 운동에 동참하는 것이라고 광고한다.

④ ㉣ : 대표적인 여성 잡지 D는 잡지인지 광고집인지 구분이 안 갈 정도로 상당히 많은 지면을 할애하여 상품을 광고한다.

④ 사례의 적절성 파악 ㉣은 '광고인지 프로그램인지 모호한 광고', 즉 '기사나 프로그램 형식의 광고'를 문제 삼고 있는데, ④에서는 기사 내용보다는 광고가 차지하는 비중이 높다는 것이므로 적절한 사례로 볼 수 없다.

Step 4 맞춤법

11. 맞는 곳에 'ㅇ'를 하시오.

예) 매일 만나는 사람인데 오늘따라 왠지 멋있어 보인다.	예) 매일 만나는 사람인데 오늘따라 웬지 멋있어 보인다.
예) 집에 들어가요. 내 얼른 밥할께요.	예) 집에 들어가요. 내 얼른 밥할게요.

12. 설명을 보고 적절한 문장을 적어 봅시다.

데	대
• '데' 는 직접 경험한 것 • 과거에 화자가 직접 경험한 사실을 나중에 보고하듯이 말할 때 쓰이는 말 • '~더라' 와 같은 의미(과거사실) ※ 주의할 것은 '-는데' 같은 경우는 감탄하는 뜻을 넣어 청자의 반응을 기다리는 태도를 나타내는 종결어미 예 : 오늘 날씨가 좋은데!	• '대' 는 남의 말을 전달할 때 • '다(고) 해' 의 준말

12 Chapter

Solution(솔루션)

Wake Brain

숫자 암기왕

우리는 생활 속에서 아주 많은 숫자들을 보고, 듣고, 사용하면서 산다. 전화번호, 핸드폰번호, 집 주소, 나이, 차량번호, 강의실 등 숫자가 쓰이지 않는 곳이 없다. 예전에는 전화번호를 수첩에 적었다. 그렇지 않으면 외워서 기억하는 방법을 사용하였다. 그러나 요즘에는 스마트폰에 전화번호나 핸드폰 번호를 저장시켜 놓지 어지간해서는 외우지 않는다. 그래서 한 연구에 따르면 사람의 지능은 세대가 지날수록 성장한다고 하였으나, 현대에 와서는 오히려 떨어지고 있다고 한다. 그 이유는 사람의 지능을 기계가 대신하고 있기 때문이다. 따라서 퇴화하고 있는 우리는 기억력을 높이기 위해서는 적절한 훈련이 필요하다. 그 훈련방법은 아래와 같다.

전화번호, 날짜 등 일련의 숫자들을 쉽게 기억할 수 있는 방법을 익힐 수 있다. 아래의 숫자와 자음을 서로 Match해 보라.

ㄱ	ㄴ	ㄷ	ㄹ	ㅁ	ㅂ	ㅅ	ㅇ	ㅈ	ㅊ
1	2	3	4	5	6	7	8	9	0

ㅋ, ㅌ, ㅍ, ㅎ 등 4개 자음은 상기 10개의 자음 중 아무거나 바꿀 수 있다. 주의할 점은 자음만 가능하다는 것이다. 이제 참가자들에게 각자 자신의 집 전화번호를 연결해 보라. 예를 들어 본인의 집 전화번호가 02-654-3133이라고 하면,

0	2	6	5	4	3	1	3	3
ㄱ	ㄷ	ㅅ	ㅂ	ㅁ	ㄹ	ㄴ	ㄹ	ㄹ

이렇게 자음을 연결해 놓고 모음을 자유롭게 삽입해서 하나의 어구를 만든다. 예를 들면

0	2	6	5	4	3	1	3	3
ㄱ	ㄷ	ㅅ	ㅂ	ㅁ	ㄹ	ㄴ	ㄹ	ㄹ
ㅗ		ㅐ	ㅗ		ㅡ	ㅓ	ㅡ	
곧		새	봄		을	너	를	

"곧 새봄을 너를"이라는 어구를 만들 수 있다.

• 자신의 핸드폰 번호를 가지고 어구를 만들어보자.

번호											
자음											
모음											
어구											

(출처; "교육게임 99가지" 중에서)

Step 1 이론학습 및 모델링

학습목표

문제해결 구조를 익혀 그 구조에 맞게 글을 쓸 수 있다.

1. 문제해결의 이해

(1) 문제해결의 의미와 특징

1) 의미

• 어떤 문제점이 있을 때 문제를 드러내어 제시하고 그것을 해결할 수 있는 방안을 제시하는 설명 방법

• 문제를 나타내는 개념이 선행 요소이며, 해결을 나타내는 개념이 후행 요소로 결합

- 원인–결과 구조와 비슷하지만 문제와 해결 사이에는 화제에 대한 내용에서 공유되는 측면은 필수
- 현재의 당면한 문제 상황들을 제시한 후 그에 따른 바람직한 목표 상태로 이를 해결해 나가는 전개 방법

2) 문제 해결 텍스트의 특징

① 문제의 원인과 제안된 해결책 사이에 최소한 한 가지 이상의 관계 성립 필요
② 수집구조나 원인결과 구조에 비해 훨씬 다층적이며 긴밀한 구조성
③ 문제/해결 관계를 형성하는 대표적인 관계 방식 : 문제–해결, 질문–대답, 제안–반응

단순하게 해결하기 어려운 장면이나 직관적인 독해(讀解)로는 직접 해결에 이를 수 없는 장면(문제사태 또는 문제장면이라고 한다)에 직면했을 때, 우선 문제의 소재를 분명히 하고(문제파악), 어떠한 행동이 유효한가, 즉 어떻게 하면 목표에 이르는 수단·방법을 찾아낼 수 있는가를 찾게 된다. 그리고 여러 가지 시도를 해보는 동안(시행착오)에 문득 과제를 이해하는 범위에서 새로운 전망(통찰)이 세워지고, 과제가 단숨에 해결되어 간다. 이런 일련의 과정이 문제해결이다.

(출처: 두산백과)

2. 문제해결의 구조(구조화)

1) 문제해결의 구조 4가지

구조1.	문제			해결방안	
구조2.	문제		원인	해결방안	
구조3.	문제	문제상황(결과)	원인	해결방안	
구조4.	문제	문제상황(결과)	원인	해결방안	기대효과

2) 구조(구조화)의 예

① 'A의 문제는 해결책 1, 2, 3, 4 등으로 풀 수 있다' 는 구조

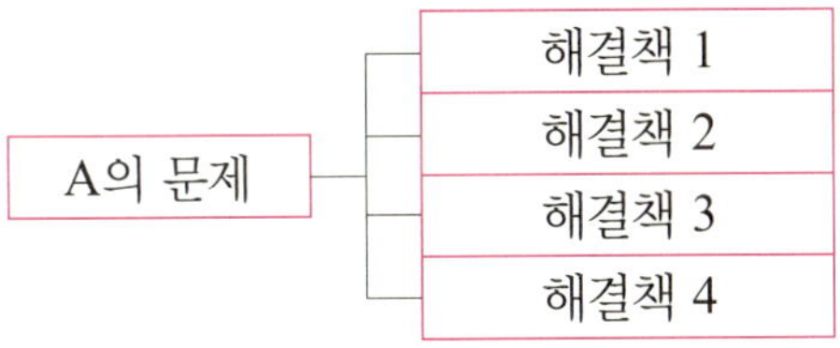

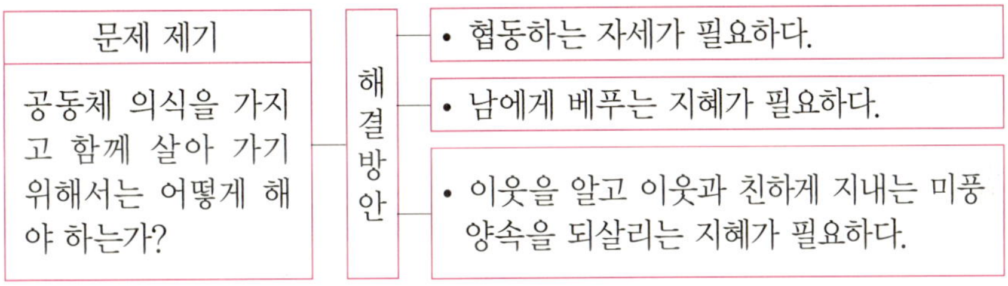

② 문제상황을 원인과 해결방안으로 나누는 구조

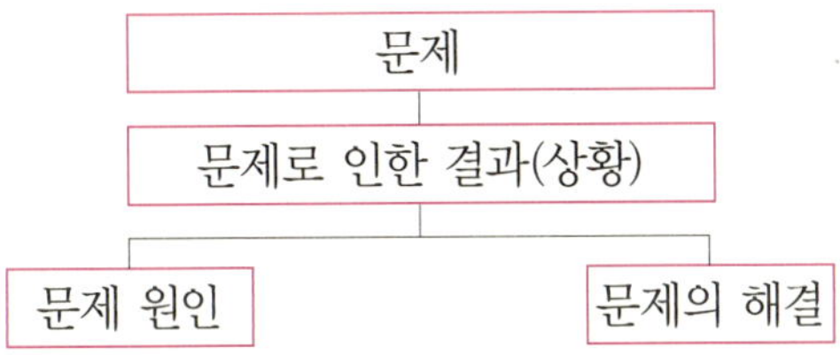

3. 문제해결 구조의 단서어

문제는, 풀다, 문제는 ~이다, ~에 대한 해결이 필요하다, ~한 대안이 있다, ~한 방안을 제시한다, ~을 이루기 위해서는, ~에 대한 해결로서, ~에 대한 대안이 필요하다, ~의 문제는 ~이다, 에 대한 해결책으로는, ~는 무엇인가?/그것은 ~이다, 제안하다

[예제]

우리는 에너지 문제를 어떻게 대처해 나가야 할 것인가? 첫째, 우리는 기존 에너지를 효율적으로 이용하며 절약하는 생활을 해야 한다. 우리나라는 자원이 풍부하지 못하다. 특히, 석유나 가스는 우리나라에서는 전혀 생산되지 않으니 안타까운 일이다. 그런데 이와 같은 자원을 마구 써 버리고 있으니 문제가 아닐 수 없다. 제한된 양밖에 없는 이 귀중한 자원을 아껴 쓰지 않는다면, 우리 후손들은 편리한 생활을 영위하지 못하게 될지도 모른다.

둘째, 핵융합 에너지와 같은 새로운 에너지 개발에도 힘을 써야 한다. 그러기 위해서는 하루 바삐 과학 기술의 수준을 높여야 한다. 우리 과학 기술의 수준을 높여 이상적인 에너지원을 개발한다면, 더욱 안심하고 풍요로운 삶을 즐길 수 있게 될 것이다.

(출처: 박성래, "에너지와 우리의 장래" 중에서)

질문	답변
① 모든 핵심어	에너지, 절약, 개발
② 베스트 핵심어	에너지
③ 주제	에너지 문제를 해결하기 위해서는 기존 에너지의 효율적 이용과 절약 그리고 대체 에너지 개발이 필요하다.
④ 제목	에너지 문제의 해결책

구조화

- 에너지 문제
  - 기존 에너지의 효율적 이용과 절약
  - 새로운 에너지 개발

문제	해결
에너지 문제	• 기존 에너지의 효율적 이용과 절약 • 새로운 에너지 개발

요약

에너지 문제의 해결 방법은 기존 에너지의 효율적 이용과 절약, 그리고 새로운 에너지를 개발하는 것이다.

※ 가이드

① **구조화** : 문제해결의 글에서 구조화하기 위해서는 먼저 어떤 문제가 있는지 파악한다. 그리고 그 문제의 해결책들을 찾아서 위의 표처럼 정리한다.

② **요약** : 문제해결의 글을 요약할 때도 핵심내용을 자신의 언어로 정리한다. 문장 구성을 할 경우, 문제부분을 주어로 설정하고 해결책을 주어를 설명하는 부분으로 사용한다.

Step 2 개별학습(personal learning)

1. 다음 글을 읽고 내용을 구조화 후 요약하시오.

인터넷의 확산이 우리 생활에 긍정적인 영향만을 끼친 것은 아니다. 유해한 인터넷 사이트의 확산, 개인 정보의 누출, 표준어의 파괴 등이 새로운 문제로 떠올랐다. 가장 심각한 문제는 욕설이나 비방 등이 인터넷에서 난무하고 있다는 점이다. 검찰과 경찰에서는 "피해자가 신고하면 욕설을 보낸 사람을 끝까지 추적해 밝혀내겠다"는 방침을 발표했다. 하지만 이러한 방안의 효과에 대하여 부정적인 의견을 가지는 사람이 많다.

인터넷에서 난무하고 있는 언어폭력은 정부가 개입한다고 해서 해결될 문제가 아니다. 컴퓨터 사용자들이 인터넷에서 벌어지고 있는 언어폭력을 자발적으로 몰아내는 것이 바람직하다. 즉, '네티켓 운동'을 벌이고, 인터넷 예절 책자를 배포하며, 네티켓과 관련된 인터넷 사이트를 열어 점차적으로 인터넷에서 언어폭력을 줄여 나가야 한다.

초등학교 때부터 네티켓에 관한 내용을 교과서에 넣어 철저히 가르치는 것도 효과적인 방법이다. 학생들이 컴퓨터를 처음 접하는 시기인 초등학교 때부터 인터넷에서 지켜야 할 예절을 가르칠 필요가 있다.

인터넷의 언어폭력 문제를 해결하기 위해서는 인터넷 실명제를 실시해야 한다. 즉, 사용자가 자신의 이름을 반드시 밝히도록 해야 한다.

(출처: 박수진, 2011)

질문	답변
① 모든 핵심어	
② 베스트 핵심어	
③ 주제	
④ 제목	

구조화

요약

2. 다음 글을 읽고 내용을 구조화 후 요약하시오.

청년실업이란 일할 의사가 있는 20~29세의 청년들이 일자리를 잃거나 일할 기회를 가지지 못하는 것을 말한다. 2006년 6월 기준, 한국의 전체실업률 3.4%와 비교하였을 때 20~29세의 실업률은 7.7%로 청년실업은 이미 중요한 경제, 사회 문제가 되었다.

무엇보다도 청년실업의 큰 원인은 바로 일자리가 줄어들었기 때문이다. 1998년 경제 위기 이후 각 기업의 신규채용이 감소하고 그 대신 비정규직 및 경력직 선호가 많아진 것이 그 원인이다. 교육을 위해 많은 시간과 비용이 드는 신입사원보다는 경험이 있어 바로 실제 업무를 할 수 있는 경력직을 선호하는 것이다.

또한 정보화 사회가 되면서 많은 일들을 컴퓨터와 같은 기계가 대신해 주고 있는 것도 중요한 원인이다. 또한 여성의 교육률이 높아지면서 많은 여성들의 사회 진출이 많아진 것도 청년실업의 한 원인이다. 즉, 취업을 하고자하는 사람은 많아졌는데 기업에서의 일자리는 감소한 것이 바로 청년실업의 원인인 것이다.

청년실업을 해소하기 위해서는 학교와 기업, 정부의 노력과 장기적인 대책이 필요하다. 첫째, 정부는 공무원 채용이나 교사채용을 늘려 적극적으로 일자리를 제공해야 한다. 문화, 관광과 같이 일자리를 많이 만들어 낼 수 있는 서비스 산업을 활성화하는 것도 좋을 것이다.

둘째, 신규채용보다 경력직을 선호하는 요즘 추세에 맞추어 기업과 학교는 청년들에게 다양한 직장체험의 기회를 제공해야 한다. 그리하여 경력직 못지않게 다양한 업무 경험을 가질 수 있도록 해야 한다.

청년실업의 실질적인 해결을 위해서는 정부의 힘만으로는 어려운 일이며 정부의 정책에 맞추어 기업들의 알맞은 호응이 필요하다. 세계의 몇몇 선진국 및 그 나라의 기업들도 여러 차례의 시행착오를 겪은 끝에 서서히 청년실업 문제 해결에 가시적인 결과를 얻고 있다. 한국도 숫자상으로만 줄어드는 실업률을 생각할 것이 아니라 근본적으로 청년실업을 줄이는 데 노력을 해야 할 것이다.

(출처: 김혜경, 2012)

질문	답변
① 모든 핵심어	
② 베스트 핵심어	
③ 주제	
④ 제목	

구조화

요약

3. 다음 글을 읽고 내용을 구조화 후 요약하시오.

우리 한의학은 동양의학의 대명사처럼 불리는 중국 전통 의학은 물론, 체질에 따라 치료를 달리 하는 독특한 의학도 발전시켜 왔다. 우리의 소중한 문화유산인 한의학이 우리 땅에서 생산되는 한약재에 뿌리를 두고 있음은 말할 것도 없다. 그런데 최근 농산물 수입 개방과 함께, 값싼 중국산 한약재가 밀려들어오면서 우리 한약재의 생산기반이 무너질 위기에 처했다.

독특한 효능을 가진 생물자원을 보호하고 한의학을 발전시키기 위해서도 우리 한약재를 지키고 살려내는 일이 시급하다. 이를 위해서는 우선 우리 한약재의 활로를 국내시장뿐만 아니라, 미국 등 엄청난 규모의 외국 시장에도 눈을 돌려야 한다. 또한 중국산에 비해 국산 한약재의 품질이 우수하다는 것을 체계적으로 홍보해야 한다. 마지막으로 중국산 한약재가 국산으로 팔리는 등의 불법이 판치는 한약재 유통시장을 정상화해야 할 것이다.

(출처: 박수진, 2011)

질문	답변
① 모든 핵심어	
② 베스트 핵심어	
③ 주제	
④ 제목	

구조화

요약

4. 다음 글을 읽고 내용을 구조화 후 요약하시오.

인터넷을 통해 무한한 지식이 폭발적으로 유통되고 있는 이 시대에 독서를 강조하는 것은 어쩐지 시대착오적인 발상처럼 보인다. 이런 시대적 상황에서 무엇 때문에 시간을 내어 힘들게 독서를 하고, 그 효과도 미미해 보이는 독서 능력을 기르기 위해 노력해야 하는가라는 의문을 제기하는 사람들이 많다. 더욱이 우리는 세계 어느 나라보다 초고속 인터넷 기반이 잘 갖추어져 있어서, 앞으로의 지식 정보화 사회를 선도하기에 충분한 바탕을 이미 형성하고 있다고 볼 수 있다. 이런 상황에서 더 시급하고 중요하게 여겨지는 분야에 치중하지 않고, 오히려 책과 독서를 이야기하는 것은 어리석게 여겨지기도 한다.

그러나 바로 그 점이 우리가 생각해 봐야 할 중요한 발상의 전환점이다. 이 시대가 정보의 홍수를 이루는 사회이기 때문에, 넘쳐나는 막대한 정보를 적절히 읽고 처리할 수 있는 능력이 그 이전보다 더욱 절실하게 요구된다. 사실, 중요한 정보는 대부분 문자 언어로 처리되므로 오늘날의 사회에서 오히려 더욱 수준 높은 독서 능력이 필요하다. 분명히 독서 능력은 21세기 지식 정보화 사회를 대비하는 데 있어서 무엇보다 중요한 무기이다. 정보화의 총아로 컴퓨터나 인터넷이 강조되고 있지만, 그것은 겉보기에 불과한 도구일 뿐, 그 내용을 채우는 것은 넓은 의미의 책이기 때문이다. (출처: 송무아, “21세기 사회와 독서” 중에서)

질문	답변
① 모든 핵심어	
② 베스트 핵심어	
③ 주제	
④ 제목	

구조화

요약

Step 3 팀 학습(cooperative learning)

5. 다음 글을 읽고 내용을 구조화 후 요약하시오.

산업구조 변화에 따른 인력구조 변화에 따라 우리나라의 인력난 문제는 고숙련-고기술 직종과 저숙련-저기술 직종에 대한 노동수요가 급증하며, 직종간의 양극화 현상이 발생할 것으로 예상된다. 인력난 문제에 대한 관심이 3D 업종이나 저숙련 노동자의 부족현상에 집중되는 경향이 있으나 고숙련-고기술 업종 역시 수요의 급증에 따른 인력난 문제를 대비해야 할 것이다. 고령화, 저출산 등의 인구변화에 의한 인력수급의 전망을 살펴보면 2010년부터는 본격적인 인력난이 발생할 것으로 예상된다. 인력난 문제를 해결하기 위해서는 단기적인 대책과 함께 다양한 방식의 인력난 해결의 노력이 필요하다.

외국 인력의 유입은 계속적으로 늘고 있으며, 또한 국내의 외국 인력에 대한 수요 또한 계속 증가하고 있다. 우리나라의 외국인 전문 인력의 현황을 살펴보면, 그 규모가 2만 명 정도이며, 이는 국내 체류 외국 인력의 6% 정도로 그 비중이 매우 작다. 이들의 국적은 북미 국가가 40%를 넘고 있으며, 이들의 과반수가 외국어교습 등 교육계 직업을 가지고 있다. 외국어 교습 외에도 첨단 과학, 기술 분야에서도 외국 전문 인력을 유치할 수 있는 방안을 모색해야 한다.

혈통주의가 강한 우리나라에서 외국 인력의 수입은 사회적 비용과 이들이 정주할 경우 사회문화적 통합비용이 크다. 따라서 단기적 목적을 가지고 외국 인력을 수입하는 것은 지양되어야 한다. 보다 중장기적으로는 고령화 인구의 노동 참여 확대, 여성인력의 개발과 노동시장 참여 확대하여 국내 인력이 생산직에 참여할 수 있도록 하는 노력이 필요하다.

외국 인력의 정주화와 사회문화적 통합문제까지 고려한다면 중국 조선족 동포와 같은 재외동포 인력의 활용을 적극적으로 모색해야 할 것이다. 재외동포 인력을 국내 노동시장에서 활용하면 국내 노동력 부족 문제를 해결할 뿐만 아니라 이들이 귀국 후 민족경제와 민족공동체 발전에 기여하기 때문에 전 세계 한민족공동체 발전에도 기여할 것이다. 따라서 국내로 수입하는 외국인력 중 재외동포 인력의 비중을 늘리는 것이 장기적 측면에서 바람직하다.

(출처: 윤인진, 2005)

질문	답변
① 모든 핵심어	
② 베스트 핵심어	
③ 주제	
④ 제목	

구조화

요약

6. 다음 글을 읽고 내용을 구조화 후 요약하시오.

인문계 대학 재학생들에게 이공계 복수전공을 확대하고 기술 분야 교육훈련 과정을 마련하는 방안이 추진된다. '인구론(인문계 90%가 논다)' 이란 말이 나올 정도로 극심한 인문계 학생의 취업난 해소를 위해 기술력을 갖추도록 하겠다는 고육지책이다.

정부는 24일 고용노동부 교육부 미래창조과학부 등이 합동으로 '인문계 전공자 취업촉진 방안' 을 발표했다. 정부는 인문계 학생들의 취업 기회를 높이기 위해 이공계 분야 등으로 복수전공 확대를 유도하는 한편 인문학과의 학과 구조 등도 개편할 계획이다. 언어학, 문학, 역사학, 정치학, 경제학 등을 융합한 '글로벌 지역학' 을 신설하고 경영, 디자인, 기술교육 등을 융합한 전공을 마련하는 식이다.

인턴 프로그램 등이 이공계에 편중된 점을 고려해 인문계 특화 '일 경험 프로그램' 도 다음 달 중 마련한다. 학사관리, 진로탐색 등을 통합 관리하는 학생종합 경력관리 시스템(가칭)과 전공별 특성에 맞춘 진로지도 프로그램인 '전공별 취업맵' 도 진행하기로 했다.

청년취업 아카데미, 폴리텍 대학 등을 통해 인문계 친화적인 기술 분야 훈련 과정도 마련한다. 저학년부터 참여할 수 있는 1~2주 과정의 직업훈련 체험이나 단기 교육과정도 세운다.

그러나 기술을 습득한 인문계 전공자가 해당 기술 전공자와의 경쟁에서 어떻게 경쟁력을 갖출지 등의 대안은 없어 뜬구름 잡기 식이라는 지적도 나온다. 이기권 고용부 장관은 "기업의 인력 수요는 이공계 중심으로 빠르게 변화한 반면 인문계 대졸자는 오히려 늘어 취업난이 심해졌다" 며 "인문계 청년들이 보다 넓은 시각에서 진로를 고민할 필요가 있다" 고 말했다.

(출처: 국민일보, 2015년 6월 25일, 조민영 기자)

질문	답변
① 모든 핵심어	
② 베스트 핵심어	
③ 주제	
④ 제목	

구조화

요약

7. 다음 글을 읽고 내용을 구조화 후 요약하시오.

지난해 온라인 부문 부진과 성장전략 부재 등으로 백화점업계 5위로 내려앉았던 갤러리아백화점이 '적과의 동침'까지 허락하며 부활을 꿈꾸고 있다. 신세계사이먼 프리미엄아웃렛과 11번가, G마켓 등에 잇달아 입점하며 큰 돈 들이지 않고 유통채널 다변화 효과를 내고 있는 것이다.

22일 유통업계에 따르면 갤러리아백화점은 지난해 말부터 타 유통채널과의 제휴를 통해 시너지 창출을 꾀하고 있다. 지난해 11월 말 갤러리아백화점은 자사 인터넷 쇼핑몰인 갤러리아몰을 11번가에 입점시켰다. 앞서 10월에는 NS몰에 입점했다. 이와 함께 갤러리아몰 앱을 리뉴얼해 온라인·모바일 고객 늘리기에 나섰다. 당시 갤러리아백화점은 해외 모바일환경까지 구현하며 온·오프라인에서 갤러리아 프리미엄 브랜드 가치를 향상시키겠다고 각오를 다졌다.

이어 올 2월에는 신세계그룹 계열사, 신세계사이먼이 운영하는 프리미엄아울렛 여주점에 '갤러리아 아웃렛'을 입점시켰다. 신세계백화점과 경쟁관계이지만 이월상품 재고 소진을 위해 '적과의 동침'을 강행한 것이다. '갤러리아 아웃렛'은 갤러리아백화점이 직매입한 해외 명품의류 등으로 구성된 편집숍 'G494'의 이월상품을 취급한다.

롯데, 신세계 등과 달리 재고를 소진할 아웃렛 채널이 없었던 갤러리아백화점은 이번 제휴를 통해 편집숍 'G494'의 재고부담을 떨치게 됐다. 1997년 해당 편집숍을 론칭한 이래 갤러리아백화점은 명품관 이월행사와 연말 직원할인판매 외에는 재고 소진방법이 없어 고스란히 부담을 떠안고 있었다. 그러나 이번 제휴를 통해 큰 돈 들이지 않고도 아웃렛 채널을 확보할 수 있게 됐다.

지난 15일에는 국내 최대 오픈마켓인 G마켓과 제휴를 맺었다. 가입자 수가 2000만 명 이상인 G마켓에 제휴 입점함으로써 갤러리아몰 방문자 수 증대를 기대하고 있다. G마켓 관계자는 "우리는 갤러리아몰과의 협업으로 상품 구색이 많아지고 갤러리아몰 역시 고객유입이 크게 늘어나 양쪽에 윈윈(WinWin)이 될 것"이라며 "올 들어 G마켓 입점업체 매출이 전년동기대비 50% 이상 늘었을 정도로 입점효과가 크다"고 설명했다.

실속있게 채널다변화 전략을 펼친 덕에 갤러리아몰의 매출은 올 들어 5월까지 전년 동기 대비 45% 신장했다. 전체 매출 중 큰 비중은 아니지만 갤러리아몰이 가파른 성장세를 나타낸데다 갤러리아아웃렛까지 실적 호조를 보이면서 같은 기간 전체 매출도 7% 확대됐다.

갤러리아백화점 관계자는 "황용득 대표이사 체제 이후 온라인몰 등을 강화하려고 다방면으로 노력중"이라며 "타 유통채널과의 제휴, 옴니채널 도입을 계속 진행해나갈 것"이라고 말했다. (출처: 아시아 경제, 2015년 6월 22일, 김소연 기자)

질문	답변
① 모든 핵심어	
② 베스트 핵심어	
③ 주제	
④ 제목	

구조화

요약

8. 다음 글을 읽고 내용을 구조화 후 요약하시오.

국내 게임 시장에서 중국의 장악력이 갈수록 커지고 있다. 중국 자본이 곳곳에 침투했을 뿐 아니라 최근에는 오히려 국내 업체가 중국 게임의 판권을 사들이는 데 열을 올릴 정도로 '역수출'이 일어나고 있다. 자국 시장은 닫아 경쟁력을 끌어올리고 이를 바탕으로 전방위 외국 진출에 나서는 중국의 전략에 속수무책으로 당했다는 위기감이 국내 게임 업계에 팽배하다.

실제로 국내 대형 게임사들이 앞다퉈 중국 게임 모셔오기를 하고 있다. 최근 중국 텐센트의 모바일 게임 '전민(全民)돌격'의 국내 퍼블리싱(유통)권을 두고 3~4곳의 한국 업체들이 치열한 경쟁을 벌였다. 전민돌격은 지난 1월 중국 현지에서 출시돼 월 수익이 약 400억 원에 달하는 것으로 알려졌다. 현재 판권은 넷마블에 돌아갈 것으로 유력시된다. 넷마블은 앞서 역시 텐센트의 게임인 '천천현투'의 판권을 따내기도 했으며 '시티앤파이터'라는 이름으로 곧 국내에 출시할 계획이다. 넷마블뿐만이 아니다. 국내 게임사 웹젠의 '뮤 오리진'은 중국 업체 킹넷의 '전민기적'이 원작이며 넥슨의 '탑오브탱커'와 '천룡팔부 3D' 역시 중국 게임의 한국판이다.

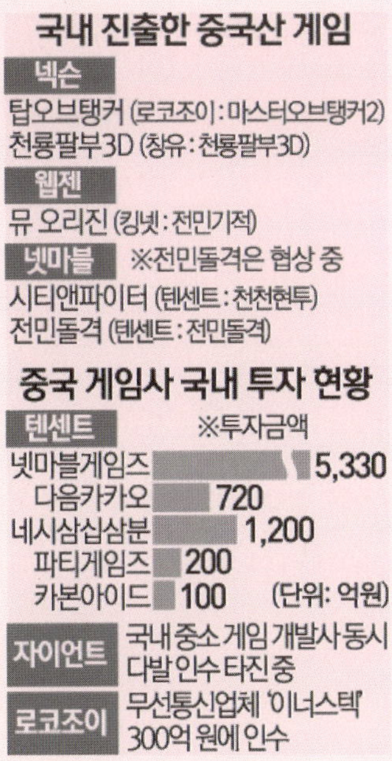

중국 게임 판권 따내기 경쟁은 중국 게임이 자본력만 높은 것이 아니라 게임의 질까지 국산을 추월하기 시작했음을 의미한다. 실제로 텐센트는 지난 2010년부터 현재까지 약 7,500억 원을 국내 게임·IT 업체에 투자했으며 넷마블과 다음카카오의 3대 주주이기도 하다. 또 최근 다른 대형 게임사인 자이언트는 국내 중소 개발사 여러 곳을 한꺼번에 인수하기 위해 업체와 접촉 중인 것으로 알려졌다. 이처럼 중국이 자본력을 앞세워 국내 게임과 게임사를 쇼핑하듯 해왔는데 이제는 이를 넘어 중국 게임을 한국에 수출까지 한다는 것이다.

중국은 이런 자신만만함을 바탕으로 국산 게임의 현지 진출에 까다로운 조건을 달고 있다. 데브시스터즈의 모바일게임 '쿠키런'은 텐센트와 현지 출시 계약을 맺었다가 2월 계약 해지를 당했다. 품질검수에 통과하지 못했다는 이유였다. 특히 쿠키런은 세계누적 다운로드 건수가 7,000만 건에 이르고 동남아에서 큰 인기를 끌었던 점을 고려하면 충격적이다. 뿐만 아니라 지난해에는 위메이드의 '달을 삼킨 늑대', 스마일게이트 메가포트의 '데빌메이커' 등의 중국 진출이 무산된 바 있다.

게임 업계의 한 관계자는 "텐센트가 중국시장에 우리 게임을 퍼블리싱할 때 비즈니스 모델, 그래픽 등 깐깐하게 현지화 작업을 요구하고 있어 출시 전 테스트 기간만 1년이 훌쩍 넘을 때도 있다"며 "중국 게임 수준이 높아지기는 했지만 무리한 요구를 할 때도 있어 특히 소형 개발사는 부담이 크다"고 말했다.

전문가들은 이미 중국의 게임 시장 장악을 현실로 인정하고 대응책을 찾아야 한다고 조언한다. 국내 한 게임사임원은 "중국이 '기회'인 것은 분명한 사실"이라며 "국내 게임사에 투자해 벌어들인 수익을 국내 시장에 재투자하게끔 하는 유인책 마련도 하나의 방법"이라고 말했다.

특히 중소 개발사에 대한 지원을 확대해 중국 자본에 대한 의존도를 최소화하는 방안도 제기된다. 윤형섭 상명대게임학과 교수는 "중소 개발사가 투자 유치에 어려움을 겪다 '한탕'을 바라고 중국 자본에 의지하는 일이 없도록 지원을 확대해 협상력을 키울 수 있도록 해야 한다"고 강조했다.

(출처: 서울 경제, 2015년 6월 21일, 조양준·박호현기자)

질문	답변
① 모든 핵심어	
② 베스트 핵심어	
③ 주제	
④ 제목	

구조화

요약

Step 4 맞춤법

9. 맞는 곳에 'ㅇ'를 하시오.

예) 나는 그녀와 예기했다.	예) 나는 그녀와 얘기했다.
예) 그녀는 양력 몇 월 몇일이 음력설이었다고 설명했다.	예) 그녀는 양력 몇 월 며칠이 음력설이었다고 설명했다.
예) 웬만하면 들어주지, 거 되게 통기네.	예) 왠만하면 들어주지, 거 되게 통기네.

10. 설명을 보고 적절한 문장을 적어 봅시다.

낳다	낫다
• '낳다' 는 '배 속의 새끼 또는 아이가 몸 밖으로 나왔다'의 의미 성과나 결과를 이룬 상황	• 보다 더 좋거나 앞서 있다는 뜻 • 병이나 상처 따위가 고쳐져 본래대로 되다. [참고] 났다 • 신체 표면이나 땅 위에 솟아나다. • 길, 통로, 창문 따위가 생기다. 예 : 엉덩이에 종기가 났다.
문안하다	**무난하다**
• 「…에게」 웃어른께 안부를 여쭈다. 는 뜻	• 별로 어려움이 없다. • 이렇다 할 단점이나 흠잡을 만한 것이 없다. • 성격 따위가 까다롭지 않고 무던하다.

Part 2.

Imagine Image

13 Chapter

Imagine Image(주장과 근거)

Step 1 이론학습 및 모델링

학습목표

이미지 텍스트의 구조를 파악하고 자신 생각을 논리적으로 주장할 수 있다.

1. 이미지의 비판적 읽기와 시각 문해력

(1) 이미지의 비판적 읽기

1) 이미지의 비판적 읽기 : 텍스트의 내용을 파악하고, 그에 따른 자신의 생각을 정립한 뒤, 저자의 입장에서 텍스트의 내용을 새롭게 조망해 보는 창조적 수준의 읽기

2) 비판적 사고의 하위 요소

객관성	감정적 · 주관적인 요소를 배제하고, 경험적으로 타당한 근거를 토대로 결론을 도출하려는 성향
체계성	논의나 사고의 전 과정에 걸쳐 문제의 핵심에서 벗어나지 않으며, 내적인 일관성을 유지하려는 성향
유보성	타당하고 충분한 근거가 확보될 때까지 결론짓기를 유보하려는 성향

(2) 시각적 문해력

1) 시각적 문해력

① 시각적인 생산물이나 메시지들을 올바르게 이해하고 해석하며 비판적으로 분석하고 평가하는 능력
② 실생활에서나 다른 사람과의 의사소통에서 의미있게 활용하고 더 나아가 창의적으로 재생산해내는 종합적인 능력

2) 시각적 사고

① 인간 내부에서 이미지를 통해 시각화하는 것을 의미하는 것
② 시각적 사고를 통해 아이디어가 시각적으로 표현될 수 있고 더 나아가 시각적으로 표현된 자료가 쉽게 이해

3) 시각적 사고의 구성요소

① **시각적 인지 능력** : 보다 의미 있고 의식적인 인지를 위해서 다양한 시각적 미디어와 관련된 구조 조형 형식, 그리고 작용 가능성을 이해하고 인식하고 구별할 수 있는 능력
② **비판적인 수용능력** : 시각적 정보들을 내용과 의도 및 형식과 관련해서 분석하고 비판적으로 판단하는 활동

2. 명시적·암시적 정보

1) 의미

① **명시적 정보** : 분명하게 드러나 있는 정보
② **암시적 정보** : 간접적으로 드러나는 정보

2) 설명

① 정보는 명백히 알 수 있는 정보(명시적 정보)와 명백한 정보 이면에 감추어진 정보(암시적 정보)가 존재한다. 명시적 정보를 통하여 암시적 정보(해당 정보의 숨은 의도, 목적)를 파악하는 것은 매우 중요하다.
② 암시적 정보를 파악하기 위해서는 명시적 정보를 통하여 추리, 추론을 해야만 한다.

③ 예를 들어, 주말 저녁 데이트가 있는 커플을 상상해 보자. 한 커플은 영화를 보고 맥도날드에서 저녁을 먹을 것이다. 다른 커플은 결혼식에 참석했다가 고급 레스토랑에서 식사를 할 것이다. 여기에서 드러난 명시적 정보와 암시적 정보는 상당한 차이를 보인다.

구분	영화, 맥도날드 커플	결혼식, 고급 레스토랑 커플
옷차림	캐주얼	정장
음식값	1만 원 이하	10만 원 이상
식당분위기	경쾌함	우아함, 고급스러움
식사시간	?	?
손님	?	?

3. 사실과 의견의 구분

1) 의미 : 사실과 의견의 구분은 비판적 사고의 가장 기초적이고 핵심적 능력

2) 사실·의견을 구분 시 기준 : 객관성과 증명 가능성

① 사실은 역사적 기록이나 증명을 통해 입증

② 의견은 직접 입증 불가능

3) 사실·의견의 구분의 중요성

① 사실과 의견을 구별할 수 있는 능력은 사고능력을 신장함으로써 자신의 신념체계가 언제나 진실이라는 사실에 의해 뒷받침되지 않음을 일깨워 줌

② 타인의 주장이 사실인지 의견인지를 구별함으로써 그 의미 전달상의 혼란을 예방

4) 이미지 텍스트의 사실·의견 구분하기의 중요성

① 사실과 의견을 구분하는 것은 이미지 내용을 맹목적으로 수용하지 않고, 타당한 근거를 찾아 비판적으로 수용

② 이미지 텍스트에서의 사실은 진짜 사실이 아닐 수 있으며 제작자의 의도(암묵적 정보)가 전략적으로 숨어져 있기에 판단할 때 비판적 수용이 필요

구분	사실	의견
특징	① 보다 구체적인 진술 ② 객관적으로 증명 가능 ③ 실험의 결과로 밝혀진 과학적인 법칙이나 보편적인 진리 ④ 개인의 생각과는 관계없이 존재	① 보다 일반적인 진술 ② 구체적인 증거 제시 않고 막연한 표현 사용 ③ 객관적 증명 불가능 ④ 개인적인 감정 포함 ⑤ '더 좋은', '더 멋진' 등과 같이 성질을 표현하는 수식어 포함 ⑥ '내가 알기로는', '내 생각으로는', '늘', '아마' 등의 표현 포함 ⑦ '반드시', '꼭', '마땅히' 등과 같은 미래 행동이나 의무를 나타내는 단어 포함

5) 사실과 의견 구분의 예

	예문	사실 또는 의견
①	대학생활을 열심히 한 학생만이 성공할 수 있다.	
②	아이유는 예의바른 학생이다.	
③	2015 아시안 컵에서 온 국민들은 하나가 되어 응원하였다.	
④	우리나라 국보 제1호는 숭례문이다.	
⑤	조선왕조 500년 동안 다른 나라를 침범한 사례가 한 번도 없다.	
⑥	혜리는 '이런 시급 5500원' 을 받으며 편의점에서 알바를 한다.	
⑦	김일성과 김정일 그리고 김정은은 결코 행복하지 못한 사람들이다.	
⑧	전 세계적으로 사형제도는 폐지되어야 한다.	
⑨	남해는 겨울에도 날씨가 온화하다.	
⑩	남친을 만나는 날만큼 신나는 날은 없다.	
⑪	아동미술과에는 100명의 학생이 수업을 받고 있다.	

4. 주장에 대한 근거의 적절성 판단

1) 올바른 근거를 사용한다는 것

① 근거가 적합하고 충분하다는 것

② 논리적 오류 없이 연역적·귀납적인 추론을 하는 것

2) 주어진 텍스트를 정확하게 해석, 이해, 비판하거나 사고를 전개하기 위해서는 오류에 관한 정확한 인식이 필요

3) 오류는 객관적으로 판단 결여에서 발생, 사실에 관한 정확치 못한 판단에서 발생

4) 오류발생을 줄이기 위한 방안 : 일상적인 언어 사용에 관한 세심한 관찰, 오류에 대한 정확한 지식의 획득 필요

오류의 종류

오류	내용
잘못된 원인과 결과의 관계의 오류	각각의 문장이 인과적일 필요가 없음에도 이를 인과관계로 추론함으로써 잘못된 인과관계를 믿게 하는 방법 • 운동도 홈런 공부도 홈런, 크런키와 함께 일등 대학생이 되세요. • 저런 탈색 됐네요. 염소계 표백제를 쓰셨죠?
부적합한 권위에 호소하는 오류	대상과는 아무런 관련도 없는 다른 분야의 전문가를 동원해 그 사람이 본래 가지고 있는 사회적인 영향력과 권위를 이용하여 불합리하게 권위에 호소하는 오류 • 저는 잘 보여 렌즈만 써요, 렌즈 살 때 잘보여 렌즈와 상의하세요. 개그맨 유재석
대중에의 호소	어떠한 주장에 대해 타당한 근거를 제시하지 않고 대중의 편견이나 군중심리 등에 호소하여 사람들이 자신의 결론에 동조하도록 시도하는 것으로 많은 사람이 그렇게 생각하기 때문에 옳다고 판단하는 오류 • 역대 최 단기간 1000만 명! 관객동원 신기록 수립(국제시장)
성급한 일반화의 오류	제한된 정보, 부적합한 증거, 대표성을 결여한 사례등을 근거로 이를 일반화하는 오류 • 달에는 동식물이 존재하지 않는다. 금성도 같은 경우다. 목성도 같은 경우다. 그러므로 지구 이외에 동식물이 존재하는 별은 없다.

5) 주장에 대한 근거의 적절성 판단 예제

① 피부건강관리과의 김예림 학생은 참 괜찮은 대학생이다. 왜냐하면, 그 학생은 공부도 잘하고 장학생인데다가, 아버지가 의사이기 때문이다.

ㄱ. 김예림 학생이 괜찮은 학생인 이유는 무엇인가?

ㄴ. 학생에 대한 판단 근거가 올바르다고 생각합니까?

② 주장의 문장과 근거의 문장을 찾아 봅시다.

ㄱ. 문화재를 해외에 수출할 수 있기 때문이다. 우리의 문화재는 전세계인에게 가치 있는 소중한 유산이다.

ㄴ. 문화재는 우리 민족의 역사이기 때문이다. 문화재를 통해서 우리 민족이 살아온 모습을 볼 수 있다.

ㄷ. 우리는 민족의 자랑거리인 문화재를 보호해야 한다.

ㄹ. 문화재는 우리만의 것이 아니라 후손에게 물려줘야 할 것이기 때문이다. 문화재는 조상들에게 받은 것이지만 후손들 역시 조상들의 유산을 볼 권리가 있다.

ㅁ. 많은 관광객을 유치할 수 있기 때문이다. 문화재는 관광자원으로 외국인 관광객 유치 등 많은 경제적인 도움을 준다.

5. 정보의 신뢰성(타당성) 판단

1) 정보가 타당성과 신뢰성 확보 기준

① 정보의 출처가 믿을 만한 것 : 어떤 문제에 대한 정보를 구하거나 혹은 특정 정보의 타당성을 올바르게 비판하기 위해서는 정보원의 다양성과 각각의 특성에 대한 정확한 인식 필요

② 정보원의 신뢰성에 대한 기존의 고정관념에서 탈피 필요

③ 정보원의 신뢰성은 문제의 성격에 따라 달라진다는 것에 대한 이해

2) 정보신뢰의 판단기준

전문성	해당 분야의 전문가의 의견
이해관계	이해관계가 개입된 경우는 사실에 대한 왜곡 발생 가능성 존재
동일 정보원의 수	동일 정보원의 수가 많을수록 정확한 정보 획득 가능

3) 예

다음 진술 중 어떤 진술이 더 신뢰성 있다고 보는가? 그리고 신뢰할 수 있는 이유는 무엇인가?

① 2013년 이후로 케이블 방송과 종합편성채널이 생긴 이후 꾸준히 시청률이 상승하고 있다는 의견이다.

② 2013년 통계자료에 따르면 2012년 대비, 시청률 부분에서 공중파 10%이 감소, 종합편성채널이 10% 상승, 케이블 채널이 10% 상승했다고 한다.

③ 한 여론 연구소의 조사에 따르면 정부의 FTA 체결에 대한 찬성 또는 반대 여론보다는 잘 모르겠다는 의견이 더 우세한 것으로 나타났다.

④ 정부의 FTA 체결 찬성 위원회의 조사결과에 의하면 FTA 체결에 대한 찬성 여론이 우세하다는 보고가 있었다.

6. 의도(가정) 파악

1) 정보의 가정이나 결론의 생략 이유

① 맥락상 충분히 추론이 가능하다고 보았기 때문

② 특정 목적의 달성을 위해

2) 텍스트나 정보의 진술 혹은 주장에 대해 올바른 평가를 내리기 위해서는 정보의 숨겨진 의미와 가정을 예리하게 포착할 수 있는 능력 필요

3) 의도(가정) 파악의 예

(아주 가난한 집의 형과 동생의 대화)
동생: 형! 이 겨울에 에어컨을 왜 샀어!
형: 아~ 겨울에 싸서 샀어.

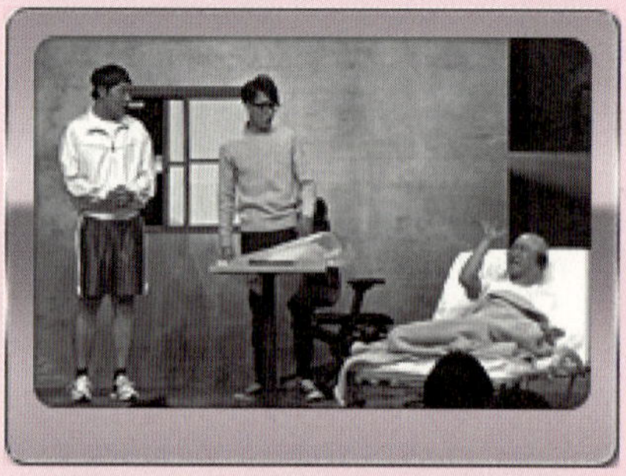

〈출처: 'TvN 코미디 빅리그 용명 왈'〉

〈펩시콜라 광고〉

기말고사에 지각한 학생을 보고 교수님께서 이렇게 말씀하셨다. "넌 평소에도 지각하더니, 기말시험에도 지각하니? 넌 집에 시계도 없니?"

교수님이 말씀하신 의도는 무엇인가?

7. 이미지 텍스트 핵심파악

(1) 사실분석

1) 사실분석 도구

구분	내용
시간과 순서(언제)	진행 방향을 포함하는 시간이나 순서
공간(어디)	특정한 위치나 공간의 변화, 범위
대상의 항목(누가)	특정한 대상의 구성요소나 기능 및 역할, 특징
대상의 행동(어떻게)	대상(인물, 사물)의 말이나 움직임
사건(무엇)	일어난 일
목적(왜)	이유나 까닭

2) 시간과 순서 요소

- '언제' 에 해당, 대상의 행동이나 사건 등이 일어난 때

3) 공간 요소

① 육하원칙의 '어디서' 에 해당(장소 혹은 범위)
② 공간은 위치와 방향을 포함하는 개념

4) 대상의 항목 요소

① 육하원칙의 '누가' 에 해당
② 일어난 일이나 행동의 주체

5) 대상의 행동 요소

① 육하원칙에서 '어떻게' 에 해당
② 대상의 움직임이나 말
③ 대상은 인물 또는 사물

6) 사건 요소

① 육하원칙의 '무엇을' 에 해당
② 사건은 일어난 일로 문제가 되거나 관심이 되는 일
③ 사건은 일어난 일이기에 시간과 순서가 포함되어 있으며 때로는 공간과도 관련

7) 목적 요소

① 육하원칙의 '왜'에 해당
② 목적은 이유나 까닭을 말하며 주체의 의지가 포함

(2) 의견제시

1) 주장요소

① 의견 쓰기에서 주장은 의견의 핵심이 내용에 해당
② 텍스트가 표현하고자 하는 중심 내용을 정리하여 진술

2) 근거요소

의견 쓰기에서 근거는 주장, 즉 이미지텍스트의 핵심내용에 대한 근거를 사실분석의 내용을 토대로 작성

3) 의견제시의 예

① (주장) 이 광고는 ~제품의 ~을 강조하고 있는 광고이다.
확실히 이 광고는 ~을 강조하고 있는 것처럼 보인다.
그러나 이 광고는 ~의 특징을 표현하고 있다고 할 수 있다.
② (근거) 그 이유로, 첫째 ~ 이다. 둘째~ 이다. 셋째, ~이다.
따라서 이 광고는 ~의 우수성을 홍보하고 있다.

[예제 1]

정보분석

명시적 정보	암시적 정보
• 식당명 : 조셉 레스토랑 • 메뉴 : 랍스터, 데리야끼, 버거 등 • 주메뉴 : 스테이크, 해물 • 전화번호 : 867-5309 • 위치 : 뉴욕 그린포트 • 대상 : 가족 • 기타 : 어르신 10% 할인, 화요일 파스타 제공 등	• 분위기 : 단란함 또는 즐거움 • 복장 : 평상복 • 주위환경 : 화려함, 시끄러움 • 전략 : 화요일 매출 올리기, 노년층 매출 올리기, 아이들을 위한 메뉴 제공

[예제 2]

<table>
<tr><th>광고제목</th><th>향이 좋은 섬유유연제(샤프란)</th></tr>
<tr><td>구분</td><td>활동</td></tr>
<tr><td>사실 분석</td><td>① 육하원칙
<table>
<tr><td>시간과 순서</td><td>파악이 어려움</td></tr>
<tr><td>공간</td><td>레슬링 경기장</td></tr>
<tr><td>대상의 항목</td><td>레슬링 선수 2명(파란색 유니폼과 빨간색 유니폼을 착용한 선수)</td></tr>
<tr><td>대상의 행동</td><td>파란색 유니폼을 입은 선수가 미소를 지으며 다른 선수의 상의를 팔로 감싸 안고 있다.</td></tr>
<tr><td>사건</td><td>레슬링 경기</td></tr>
<tr><td>목적</td><td>경기의 승리</td></tr>
</table></td></tr>
<tr><td>의견 제시</td><td>② 주장과 근거
<table>
<tr><th>구분</th><th>내용</th></tr>
<tr><td>주장</td><td>위의 광고는 섬유유연제 광고이며, 제품의 향이 상당히 좋다는 것과 오래토록 지속된다는 것을 강조하고 있다.</td></tr>
<tr><td>근거</td><td>위의 광고가 향이 좋은 섬유 유연제 광고인 이유는 다음과 같다.
첫 번째, 파란색 유니폼을 입은 선수가 편안한 미소를 짓고 있다. 레슬링 경기는 상대의 육체를 제압하는 힘든 경기이다. 그럼에도 불구하고 파란색 유니폼을 입은 선수가 미소를 짓고 있는 것은 유니폼에서 좋은 향이 나고 있기 때문이다.
또한 격한 운동인 레슬링은 땀이 많이 나는 경기이다. 경기가 진행되면 땀으로 인한 불쾌한 냄새 때문에 얼굴을 찌푸릴 수 있다. 그러나 오히려 좋은 향으로 웃고 있다는 것은 섬유 유연제 향이 오래 간다는 것을 말해준다.
따라서 이 광고는 향이 좋고 지속성이 뛰어난 섬유유연제 광고이다.</td></tr>
</table></td></tr>
</table>

Step 2 개별학습(personal learning)

1. 다음 광고를 보고 명시적 정보와 암시적 정보를 파악하여 봅시다. 광고주가 전달하고자 하는 사실정보와 사실정보 이면에 가려진 광고주의 의도와 목적뿐만 아니라 드러나지 않은 정보를 파악하여 봅시다.

명·암시적 정보 분석 1

정보분석

명시적 정보	암시적 정보

2. 다음 사진을 보고 명시적 정보와 암시적 정보를 파악하여 봅시다. 다음은 퓰리처상(Pulitzer Prize)을 수상한 사진입니다. 사진이 보여주고 있는 사실적 정보를 파악한 후에 사실정보를 바탕으로 암시적 정보를 추론하여 봅시다.

명·암시적 정보 분석 2

정보분석

명시적 정보	암시적 정보

3. 다음 광고를 보고 명시적 정보와 암시적 정보를 파악하여 봅시다.

명·암시적 정보 분석 3

정보분석

명시적 정보	암시적 정보

4. 다음은 상품 광고입니다. 광고는 어떤 상품을 광고하며 상품의 무엇을 강조하는지 알아봅시다.

이미지 텍스트 핵심 파악 1

<table>
<tr><th>광고제목</th><th colspan="3"></th></tr>
<tr><td>구분</td><td colspan="3">활동</td></tr>
<tr><td rowspan="7">사실 분석</td><td colspan="3">① 육하원칙</td></tr>
<tr><td>시간과 순서</td><td colspan="2"></td></tr>
<tr><td>공간</td><td colspan="2"></td></tr>
<tr><td>대상의 항목</td><td colspan="2"></td></tr>
<tr><td>대상의 행동</td><td colspan="2"></td></tr>
<tr><td>사건</td><td colspan="2"></td></tr>
<tr><td>목적</td><td colspan="2"></td></tr>
<tr><td rowspan="4">의견 제시</td><td colspan="3">② 주장과 근거</td></tr>
<tr><td>구분</td><td colspan="2">내용</td></tr>
<tr><td>주장</td><td colspan="2"></td></tr>
<tr><td>근거</td><td colspan="2"></td></tr>
</table>

5. 다음 사진은 퓰리처상(Pulitzer Prize)을 수상한 사진입니다. 사진이 전달하고자 하는 의도를 사실분석과 의견제시를 통하여 정리하여 봅시다.

이미지 텍스트 핵심 파악 2

광고제목		
구분	활동	
사실 분석	① 육하원칙	
	시간과 순서	
	공간	
	대상의 항목	
	대상의 행동	
	사건	
	목적	
의견 제시	② 주장과 근거	
	구분	내용
	주장	
	근거	

6. 다음은 광고입니다. 광고는 어떤 상품을 광고하며 상품의 무엇을 강조하는지 알아봅시다.

이미지텍스트 핵심파악 3

광고제목		
구분	활동	
사실 분석	① 육하원칙	
	시간과 순서	
	공간	
	대상의 항목	
	대상의 행동	
	사건	
	목적	
의견 제시	② 주장과 근거	
	구분	내용
	주장	
	근거	

7. 다음은 2015년 6월 35일 서울신문(장형우 기자)의 기사입니다. 기사를 읽고 물음에 답해 봅시다.

기사제목: 6월 모의평가 채점 분석해보니… 올해도 '물수능 주의보'

2015학년도 수능 vs 6월 모의평가 영역별 만점자 비율 (단위: %)

영역	2015학년도 수능	6월 모의평가	난이도
국어A	1.37	1.91	↓
국어B	0.09	4.15	↓
수학A	2.54	1.55	↑
수학B	4.30	0.98	↑
영어	3.37	4.83	↓

〈자료: 한국교육과정평가원〉

또 '물수능 주의보'가 내려졌다. 지난 4일 치러진 한국교육과정평가원 주관 대학수학능력시험 6월 모의평가 채점 결과 영어와 국어 B형에서 단 한 문제만 틀려도 1등급(상위 4%)에서 밀려나는 것으로 나타났다. 평가원 모의평가가 수능의 방향을 가리키는 가늠자 역할을 해 왔다는 점에서 올해 수능도 지난해처럼 쉽게 출제될 가능성이 높아진 것이다.

평가원이 24일 공개한 6월 모평 채점 결과를 보면 올해 수능 역시 어렵게 내지 않겠다는 방침을 읽을 수 있다. 특히 영어에서는 표준점수 최고점인 128점을 받은 만점자가 2만 7213명으로 전체 응시인원의 4.83%에 달했다. 100명 중 5명꼴이다. 이는 수능 사상 최고치였던 2015학년도의 3.37%보다도 크게 높은 것으로, 실수로 한 문제만 틀려도 2등급으로 내려간다는 얘기가 된다. 전문가들은 "학교 현장에서 EBS 교재의 한글 해석본을 암기하는 문제를 바로잡기 위해 연계 방식을 바꿔 출제했지만 수험생들의 체감 난도는 높지 않았기 때문"이라고 분석했다. 2018학년도 수능부터 바뀌는 영어 절대평가를 앞두고 수험생들의 부담을 줄이겠다는 의도도 반영됐다.

문과 수험생들이 주로 치르는 국어 B형의 만점자도 1만 2537명으로 응시자의 4.15%나 됐다. 만점자가 280명(0.09%)에 그쳤던 2015학년도 수능의 국어 B형이 어려웠다는 지적에 평가원이 쉽게 출제한 결과로 보인다.

반면 수학은 만점자가 A형 1.55%, B형 0.98%로 2015학년도 수능보다 어렵게 출제됐다. 지난해에는 각각 A형 2.54%, B형 4.30%였다.

그렇다고 올해 수능이 마냥 쉬울 것으로 예단하기는 이르다. 그동안 실제 수능의 영역별 난이도는 6월 및 9월 모의평가와 달랐던 적이 많다. 지난해 국어의 경우 6월과 9월 모의평가는 평이했지만, 실제 수능에서는 난도가 높아지기도 했다.

교육부는 만점자가 많이 나오더라도 대입 전형에서 수시 비중이 높고, 수능보다 학생부와 논술·구술 등 반영 비율이 높기 때문에 학생들의 실력을 평가하는 데 큰 문제가 없다는 입장이다.

하지만 이번 모의평가처럼 수능이 출제되면 상위권 수험생을 중심으로 '물수능' 논란을 피할 수 없을 것으로 보인다. 임성호 종로학원하늘교육 대표는 "이번 모의평가처럼 수능이 출제되면 상위권 수험생 간의 변별력이 사실상 없을 것"이라면서 "우수 학생들 상당수가 논술 및 대학별고사에 집중하고, 최상위권에서는 1~2문제 실수에 대한 불안심리가 커질 것"이라고 지적했다.

가. 그림의 내용을 설명한 기사내용을 찾아 밑줄을 그어봅시다.

나. 올해에도 물수능이 될 것이라는 근거는 무엇인가요?

8. 다음은 2015년 6월 25일 문화일보(김대종 기자와 송재우 기자)의 기사 내용이다. 기사를 읽고 물음에 답하여 보자.

기사제목 : 음원스트리밍 시장 전쟁… 애플 화끈한 '무료' 공세

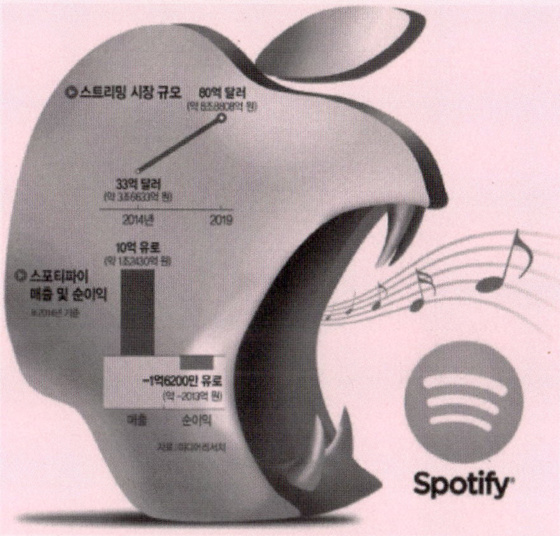

애플의 진출로 가장 타격을 받을 기업은 시장의 선두주자 '스포티파이' 다. 스웨덴 출신의 기업인 다니엘 에크가 지난 2008년 설립한 스포티파이는 스트리밍 방식을 세계적인 추세로 정착시키며 창업 7년 만에 음악 시장의 강자로 떠올랐다. 현재 유료 가입자 2000만 명, 무료 사용자는 5500만 명에 이르며 이달 초 5000만 달러(약 555억 원)의 자금을 조달해 기업 가치도 85억 달러(약 9조4358억 원)가 됐다.

그러나 이번 스위프트와의 분쟁에서 보듯 2000억 달러(약 221조 원)에 이르는 막대한 현금을 무기로 저작권료를 후하게 지불하는 등 공격적인 마케팅을 벌이는 애플의 등장으로 스포티파이의 입지는 흔들리게 됐다. 애플은 이달 초 음원 수익 배분과 관련해 저작권자에게 73%를 지불하겠다고 밝혔는데 이는 70%를 저작권자에게 지불하는 스포티파이보다 높은 수준이다. 스포티파이는 70%의 저작권료 지불비율 탓에 지난해 10억 유로(약 1조2430억 원)의 매출을 올렸으나 결국 1억 6200만 유로(약 2013억 원)의 순손실을 기록했다.

가. 위의 그림을 보고 '스티리밍 시장 규모'에 대해서 기사내용을 직접 작성하여 보자.
('미디어리서치는~ 예측했다' 라는 주어와 동사를 사용하여 작성)

나. 2014년 '스포티파이'의 매출이 손실을 기록한 이유를 적어 봅시다.

9. 다음은 2015년 6월 24일 중앙일보(정강현. 유성운. 채윤경. 손국희. 조혜경 기자)의 기사내용이다. 물음에 답하여 보자.

최근 한 음료수 제품 TV 광고 '대화 회복' 편에 등장하는 일명 '투명 아빠' 의 모습이다. 한국 가족에서 아빠에 대한 애착 정도가 엄마에 비해 현저히 떨어지는 세태를 반영하고 있다.

본지와 빅데이터 분석업체 다음소프트가 지난 7년6개월간(2008년 1월 1일 ~2015년 6월 9일) 빅데이터 70억 건을 분석한 결과에서도 이런 세태가 확인된다. '사랑' 과 관련된 감성연관어 중 상당수가 가족에 집중돼 있었다. 또한 흔히 가족 간 '내리사랑' 이 더 크다는 통념과 달리 한국인은 온라인상에서 자식보다는 부모에 대한 사랑을 자주 표현하는 것으로 나타났다.

'아빠' 에 대한 언급은 11만4738건(3위)으로 엄마의 절반 수준이었다. 이는 한국 사회에서 자식들이 (　　)에 대해 가지는 (　　)이 (　　)보다 현저히 (　　)는 방증이기도 하다. 숙명여대 이명화(사회심리학) 교수는 "아직까지 우리 사회에서는 아빠가 주로 가족 내 경제권·의사결정권 등 권력을 행사하고, 엄마는 자식을 돌보는 등 감정적 교류 역할을 맡고 있기 때문"이라고 말했다. 이 교수는 "최근 '아빠를 부탁해', '슈퍼맨이 돌아왔다' 같이 아버지가 가족에 헌신하는 프로그램이 인기를 얻고 있는 것도 가족 커뮤니티에서 아빠에 대한 (　　)가 낮다는 인식에 기인한 것"이라고 분석했다.

가. 위의 기사 내용 중 괄호의 내용은 빅데이터의 내용에 근거하여 추론한 내용이다. 어떤 내용을 넣으면 적당한지 생각하여 보자.

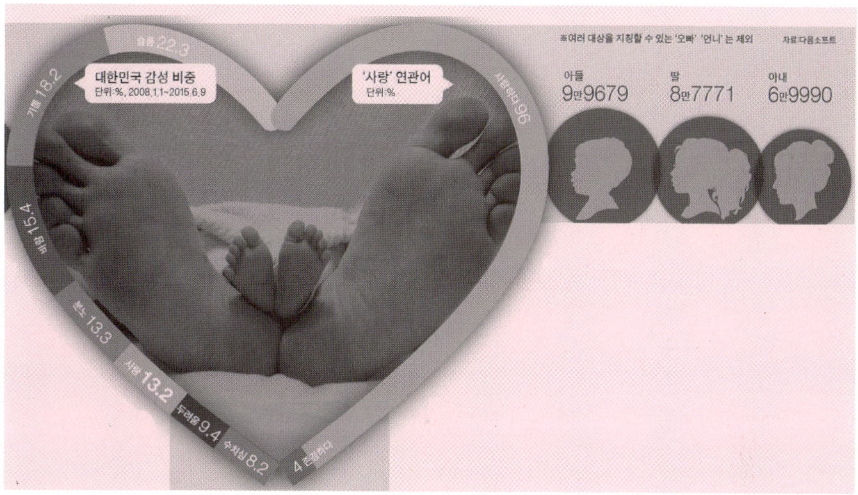

부부간 사랑 표현은 '일방통행'이었다. 사랑과 관련해 '아내'를 언급한 건수는 6만9990건으로 가족 구성원 중 6위를 차지했지만, '남편'은 순위권 안에 없었다. 여성들이 결혼 후 가족에 대한 애정을 대부분 (　　　　　　　　　　　　　　　　　　) 이 반영된 것으로 보인다. 하지만 표현을 하지 않는다고 사랑하지 않는 건 아니었다. 본지가 성인 남녀 267명을 대상으로 실시한 설문조사에서 '부부 혹은 연인(　　) 사이에서 기대하는 사랑의 유효 기간'을 묻는 질문에 응답자 중 41.5%가 '평생'이라고 답했다.

나. 위의 기사를 보면 사랑과 관련하여 아내에 대한 언급은 6위를 차지했지만 남편은 순위권에도 없었다. 왜 그런지 추론하여 보자.

다. 아래의 그림을 보고 ①처럼 글로 변환하여 보자.

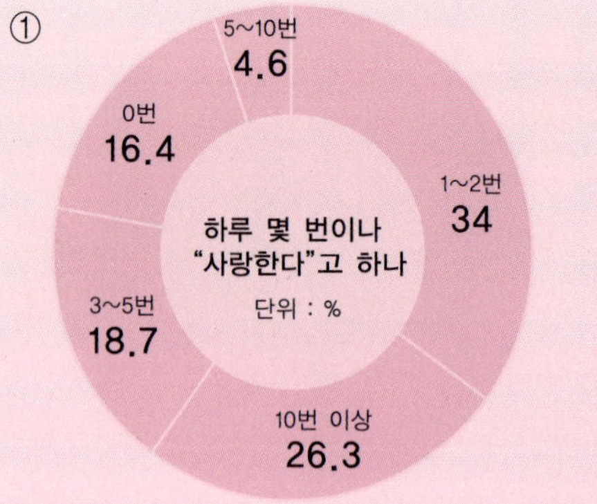

한국인들은 서로에게 실제로 얼마나 "사랑한다"는 표현을 할까. 본지가 성인 남녀 267명을 대상으로 한 설문조사 결과 '하루에 1~2번' 이라는 응답이 34%로 가장 높았다. '한 번도 안 한다' (16.4%)의 두 배 수준이다. 사랑한다는 말을 어색하고 불편하게 여기던 과거에 비해 사랑 표현이 자연스러워졌다는 얘기다.

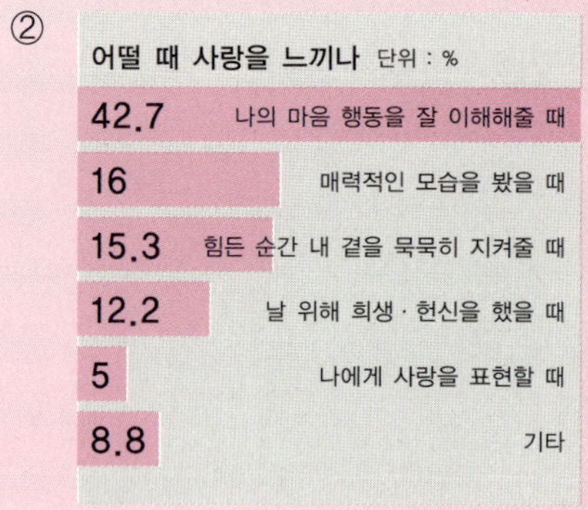

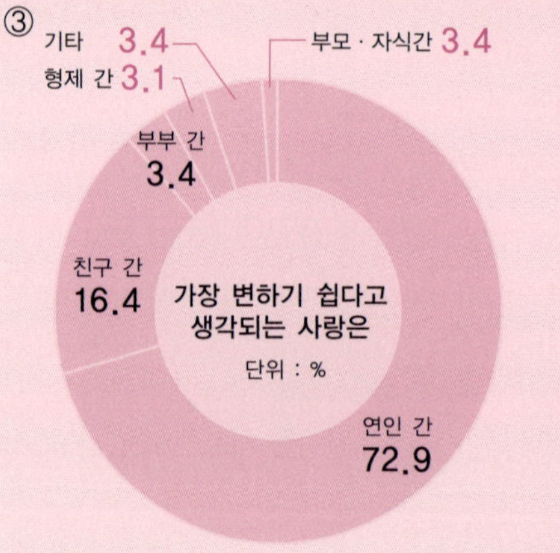

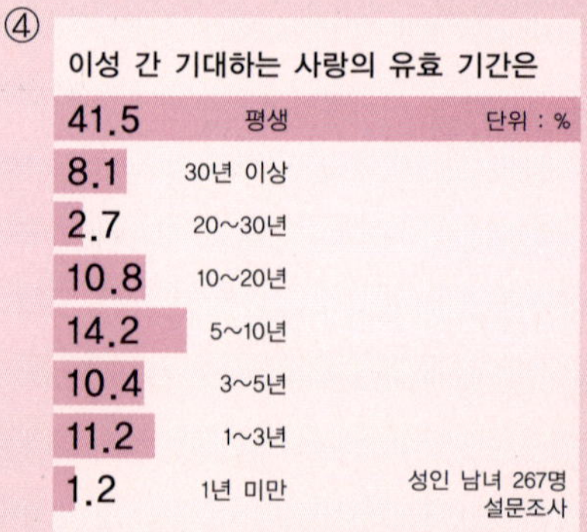

10. 다음 [표]는 범죄의 소질(素質)이 유전되는지를 살펴보기 위하여 허칭스(Hutchings)와 메드닉(Mednick)이 마크의 코펜하겐에서 다른 가정에 입적된 4,068명의 양자(養子)를 대상으로 생부(生父), 양부(養父), 그리고 양자(養子) 본인이 범죄를 저지른 적이 있는가를 기록한 범죄 기록부를 조사한 결과이다. 이 자료에 대한 진술 중 옳은 것을 〈보기〉에서 모두 고른 것은?

[표] 생부와 양부의 범죄기록에 따른 양자의 범죄기록

구분	범죄기록	양자수 (A)	양자 중에서 범죄기록자의 수(B)	B/A(%)
생부	범죄기록 없음	2,499	336	13.5
양부	범죄기록 없음			
생부	범죄기록 없음	200	30	15.0
양부	범죄기록 있음			
생부	범죄기록 있음	1,226	245	20.0
양부	범죄기록 없음			
생부	범죄기록 있음	143	35	24.5
양부	범죄기록 있음			

보기

가. 양자가 범죄를 저지르는 데에는 생부의 범죄기록 유무가 양부의 범죄기록 유무보다 더 큰 영향을 미친다.

나. 생부의 범죄기록 유무가 동일하다고 가정할 때, 양부가 범죄를 저질렀으면 그렇지 않은 경우에 비하여 양자들이 범죄를 저지르는 경향이 더 강하다.

다. 양부의 범죄기록 유무가 동일하다고 가정할 때, 생부가 범죄를 저질렀으면 그렇지 않은 경우에 비하여 양자들이 범죄를 저지르는 경향이 항상 강한 것은 아니다.

라. 양자가 범죄를 저지르는 데에는 생부의 범죄기록과 양부의 범죄기록 모두 영향을 미친다.

① 가, 나 ② 가, 라 ③ 나, 다 ④ 가, 나, 라 ⑤ 나, 다, 라

11. 다음 글은 세계의 분쟁 지역에 대한 각종 자료를 토대로 작성된 연구보고서의 일부이다. 이 글의 내용을 서술하는 데 직접 이용된 자료만으로 묶은 것은?

1900~1999년 사이에 발생한 분쟁의 원인은 영토, 종교, 이념, 민족, 분리, 정쟁, 탈냉전, 식민유산 등 다양하나 대체로 두 가지 이상의 복합적인 요인들이 작용하였다. 사하라 사막 이남의 흑아프리카에서는 전쟁이나 민족을 이유로 발생한 분쟁이 가장 많았다.

시기적으로 1990년대에는 종교, 민족, 영토와 관련된 분쟁이 빈발하였다. 분쟁 유형은 분쟁이 한 국가에서 발생하느냐 또는 한 국가 이상이 관계되느냐에 따라 내분형, 혼합형, 국제형으로 구분할 수 있다. 그러나 혼합형은 대부분 내분형에서 비롯되어 외세가 개입한 경우이므로 사실상 내분형이 전 세계 분쟁의 75%에 달하였다.

ㄱ. 지역별총국가수 및 분쟁당사국수(1900년~1999년)

구분	아시아	중동	북아프리카	흑아프리카	독립국가연합	유럽	미주	계
분쟁당사국수(A)	16	11	5	27	8	13	9	89
총국가수(B)	38	15	7	46	12	40	35	193

※총국가수는 1999년을 기준으로 한 것임.

ㄴ. 지역별 분쟁유형(1900년~1999년)

구분	아시아	중동	북아프리카	흑아프리카	독립국가연합	유럽	미주	계
분쟁총수	18	12	5	28	8	14	9	94
국제형	7	6	1	2	1	4	2	23
혼합형	3	6	1	9	4	9	2	34
내분형	8	0	3	17	3	1	5	37

ㄷ. 지역별 분쟁원인(1900년~1999년)

구분	아시아	중동	북아프리카	흑아프리카	독립국가연합	유럽	미주	계
분쟁총수	18	12	5	28	8	14	9	94
영토	6	5	1	2	3	4	2	23
종교	8	6	3	4	4	3	0	28
이념	6	4	3	3	1	0	6	23
민족	5	8	1	21	6	11	1	53
분리	8	3	2	6	3	5	0	27
정쟁	3	5	4	21	1	2	7	43
탈냉정	0	1	0	0	8	9	0	18
식민유산	11	3	3	19	0	4	1	41

ㄹ. 지역별 분쟁발생시점(1900년~1999년)

구분	아시아	중동	북아프리카	흑아프리카	독립국가연합	유럽	미주	계
분쟁총수	18	12	5	28	8	14	9	94
1900~1944	2	4	1	1	2	2	3	15
1945~1964	8	5	2	16	0	3	2	36
1965~1989	8	2	2	10	1	1	2	26
1990~1999	0	1	0	1	5	8	2	17

① ㄱ, ㄴ ② ㄴ, ㄷ ③ ㄷ, ㄹ ④ ㄱ, ㄴ, ㄷ ⑤ ㄱ, ㄷ, ㄹ

12. 다음 [표]는 3~6학년 초등학생 512명을 대상으로 실시한 설문조사 결과이다. 〈보기〉의 해석 중 [표]와 부합하는 것을 모두 고르면?

[표 1] 학년별 고민 해결방법 (단위 : 명, %)

해결방법 / 학년	부모님과의 대화	친구와의 대화	선생님과 상담	스스로 해결	기타	합
3학년	79(65.8)	21(17.5)	3(2.5)	12(10.0)	5(4.2)	120(100.0)
4학년	64(50.4)	39(30.7)	1(0.8)	22(17.3)	1(0.8)	127(100.0)
5학년	63(48.8)	42(32.6)	2(1.6)	16(12.4)	6(4.6)	129(100.0)
6학년	38(27.9)	55(40.4)	2(1.5)	30(22.1)	11(8.1)	136(100.0)
계	244(47.7)	157(30.7)	8(1.5)	80(15.6)	23(4.5)	512(100.0)

[표 2] 학년별 따돌리는 이유 (단위 : 명, %)

이유 / 학년	못생기고 말을 잘 못함	공부 못하고 힘도 없고 약함	이기적이고 잘난 척함	기타	합
3학년	42(37.5)	38(33.9)	28(25.0)	4(3.6)	112(100.0)
4학년	33(28.9)	27(23.7)	40(35.1)	14(12.3)	114(100.0)
5학년	33(28.2)	32(27.4)	48(41.0)	4(3.4)	117(100.0)
6학년	28(24.1)	32(27.6)	54(46.6)	2(1.7)	116(100.0)
계	136(29.6)	129(28.1)	170(37.0)	24(5.2)	459(100.0)

※ 설문문항에 대한 무응답자 53명은 분석에서 제외함.

[표 3] 지역별, 성별, 학년별 멋있는 친구의 판단기준 (단위: 명, %)

구분 \ 판단 기준		춤 잘 추고 잘 노는 친구	싸움 잘하는 친구	공부 잘하는 친구	리더십이 있는 친구	다른 사람을 잘 이해해 주는 친구	기타	합
지역	시내	17(6.2)	46(16.8)	36(13.1)	57(20.8)	108(39.4)	10(3.7)	274(100.0)
	시외	19(8.0)	15(6.3)	31(13.0)	53(22.3)	111(46.6)	9(3.8)	238(100.0)
성별	남자	14(5.1)	48(17.6)	33(12.1)	59(21.7)	107(39.3)	11(4.0)	272(100.0)
	여자	22(9.2)	13(5.4)	34(14.2)	51(21.3)	112(46.7)	8(3.3)	240(100.0)
학년	3학년	12(10.0)	5(4.2)	33(27.5)	12(10.0)	54(45.0)	4(3.3)	120(100.0)
	4학년	6(4.7)	8(6.3)	13(10.2)	26(20.5)	72(56.7)	2(1.6)	127(100.0)
	5학년	7(5.4)	27(20.9)	14(10.9)	32(24.8)	45(34.9)	4(3.1)	129(100.0)
	6학년	11(8.1)	21(15.4)	7(5.1)	40(29.4)	48(35.3)	9(6.6)	136(100.0)
계		36(7.0)	61(11.9)	67(13.1)	110(21.5)	219(42.8)	19(3.7)	512(100.0)

보기

3~6학년 초등학생에 대한 설문조사 결과 (ㄱ) 학년이 높을수록 고민이 생겼을 때 부모님과 대화하는 비율은 낮았고, 친구와 대화하는 비율은 높았다. 그리고 선생님과 고민을 상담하는 비율은 기타를 제외하고 3~6학년에 걸쳐서 가장 낮았다. 초등학생들이 다른 학생들을 따돌리는 이유는 학년별 차이를 보였다. (ㄴ) 응답자 학년이 낮을수록 못생기고 말을 잘 못한다는 이유로 다른 학생을 따돌리는 비율이 높았다. 반면 응답자 학년이 높을수록 다른 학생의 이기적이고 잘난 척하는 행동을 이유로 따돌리는 비율이 높았다. 멋있는 친구의 판단기준을 조사한 결과 (ㄷ) 남녀 학생 모두 다른 사람을 잘 이해해 주는 친구가 멋있는 친구라고 응답한 학생 수가 가장 많았고, 춤 잘 추고 잘 노는 친구가 멋있는 친구라고 응답한 학생 수가 기타를 제외하고 가장 적었다. (ㄹ) 그리고 멋있는 친구의 판단기준에서 시내 지역의 학생들과 시외 지역의 학생들 간에 가장 큰 비율의 차이를 보인 것은 다른 사람을 잘 이해해 주는 친구였다. (ㅁ) 또한 응답자 학년이 높을수록 리더십이 있는 친구가 멋있는 친구라고 응답한 학생 수가 많았다.

① (ㄱ), (ㄴ), (ㄷ)　② (ㄱ), (ㄴ), (ㅁ)　③ (ㄱ), (ㄷ), (ㅁ)　④ (ㄴ), (ㄷ), (ㄹ)　⑤ (ㄷ), (ㄹ), (ㅁ)

13. 다음 [표]는 2012년 국내개봉 영화의 등급별 시장점유율 및 개봉편수, 연도별 극장 및 스크린 현황에 관한자료이다. 이에 대한 〈보기〉의 설명 중 옳은 것을 모두 고르면?

[표 1] 2012년 국내개봉 영화의 등급별 시장점유율 및 개봉편수(단위 : %, 편)

등급	한국영화		외국영화	
	시장점유율	개봉편수	시장점유율	개봉편수
A	7.6	8	27.0	35
B	25.1	24	27.7	47
C	47.8	33	38.3	95
D	18.5	15	4.1	40
E	1.0	2	2.9	8
계	100	82	100	225

[표 2] 연도별 극장 및 스크린 현황(단위 : 개)

연도	극장수	스크린수
2003	280	1,132
2004	302	1,451
2005	301	1,648
2006	321	1,880
2007	314	1,975
2008	309	2,004
2009	305	2,055
2010	301	2,003
2011	292	1,974
2012	314	2,081

보기

ㄱ. 2004~2006년 동안 극장 1개당 스크린수는 매년 증가하였다.

ㄴ. 2012년 전년대비 극장수 증가율은 스크린수 증가율보다 크다.

ㄷ. 2012년 한국영화의 시장점유율 등급별 순위와 외국영화의 시장점유율 등급별 순위는 동일하다.

ㄹ. 2012년 외국영화 개봉편 수가 한국영화 개봉편 수의 3배 이상인 등급은 3개이다.

① ㄱ, ㄴ ② ㄴ, ㄷ ③ ㄴ, ㄹ ④ ㄱ, ㄴ, ㄷ ⑤ ㄱ, ㄷ, ㄹ

Part 3.

Drama

14 Chapter

Story의 이해

Step 1 이론학습 및 모델링

학습목표

스토리(글 및 영상)의 구조를 파악하여 핵심을 정리할 수 있다.

1. 스토리(이야기)의 이해

1) 스토리의 영역 : 소설, 동화 같은 인위적인 이야기뿐만 아니라 개인적 경험을 표현하거나 청자에게 전달하는 일상의 대화까지 모두 포함

2) 스토리의 구분 : 스토리를 서사라고 할 때 허구적인 서사와 비허구적인 서사로 나눔.

미래인재의 핵심요소, 'STORY'

새로운 미래가 온다(A Whole new mind)

저자 : 다니엘 핑크, 역자 : 김명철, 요약 : 남영택

지금까지의 시대는 지식근로자가 주름잡은 시대이다. 지식정보화시대에 상대적 우위를 점한 직업군이 많은 보수와 관심을 받으면서 성장과 발전을 이끌어 왔다. 좌뇌가 승리를 거의 독점하던 시대라고 할 수 있었다.

그러나 분석과 합리적 사고를 통하여 저가의 질 좋은 상품을 대량으로 생산하는 것이 발전이라고 부르짖던 지식근로자의 종말이 다가오고 있다. 그것은 그들이 결과적으로 만들어 놓은 '풍요'와 '아시아', 그리고 '아웃소싱' 때문이다.

수백만 명의 사람들에게 제공된 필요 이상의 물질적 혜택은 과다만족이라는 '풍요'를 가지고 왔다. 그 결과 아름다움과 인간의 감정에 대한 중요성이 높아졌고 정신적 의미를 찾도록 하였다. '아시아'는 많은 양의 일상적인 업무, 화이트칼라 업무, 좌뇌 업무를 좀 더 저렴한 가격으로 빼앗아 감으로써 새로운 업무처리 능력을 개발하도록 하였다. '아웃소싱'은 지식근로자의 여러 영역에 걸쳐서 컴퓨터를 통한 자동화가 이루어짐에 따라 컴퓨터가 대신 할 수 없는 능력을 찾도록 만들었다.

지식을 대신하여 지식근로자가 추구해야 할, 아니 맞이해야 할 시대는 무엇인가? 그것은 '하이컨셉', '하이터치' 시대이다. 다른 말로는 '개념'과 '감성'의 시대이다.

'하이컨셉'은 예술적이고 감성적 아름다움을 창조하는 능력을 말한다. 패턴과 기회를 감지하고, 예술적 미와 감정의 아름다움을 창조해 내며, 훌륭한 이야기를 창출해 내고, 언뜻 관계가 없어 보이는 아이디어를 결합해 무언가 새로운 것을 창조해 내는 능력과 관계가 있다.

'하이터치'는 공감을 이끌어내는 능력이다. 다른 사람과 공감하고, 미묘한 인간관계를 잘 다루며, 한 사람의 개성에서 다른 사람을 즐겁게 해주는 요소를 도출해 내는 능력, 목적과 의미를 발견해 이를 추구하는 능력과 관련이 깊다고 할 수 있다.

이러한 '하이컨셉', '하이터치' 시대에 걸맞은 미래인재가 필요하다. 미래인재의 6가지 조건, 재능을 아래와 같이 설명할 수 있다.

1. 기능만으로는 안 된다. '디자인'으로 승부하라. 디자인은 의미를 찾는 작업이다. 이는 사람들에게 영감을 주입하고 그리고 해결방안을 도출해내는 에너지를 갖고 있다.
2. 단순한 주장만으로는 안 된다. '스토리'를 겸비해야 한다. 스토리는 사람을 감성을 자극하는 감정적인 펀치이다. 스토리를 통하여 문맥, 감정, 정보, 지식을 얻을 수 있다.
3. 집중만으로는 안 된다. '조화'를 이루어야 한다. 조화는 패턴 인식의 큰 그림이다. 숨겨진 연관성을 발견할 수 있다. 다양한 분야의 조화는 다른 입장을 조명하고 이해하며 협력하는 데 큰 도움이 된다.
4. 논리만으로는 안 된다. '공감'이 필요하다. 공감은 자기 인식과 유대감, 공동작업, 사회윤리를 따를 때 필요한 능력이다.

5. 진지한 것만으로는 안 된다. '놀이' 도 필요하다. 일은 즐거워야 한다. 놀이처럼 즐겁고 재미있는 일상이 '하이터치', '하이컨셉' 시대이다. 이에 필요한 것이 유머와 웃음, 게임 등이다.
6. 물질의 축적만으로는 부족하다. '의미' 를 찾아야 한다. 풍요 속에 빈곤을 느끼는 인간은 정식적인 가치들을 추구하길 원하고 있다. 영적인 존재로서 의미를 발견하고 즐거움과 행복을 느끼며 살기를 원하는 시대가 되었다. 이러한 것들을 충족시켜 주거나 길을 알려주는 능력이 필요하다.

이 6가지 재능은 한마디로 우뇌적인 재능이다. 감성적인 능력을 발휘하는 우뇌적인 재능이 필요한 시대가 오고 있는 것이다. 그렇다고 좌뇌의 종말은 아니다. 오히려 좌뇌와 우뇌를 동시에 이용해야 한다. 양쪽의 뇌를 적절히 조화롭게 사용하는 시대가 '하이컨셉', '하이터치' 시대이다.

앞으로 다가올 미래시대는 'Emotional Logic' 시대이다.

2. 스토리 구조의 요소

스토리 구조의 기본 요소 6가지

구분		내 용
배경 (인물, 장소, 시간)		주인공에 대한 소개, 이야기의 자연적 · 사회적 · 시간적 배경
일화	발단 (계기가 되는 사건)	• 주인공이 어떤 행동을 하도록 유발시키는 일 • 행동, 내적 사건 또는 주인공의 반응을 일으키거나 초래하는 사건
	내적 반응 (계획)	• 감동, 인식 또는 주인공의 바람, 목표, 소망 (목표 달성을 위한 주인공의 여러 가지 방안)
	시도	• 주인공이 목표를 달성하기 위해 행하는 행동 • 주인공의 목적 달성을 위한 여러 가지 시도
	결과	• 주인공의 행동에 대한 결과 • 사건, 행동, 또는 주인공의 목적 달성이나 미달성에 대한 결과 진술
	반응	• 주인공이 마지막에 깨닫거나 느낌 점 • 감동, 인식, 행동 또는 주인공의 목적 달성에 대한 느낌을 표현한 결과 진술, 주인공의 목적 달성의 필연성과 관련된 총괄적인 진술

(1) 배경

1) **배경의 의미** : 이야기를 이끌어 가는 첫 부분으로서 주인공을 소개하고 이야기

전체의 물리적 사회적 시대적 상황에 대한 정보를 제공

2) 배경의 구분

① 주 배경 : 주인공 소개

② 하위 배경 : 주인공이나 등장인물에 대한 사회적, 물리적 상황 소개
(장소와 시간, 배경, 개인적 상황과 특질, 습관적 행동, 성질, 기질 등의 정보 제공)

(2) 일화

1) 의미 : 배경을 제외한 이야기의 여타 요소들을 모두 포괄하는 상위 수준의 범주

① 사건의 발단 내적 반응 시도 결과 반작용을 모두 포괄하는 일련의 행동으로 구성

② 여러 행동의 연속은 사건의 발단부터 해결까지 인과적 연쇄에 의해 통일성 유지 필요

2) 일화의 구성요소 : 사건, 내적 반응, 시도, 결과, 반응으로 구성

사건	① 주인공의 행동을 유발시키는 자연현상의 변화, 외적사건에 대한 주인공의 지각, 배고픔이나 아픔과 같은 내적 사건의 정보, 주인공이 목표로 설정하게 되는 동기가 포함 ② 계기가 되는 사건은 어떤 행동 또는 주인공이 반응하도록 유발시키는 일 등이 포함 ③ 계기가 되는 사건은 주인공으로부터 그 다음 반응의 원인이며 그 기능은 주인공의 내적 반응을 불러일으킴
내적 반응	① 주인공이 목표를 달성하기 위해서 계획을 어떻게 세울 것인가에 대한 내용 ② 내적 반응의 주된 기능은 주인공이 계획을 세우도록 동기를 유발시키는 것 ③ 내적 반응은 정서적 · 감정적 반응, 목표 또는 소망 그리고 사고 또는 인지를 포함 • 정서적 반응 : 행복, 기쁨, 슬픔과 같은 감정 반응의 모든 형태 • 목표 : 주인공이 요구나 의욕에 의하여 목표를 설정하는 것/목표의 설정으로 주인공은 내적 계획을 가짐
시도	① 내적반응에서 계획된 행동들을 실현하는 것 ② 시도의 주 기능은 해결을 이끌거나 해결의 원인이 되는 것 ③ 시도는 주인공이 목표를 만족시키기 위해 수행하는 명백한 행동으로 표현 ④ 주인공의 시도는 어느 정도 직접적인 결과를 불러 옴
결과	① 주인공이 목표를 달성의 여부 ② 결과의 주 기능 • 주인공의 목적 성취 여부를 밝히는 것 • 결과에 대한 주인공의 반응 형태에 영향을 주는 것 ③ 결과는 주인공에 의해 목표의 획득 또는 불획득을 지적해주는 사건이나 행동을 언급하는 것 ④ 형태에 따라 자연적 상황, 행동, 결과 진술로 나뉨 ⑤ 직접적인 결과는 주인공 또는 다른 인물의 반응의 원인
반응	① 에피소드의 마지막에 배치 ② 주인공이 자신의 목적 달성에 대해 어떻게 느끼는지 무엇을 생각하는지에 대하여 언급 ③ 반응은 구체적으로 정서적 반응, 인지, 행동 등으로 나타남

3. 스토리의 힘

- 스토리를 통하여 대상에 새로운 가치와 의미를 부여할 수 있음

check point

합격 사과

1991년, 거대하게 불어 닥친 태풍 때문에 사과밭은 엉망이 되고 만다. 태풍에 다 떨어진 사과를 보며 망연자실하고 만 농부들. 사과 농사로 생계를 유지하던 주민들은 절망에 빠져 한숨만 내쉬고 있었다.

그러던 중, 한 농부가 우연히 사과밭에서 무언가를 발견하게 된다. 그것은 바로 거센 태풍 속에서도 떨어지지 않고 살아남은 10%의 사과였다. 농부는 '그래, 바로 그거야!' 하며 한 가지 아이디어를 떠올렸다. 그는 '태풍에도 떨어지지 않고 붙어 있는 사과' 라고 이름을 붙여 전국의 수험생들에게 판매하기 시작한 것이다.

이렇게 탄생한 '합격사과' 는 보통 사과보다 10배 이상 비싼 가격을 붙였는데도 불구하고 날개 돋친 듯이 팔려나갔다. 태풍 때문에 보통 사과보다 당도도 떨어지고 상처도 많았지만, 이 사과는 아오모리 현의 대표 브랜드로 자리를 잡게 되었다. 이 사과에는 보통 사과에는 없는 것, 즉 '절대로 떨어지지 않는 합격 사과' 라는 이야기가 있었기 때문이다.

– 출처 : EBS 다큐프라임 '이야기의 힘' 제작팀, 이야기의 힘 중에서 –

check point

주인의 목숨을 구한 지포라이터

지포 라이터는 1932년 미국인 George G. Blaisdell이 설립한 Zippo Manufacturing Company에 의해 탄생했다. 사업 초기에 회사는 벤진 라이터를 주로 판매하였으나 해당 제품의 뚜껑이 자주 분실된다는 고객의 의견을 반영하여 뚜껑에 경첩을 달아 여닫을 수 있는 라이터를 새로 개발하였데, 이 라이터가 바로 지포 라이터이다.

제품을 처음 출시하였을 당시만 해도 지금처럼 판매량이 높진 않았다. 그러나 2차 세계대전을 거치면서 지포 라이터는 전 세계적인 인기를 끌기 시작한다. 전쟁터의 군인들이 지포 라이터를 사용하면서 지포 라이터의 성능이 입소문을 탔기 때문이다. 많은 군인들이 사용한 덕분에 지포 라이터는 여러가지 일화들을 남겼고, 이러한 일화들은 지포 라이터의 훌륭한 이야기 자산들이 되었다. 그 중에서도 안드레즈 중사의 목숨을 구한 이야기는 유명하다.

베트남 전쟁에 육군으로 참전한 안드레즈 중사는 적군의 총격에 쓰러졌지만, 다행이 목숨을 건졌다. 소지 했던 지포 라이터가 자신에게 날아온 총알을 막아 주었기 때문이다. 게다가 총알이 박힌 지포 라이터는 평소처럼 불이 잘 켜져 주위 사람들을 놀라게 했다. 이 이야기는 지포 라이터의 견고함을 나타내는 일종의 상징이 되었고, 주인의 목숨을 구한 라이터라는 매력적인 줄거리 덕분에 많은 사람들에게 전파되었다. 덕분에 지포 라이터는 군인들뿐만 아니라 일반인들에게도 사랑받는 라이터로 자리매김 할 수 있었다.

– 출처 : 주인의 목숨을 구한 라이터, http://blog.naver.com/sinjeongcc –

check point

병을 낫게 하는 에비앙 생수

프랑스 혁명이 일어난 1789년, 수십 년에 걸친 정국의 혼란과 어지러움 속에서 눈으로 뒤덮인 알프스 산맥의 산자락에 위치한 마을 에비앙에 신장 결석을 앓고 있던 한 후작이 요양을 하고 있었다.

어느 날 마을의 한 주민으로부터 마을에 있는 한 우물물을 마시면 약효가 있다는 말을 전해 듣고, 그 물을 마신 결과 신기하게도 깨끗하게 병이 나았고, 그 후 그는 물에 대한 연구를 거듭한 결과, 그 물이 알프스의 눈과 비가 15년에 걸쳐 녹고 어는 과정을 통해 정화되어 아주 깨끗할 뿐만 아니라, 미네랄이 풍부하다는 사실을 알게 되었다.

이 우물을 소유하고 있던 마을의 주민은 이 말을 전해 듣고 우물물을 팔기로 결심, 드디어 1878년 처음으로 프랑스 정부로부터 공식 승인을 받아 상업화하기에 이르렀다.

– 출처 : 생수에 얽힌 이야기, http://blog.naver.com/samkim65 –

4. 스토리의 활용

1) 취직에 활용하는 방법

스토리는 나를 수많은 경쟁자들 중 한 명이 아닌, 유일한 한 명이 되게 한다. 토익 성적, 학점, 자격증 등은 비슷하거나 혹 동일할 수 있어도, 내가 가진 스토리는 나만의 유일한 스토리이기 때문이다.

스토리가 있다는 것은 자신의 업을 안다는 뜻이며, 그 업에 방향을 맞추어 관련된 역량과 경험을 쌓아 왔다는 것을 의미한다. 스토리를 통한한 일관성 있는 체험과 학습이 중요한 이유는 작은 경험이 큰 경험을, 작은 성공이 큰 성공을 불러오기 때문이다. 이는 이것저것이 아니라 한 우물을 파는 사람에게만 주어지는 특권이다.

2) 프로젝트에 활용하는 방법

프로젝트를 시작하면서 누군가의 참여와 지원을 이끌어 낼 때 스토리는 강력한 힘을 발휘한다. 스토리 프로젝트는 참가자뿐 아니라 외부인의 감성을 자극하여 영감과 문제 해결력을 높여주는 효과가 있다.

또한 프로젝트를 시작할 때는 너무 구체적인 실행 목표를 만들기보다는 프로젝트가 지향하는 양보할 수 없는 가치를 더욱 명료하게 하는 편이 낫다. 프로젝트가 뛰어들고자 하는 주제 또는 이슈에 관해서 구성원들끼리 스토리를 나누는 시간을 가져봄으로써, 구성원 모두가 개인적으로 동의하는 핵심가치 하나를 명료하게 뽑아낼 수 있다.

3) 일상 업무에 활용하는 방법

스토리의 상상력과 상징성을 활용하면 추진하는 업무와 사업에서 상대방의 이해와 참여를 이끌어내기 수월하다. 스토리는 상대방에게 특정을 것을 강요하거나 강제하지 않고 업무에 접근하도록 돕는다. 스토리를 통한 융통성 있는 여유로운 접근은 논의와 회의를 더 우호적으로 이끌어 간다.

4) 마케팅에 활용하는 방법

스토리는 상품이나 서비스에 '독특한', '유일한', '독보적인' 이라는 수식어를 붙여준다. 비록 해당 상품이나 서비스가 업계 최고나 1등 브랜드가 아니더라도 좋다. 스토리가 있으면 이긴다. 서비스든, 제품이든, 아이디어든 어떻게 마케팅 할 것인가? 알고 보면 취업도 일종의 마케팅이다. 그 마케팅에 스토리를 가미하면 효과적이다.

5) 가치를 전파하는 방법

자신이 소중하게 여기는 가치를 상대방에게 전달하기란 여간 어렵지 않다. 사람들이 쉽게 공감할 수 있는 접점을 만들 필요가 있는데, 그 접촉점으로 스토리만큼 강력한 도구는 없다. 공정무역이라는 아무리 좋은 가치가 있다 하더라도 사람들은 굳이 그 가치를 선택해야 할 이유를 발견하지 못할 수도 있지만 개인적 스토리를 통해 그 가치를 전달하면 가치를 구매하는 결과를 낳을 수도 있다. 취업 과정에서도 자신의 가치관을 보여주어야 하는 상황에 부딪친다. 사람이 가진 좋은 가치관에 대해서 부정할 수 있는 사람들은 없겠지만 그 가치관에 따라서 타인을 행동하게 하는 것은 쉽지 않다. 이 추상적인 가치관에 자신이 경험한 스토리를 입힌다면 타인의 공감과 함께 행동하는 가치관으로 바뀔 것이다.

• 다음 사진 중 하나를 선택하여 제목을 정하고 자신만의 스토리를 만들어 보자.

사진1

사진2

사진3

사진4

(출처: Vivian Dorothea Maier)

제목	
스토리	

사진1

사진2

사진3

사진4

(출처: Vivian Dorothea Maier)

제목	
스토리	

[스토리 구조에 따른 핵심파악 연습 1]

스티븐 호킹

스티븐 호킹은 갈릴레오 갈릴레이가 죽은 지 딱 300년만인 1942년 1월 8일, 영국 옥스퍼드에서 생물학자의 맏아들로 태어났다. 그는 이미 14살 때 사물에 담겨있는 진리를 가장 쉽게 찾아낼 수 있는 길이 '과학' 이라는 확신을 갖고 물리학을 전공하기로 결심했다. 그리고 1959년, 옥스퍼드 대학에 입학하였다.

대학에서 호킹은 매우 인기 있는 학생이었다. 금발을 길게 길렀고, 고전음악을 즐겨 들었으며 재기발랄한 언변과 익살스러운 유머와 위트를 구사해 교수진과 동료들을 사로잡았다. 또한 스포츠를 좋아해 조정팀의 키잡이 선수로 활약, 테임즈 강변에서 우렁찬 고함을 지르며 물살을 가르기도 했다.

물리학에서도 군계일학의 실력을 과시, 타의 추종을 불허했다. 스티븐 호킹은 옥스포드를 수석으로 졸업, 곧바로 케임브리지 대학원에 입학, 우주학을 전공으로 택했다. 그는 '빅뱅' 이론을 가지고 우주의 탄생과 팽창 그리고 지구의 생성현상 원리를 연구하기 시작했다.

하지만 그의 재능을 하늘이 시기한 것일까. 스티븐 호킹이 22세 되던 해 그에게는 '사형선고' 나 다름없는 육체적 시련이 다가왔다. 근육위축성축색경화증이라는 전신마비의 병에 걸린 것이다. 의사는 병세가 악화되어 2~3년밖에 못 산다는 진단을 내리기까지 했다.

그도 인간이었기에 '자포자기' 하는 마음이 들어 폭음으로 하루하루를 보냈다. 하지만 그렇게 몇 달을 보내고 난 뒤 그는 '비 온 뒤 땅이 굳어진다' 는 속담처럼 오히려 더 강해져 있었다. "보고, 듣고, 손가락을 약간 움직이는 것 외에 신체의 기능을 상실했지만 내 두뇌는 그대로야. 이제 건강한 두뇌로 우주에 대해 연구해보는 거야. 난 그것만으로도 충분히 살 가치가 있는 사람이야."

의학적으로 그는 1965년에 이미 죽었어야 할 시한부 인생이었다. 하지만 몸무게 40kg에 말을 못할 뿐 아니라 손가락 두 개만 움직일 수 있었던 그가 1985년 기관지 절개수술을 통해 호흡하고 음성합성기를 통해서 대화를 하면서 장애는 더 이상 '장애' 가 아닌 '불편함' 일 뿐이었다. 이러한 자신의 삶과 연구에 대해 그는 스스로를 이렇게 말한 적이 있다.

"몸의 거동이 불편하니까 별달리 할 것이 없어서 물리학에 연관된 생각을 많이 했다" 오히려 발병이 그가 연구에 매진하는 계기가 되었다. 위기를 기회로 만든 순간이었다.

호킹은 1964년, 당시 이론물리학계의 거물이었던 프레드 호일의 연구 결과를 반박하는 것을 시작으로 과학자로서의 인생의 꽃을 피워나갔다. 그는 1960년대 말에 호킹-펜로즈 정리를 통해 현대물리학의 양대 기둥인 일반상대성이론과 양자이론의 결합을 시도했고, 1974년에는 아인슈타인에 이은 특이점이론으로 시초의 존재를 증명함으로써 블랙홀 연구의 선두에 섰다. 그 후 오늘에 이르기까지 그는 자신의 이론을 거듭 수정하고 발전시키면서 "빅뱅이 일어날 때 시간의 시작이 있었다", "블랙홀은 증발하고 폭발하기도 한다", "우주는 경계가 없으며, 독립적으로 존재하고 작동한다" 같은 놀라운 사실들을 밝혀냈다.

호킹은 "블랙홀은 검은색이 아니며, 빛보다 빠른 속도의 입자를 방출하고 빛을 발한다"는 획기적인 주장을 내놓아 기존의 블랙홀 연구를 뒤집었으며, 특이점이론, 블랙홀 증발, 양자우주론이라는 혁명적인 이론을 통해 갈릴레이, 뉴턴, 아인슈타인의 뒤를 잇는 현대물리학계의 거인이 되었다. 그는 1974년 왕립학회의 최연소회원이 되었고, 1979년 아이작 뉴턴이 지낸 바 있는 케임브리지 대학 루카스좌 수학교수로 임명 받았으며, 1982년에는 대영제국 훈장을 받았다. 학문적 업적으론 뉴턴, 아인슈타인과 같은 반열에 올랐다.

그는 과학을 대중화시키는 데도 공헌했다. 세계적인 베스트셀러 『시간의 역사(A Brief History of Time)』를 집필하고 BBC TV 시리즈 〈스티븐 호킹의 우주〉의 기획을 맡아 우주에 대한 많은 정보를 전달했다. 물론 책과 TV를 통해 우주를 접한 세계인들의 호응은 가히 폭발적이었다. 그는 어느새 전 세계에서 수많은 청중을 몰고 다니는 대중스타로 자리 잡았다. 또, 세 아이를 둔 아버지로서 남부럽지 않은 가정도 꾸렸다.

20대 초반에 죽음과도 같은 불치병 선고를 받았던 그의 삶이 이토록 화려하게 채워질 수 있었던 것은, 그가 결코 절망하지 않았으며 한 번도 자신이 남과 다르다고 생각하지 않았기 때문이다. "사람은 누구나 자신이 처한 상황에서 최선을 다해야 한다"는 그의 믿음이 휠체어에 갇힌 한 남자를 '살아 있는 아인슈타인'으로 우뚝 세울 수 있었던 것이다.

"내 몸은 비록 심각한 제약을 받고 있지만 생각은 시간을 초월해 우주 블랙홀까지 자유롭게 날아갈 수 있습니다. 몸이 불편해도 인간의 정신세계는 한계가 없기에 제 장애는 더 이상 장애가 아닙니다."

– 출처 : 블로그 http://blog.daum.net/_blog/BlogTypeView.do?blogid=0NvMA&articleno=261 –

스토리의 구성요소	
배경	
사건(발단)	
내적반응	
시도	
결과	
반응	
전체 요약하기	

[스토리 구조에 따른 핵심파악 연습 2]

임금님을 원하는 개구리

어느 마을 연못에 개구리들이 편안하게 살고 있었습니다. 그런 어느 날, 개구리들은 이런 생각을 하게 되었습니다.

"세상에 있는 모든 동물은 훌륭한 우두머리를 갖고 있는데 우리만 없구나. 그래서 게을러지고 멋대로 날뛰게 되는 거야. 만약 훌륭한 우두머리가 우리를 잘 지도해 준다면 우리는 더 행복해 질 거야. 그러니 우리도 그런 훌륭한 우두머리를 갖도록 해야겠다."

그래서 개구리들은 회의를 가진 후 대표를 뽑아 제우스신에게 보내 멋있는 임금님을 보내 달라고 요청했습니다. 제우스는 개구리들의 요청을 받고는 그들의 어리석음을 비웃었습니다. 아무리 훌륭한 임금님이라도, 제우스가 보기에는 없는 편이 훨씬 나았으니까요. 하지만 워낙 개구리들이 조르는지라, 힘들 때 올라가 쉬라고 나무토막을 하나 던져 주며 임금님으로 모시라고 했습니다.

자나 깨나 훌륭한 임금님을 기다리던 개구리들은 움직이지도 않는 나무토막을 보고는 실망을 금치 못했습니다. 그래서 이런 임금님 말고 다른 멋진 임금님을 보내 달라고 졸랐습니다.

개구리들의 성화에 못 이긴 제우스는, 이번에는 황새를 보내 주었습니다. 연못가를 시원스레 걸어오는 황새를 본 개구리들은 이번에는 진짜로 훌륭한 임금님이 왔다고 모두들 춤을 추고 기뻐했습니다.

그러나 이를 어떡하랴! 겉보기에는 멋있는 그 임금님이, 사실은 천하에 몹쓸 육식동물인 것을... 다가오는 개구리들을 보기 좋게 입을 다시며 잡아먹는 황새 임금님! 훌륭한 임금님을 모시게 되었다고 기뻐하던 개구리 연못에는, 얼마 후 한 마리의 개구리도 보이지 않게 되었다 합니다.

– 출처 : 이솝우화 –

스토리의 구성요소	
배경	
사건(발단)	
내적반응	
시도	
결과	
반응	

전체 요약하기

[스토리 구조에 따른 핵심파악 연습 3]

세상에서 제일 큰 집

달팽이 몇 마리가 신선한 양배추 위에 살고 있었다. 그들은 등 뒤에 집을 짊어지고 느릿느릿 잎사귀 위를 옮겨 다니며 부드러운 배춧잎을 조금씩 갉아먹고 살았다.

어느 날 꼬마 달팽이가 아빠 달팽이에게 말했다.

"나는 어른이 되면 세상에서 제일 큰 집을 지을 테야."

"크면 나쁘고 작으면 좋은 것들이 있는 법이란다. 집은 가볍고 등에 싣고 다니기 쉽게 지어야 된단다."고 아버지가 말씀해 주셨다.

하지만 꼬마 달팽이는 아빠의 말씀을 듣지 않고 커다란 양배추 잎새 뒤에 숨어서 이리저리 몸을 비틀어 대더니 드디어 집을 크게 만드는 법을 알아냈다.

꼬마 달팽이의 집은 자꾸자꾸 커졌고 이것을 본 달팽이들은 입을 모아 말했다.

"정말 네 집이 세상에서 제일 커지겠다."

꼬마는 이리저리 자꾸 몸을 비틀어 댔고 마침내 꼬마의 등에는 참외만큼 큰 집이 달리게 되었다. 꼬마는 또 꼬리를 왼쪽, 오른쪽으로 재빨리 움직여 탑처럼 뾰족한 이층, 삼층 방들도 여러 개 만들었다. 그러고는 또다시 몸을 쥐어짜고 밀어 내고 곰곰이 생각한 끝에 멋진 무늬와 빛나는 색깔을 칠하는 법도 알아냈다. 이제 그의 집은 정말로 이 세상에서 제일 크고 또 제일 아름다운 집이 되었다. 꼬마 달팽이는 자랑스럽고 행복했다.

이제 세월이 지나서 달팽이 가족이 살던 양배추에는 먹을 수 있는 잎은 다 없어지고 아주 뻣뻣하고 질긴 이파리만 남았다. 그래서 이들은 이사를 가기로 했다. 그러나 이를 어쩌면 좋아, 꼬마 달팽이는 움직일 수가 없었다. 집이 너무 무겁고 컸으니 말이다.

혼자 남게 된 꼬마 달팽이는 먹을 것이 없어서 하루하루 여위어 갔다. 이제 남은 것이라곤 집밖에 없었지만 그 크고 아름답던 집마저 하루하루 낡아서 무너지기 시작했고 마침내는 모든 게 다 없어지게 되었다.

– 출처 : 레오 리오니 –

스토리의 구성요소	
배경	
사건(발단)	
내적반응	
시도	
결과	
반응	

전체 요약하기

[스토리 구조에 따른 핵심파악 연습 4]

폴 포츠 : 37세 휴대폰 세일즈맨의 꿈

폴 로버트 포츠(Paul Robert Potts, 1970년 10월 13일~)는 영국 휴대폰 세일즈맨이다. 2007년 6월, 평범한 사람들이 출연하는 노래경연대회인 "브리튼스 갓 탤런트(Britain's Got Talent)"를 통해 휴대전화 판매원에서 세계적인 스타로 주목받게 된 오페라가수이다.

브리튼스 갓 탤런트 첫 번째 출전영상은 동영상 사이트 유튜브에서 누적 1억 건이 넘는 조회수를 기록하며 세계적인 관심을 불러 모았다. 2007년 발매된 1집 앨범 'One Chance' 는 국내에서 4만 장 이상을 판매한 앨범에 주어지는 "트리플 플래티넘"을 수상하였고, 전 세계적으로는 500만 장 이상을 판매하는 밀리언셀러의 성공을 거두었다. 2009년 2집 앨범 'Passione' , 2010년 3집 앨범인 'Cinema Paradiso' 를 발매하며 자신의 도전을 이어가고 있다.

어렸을 때부터 못생긴 외모로 인해 왕따를 당했다. 미남과 다소 거리가 먼, 훈남이라고도 할 수 없는 외모에 자신감이라고는 찾아 볼 수 없는 표정의 남자, 그의 치열은 더욱 어눌한 느낌을 준다. 혼자 있을 때는 언제나 노래를 불렀으며, 미래의 성악가의 꿈도 꾸어 봤지만 교통사고와 종양으로 포기한 적도 있었다. 그러나 그는 평범한 회사원으로서의 삶을 살면서도 끝까지 자신의 꿈을 놓지 않았다. 오페라 회사들의 문전 박대 등 수많은 고통에도 끝까지 포기하지 않고 결국 드라마틱하게 '오페라 가수' 의 꿈을 이룬 것이다.

사람들은 왜 그에게 이토록 열광하는 것일까? 그건 바로 36살이 되도록 포기하지 않았던 그의 '꿈' 에 대한 열정 때문이다. 폴포츠와 이메일 인터뷰 내용이다. (레이디경향 2007년 9월호)

- **'왕따' 로 마음고생이 심했다고 들었다. 이렇게 많은 사람들의 관심과 사랑을 받은 기분은?**

휴… 정말 믿을 수 없는 일이다! 나는 늘 '외모' 때문에 왕따를 당해왔다. 하지만 이제 '나는 누구인가' 에 대해 많이 생각한다. 사람들의 사랑 덕분에 잃어버렸던 자신감을 되찾았다.

- **오페라 가수가 되기 위해 노력한 일 중 가장 기억에 남거나 힘들었던 일은?**

1999년에는 영국 iTV의 노래 경연 프로그램에 출연해 8천 파운드(한화 약 1천5백만 원)의 상금을 받은 적이 있다. 이후 용기를 내 오페라 가수가 되기 위해 많은 오페라 회사의 문을 두드렸다. 하지만 사람들은 나를 차갑게 무시했다. 나의 외모만 보고

무시할 때는 정말 슬펐다. 그러나 절망하지 않고 기회를 찾아다녔다.

• 음악을 계속 하기에는 고통과 시련이 많았다는 이야기를 들었다.

2003년 충수염으로 입원했다가 양성 종양이 발견돼 오랜 시간 병원 신세를 져야 했다. 게다가 같은 해 자전거를 타고 가다 교통사고를 당해 쇄골뼈가 부러지는 중상을 입고 2년간 아무 일도 할 수 없었다. 특히 쇄골뼈 골절로 성대를 다쳐 "다시는 노래를 부를 수 없을지 모른다"라는 말에 당시는 하루하루 사는 것 자체가 스트레스였다.

• 마지막으로 어려운 상황 속에서, 꿈을 포기하지 않고 있는 이들에게 한마디

꿈을 이루기 위해 최선을 다해 노력하고, 자신이 정한 길은 뒤돌아보지 말라고 전하고 싶다. 사람 일은 어떻게 될지 모르기 때문이다. 바로 나처럼 기적이 일어날지도 모르니까(웃음).

– 출처 : 충북진로진학지원센터 –

스토리의 구성요소	
배경	
사건(발단)	
내적반응	
시도	
결과	
반응	

전체 요약하기

[스토리 구조에 따른 핵심파악 연습(영상) 5]

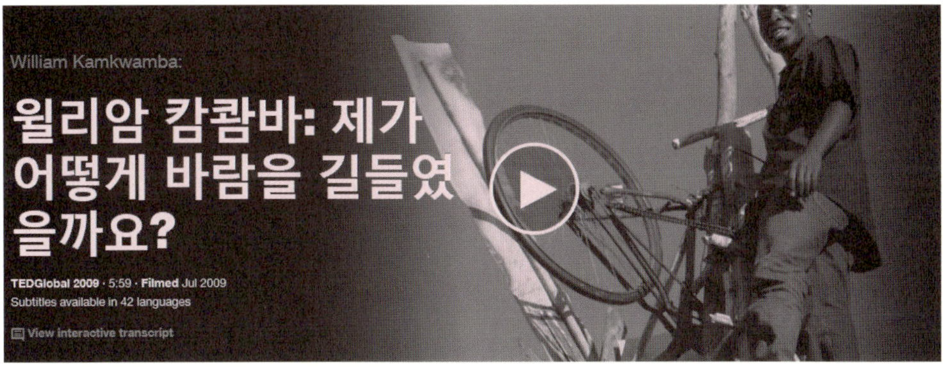

William Kamkwamba

윌리암 캄콤바 : 제가 어떻게 바람을 길들였을까요?

– 출처 : TED –

스토리의 구성요소	
배경	
사건(발단)	
내적반응	
시도	
결과	
반응	

전체 요약하기

[자기 이야기 만들기(Story Making)]

• 자신의 성장과정, 학창시절, 성격 장단점, 동아리 활동 등 기억에 남는 자신의 에피소드 중 한 가지를 스토리 구조를 활용하여 잘 조직화된 이야기로 재탄생 시켜 봅시다.
[조건 : 5문장 또는 5줄 이상 작성(한 단락), 스토리를 만든 후 핵심주제 한 문장 작성, 제목 작성]

Part 4.

Sherlock

15 Chapter

Be the Sherlock

Step 1 이론학습 및 모델링

학습목표

- 명제를 이해하고 진릿값을 판별할 수 있다.
- 논리적 동치를 이해할 수 있다.
- 논의영역에 따른 문제의 진릿값을 판별할 수 있다.
- 추론을 이해하여 결론을 유도할 수 있다.

1. 전제와 가정

(1) 전제(前提, Premise)

1) 의미 : 어떤 명제를 근거로 하여 다른 명제를 도출해 내는 경우, 근거가 되는 명제

2) 기능 : 전제는 내용의 범위를 한정하게 되는데 삼단 논법에서는 전제가 옳다면 결론도 옳게 되며, 전제가 결론과 얼마만큼 관계가 있느냐에 따라 결론의 타당성을 지지하게 된다.

> 사람은 반드시 죽는다. (전제)
> 나는 죽는다. (결론)

명제1) 모든 군국주의자는 민주주의자가 아니다. (명제2의 전제)
명제2) 그러므로 어떤 군국주의자는 민주주의자가 아니다.

명제1) 모든 군국주의자는 민주주의자가 아니다. (대전제)
명제2) 모든 평등주의자는 민주주의자이다. (소전제)
명제3) 그러므로 모든 평등주의자는 군국주의자가 아니다. (결론)

(2) 가정(假定, Assumption, supposition)

1) **의미** : 진위가 어떻든 이에 관계없이(거짓임을 알고 있어도) 어떤 추리의 출발점으로 상정되는 명제('A이면, B이다'에서 전제가 되는 A 부분)를 가정 또는 가설이라고 함

2) 기능

- 결론을 내리기에 앞서 논리의 근거로 내세우는 것
- 목적으로 하는 결론을 얻을 때까지 모순됨이 없이 이루어질 때 확실성을 더하게 됨

만일 박지성이 사람이라면(가정) 박지성은 죽는다.(결론)
※ 박지성이 사람이라는 것을 증명해야 한다.

2. 추론(推論)

(1) 연역추론(演繹 推論, Deductive reasoning)

1) 의미

① 이미 알고 있는 판단을 근거로 새로운 판단을 유도하는 추론
② 일반적인 원리를 전제로 하여 특수한 사실들을 결론으로 이끌어 내는 방법
③ 몇 개의 전제로부터 명확히 규정된 논리적 형식만을 의지해서 결론을 도출해 내는 것

2) 기능

① 일반적인 사례에서(넓은 범위) 특수한 사례(좁은 범위)로 증명해 내는 것
② 확실성을 보일 수 있는 장점
③ 명제들 간의 관계와 논리적 타당성을 따짐

3) 예

> 예 1) 모든 사람은 죽는다. - 나는 사람이므로 나도 죽는다.
>
> 예 2) 모든 동물은 음식을 섭취해야 살 수 있다.
> 사람은 동물이다.
> 그러므로 사람도 음식을 섭취해야 살 수 있다.
>
> 예 3) 우리 학교 배구 선수는 누구나 배구를 잘 한다.
> 현빈은 우리 학교 축구 선수이다.
> 그러므로 현빈은 축구를 잘 할 것이다.

4) 직접추론

- 한 개의 전제로부터 새로운 결론을 이끌어 냄
- 대우명제가 대표적인 예

> 예 : P이면 Q이다. → ~Q이면 ~P이다.
> 명제가 참일 경우 대우명제도 반드시 참이 된다.
>
> 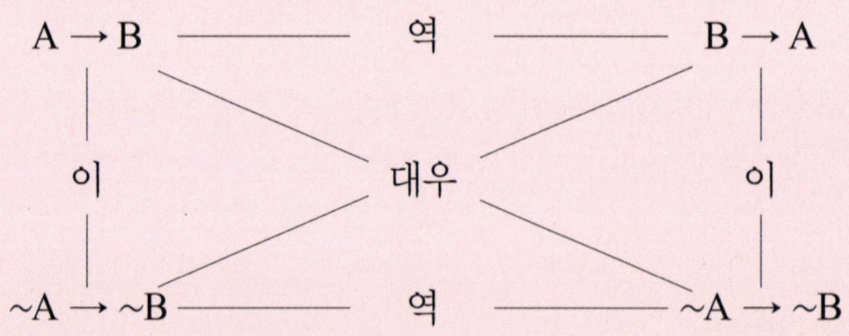
>
>
> 명제 : 사과는 과일이다. (참)
> 역 : 과일은 사과이다. (거짓)
> 이 : 사과가 아니면 과일이 아니다. (거짓)
> 대우 : 과일이 아니면 사과가 아니다. (참)

5) 간접추론

- 둘 이상의 전제로부터 새로운 결론을 이끌어 냄
- 삼단논법이 가장 대표적인 예

① 정언적 삼단논법

- 정언 : 어떤 명제, 주장, 판단을 '만일' '혹은' 의 조건을 붙이지 않고 확정하여 말하는 것
- 세 개의 정언명제로 구성된 간접추론 방식

- 세 개의 명제 가운데 두 개의 명제는 전제이고, 나머지 한 개의 명제는 결론

구분	내용	집합 관계
M은 P이다. (대전제)	사람은 모두 죽을 존재이다.	$A \subset B$
S는 M이다. (소전제)	소크라테스는 사람이다.	$C \subset A$
따라서 S는 P이다. (결론)	그러므로 소크라테스는 죽을 존재이다.	$\therefore C \subset B$

- '모든 ~', 어떤~이란 단어가 나올 때는 포함관계를 그려서 해결

모든 A는 B이다.

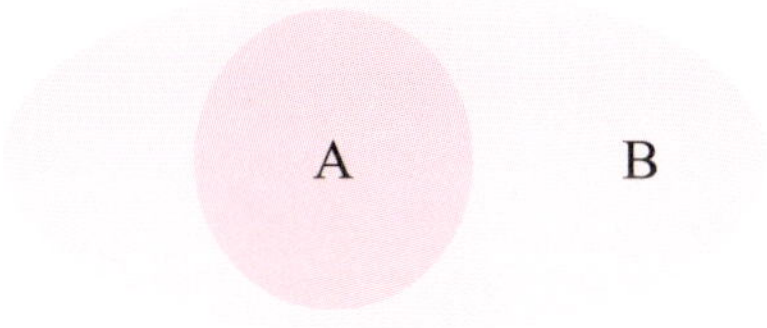

② 가언 삼단논법

- 가언 : 어떤 조건을 가정한 말
- '만약 ~이면(전건), ~이다(후건)' 라는 하나의 가언 명제와
- 그 전건 또는 후건에 대한 긍정 또는 부정 명제로 이루어진 삼단논법

구분	내용
만일 P이면 Q이다.	만일 내일 안개가 끼면, 비행기가 뜨지 않는다.
만일 Q 이면 R이다.	만일 내일 비행기가 뜨지 않으면, 우리의 여행은 취소된다.
따라서 만일 P이면 R이다.	그러므로 만일 내일 안개가 끼면, 우리의 여행은 취소된다.

구분	내용
만일 P이면 Q이다.	만일 김연아가 은퇴한다면 팬들이 아쉬워 할 것이다.
만일 Q 이면 R이다.	만일 팬들이 아쉬워한다면 김연아는 마음이 아플 것이다.
따라서 만일 P이면 R이다.	그러므로 만일 김연아가 은퇴한다면 김연아는 마음이 아플 것이다.

대전제 : 만약 공부를 열심히 했다면 좋은 점수를 받을 수 있을 것이다.
소전제 : 공부를 열심히 했다.
결 론 : 그러므로 좋은 점수를 받았을 것이다.

③ 선언 삼단논법

- **선언** : 여러 개의 명제를 '또한', '거나' 등과 비슷한 접속사로 연결한 합성명제
- 두 개의 선택이 주어지고 하나가 부정되면 나머지는 긍정된다는 조건 삼단논법의 발전된 형식
- '~이거나 ~이다' 의 형식으로 표현되며 전제 속에 선언 명제를 포함

> 내일은 비가 오거나 눈이 온다.
> 내일은 비가 오지 않는다.
> 그러므로 내일은 눈이 온다.

(2) 귀납추론(歸納 推論, Inductive reasoning)

1) 의미

① 지식이나 데이터를 많이 모아, 그들 사이에 성립되는 일반적 성질을 찾아내 새로운 지식(공통의 모델)을 도출하는 방법
② 특수한 사례(좁은 범위)에서 일반적인 사례(넓은 범위)를 증명
③ 타당성이 확립된 특수한 사실들을 열거한 뒤에 공통되는 사실로 결론을 맺는 것

2) 장단점

① **장점** : 집단의 원소를 모두 다 조사할 필요 없이 일부만 조사하고서 집단의 성질을 추론 가능
② **단점** : 대부분의 귀납은 모든 경우에 대한 데이터를 얻을 수 없기 때문에 그 추론적 한계로 결론의 확실성을 보장하지 못함

3) 종류

① **일반화** : 충분한 수효의 개별적인 사례에 비추어, 같은 종류의 나머지 모든 사례도 같으리라는 결론
② **유추**(유비추론) : 두 사례가 일정수의 면에 있어서 비슷하므로 다른 나머지 면에 있어서도 비슷하리라고 추측

4) 예

예 1) 고래는 허파로 숨을 쉰다.
사람도 허파로 숨을 쉰다.
하마도 허파로 숨을 쉰다.
그런데 고래, 사람, 하마 모두 포유동물이다.
이로 보아 모든 포유동물은 허파로 숨을 쉴 것이라고 추리할 수 있다.

예 2) 돌을 공중에 던지면 떨어진다.
칼을 공중에 던져도 떨어진다.
따라서 물체는 공중에 던지면 떨어진다.

예3) 수성대에 다니는 친구는 골프를 좋아한다.
계전에 다니는 내 친구도 골프를 좋아한다.
그러므로 골프를 좋아하는 대학생이 많음을 알 수 있다.

(3) 변증법(辨證法, Dialectic)

1) 의미

① 모순 또는 대립을 근본원리로 하여 사물의 운동을 설명하려고 하는 논리
② 하나의 사실에 대해 끊임없는 의문을 제기하여 가장 완벽한 결론에 도달하고자 하는 것이 목표
③ 정 → 반 → 합의 원리로 모순되는 점을 극복하여 보다 고차적 개념으로 통합하여 추론하는 과정

2) 예

예 1)

정 : 자본주의 사회는 자유경쟁 논리와 성장 이론을 강조한 결과 국민소득은 높지만 빈부의 격차가 심하다.

반 : 공산주의 사회는 통제 논리와 분배 이론에 빠져 빈부 격차는 심하지 않지만 국민소득이 낮다.

합 : 따라서 국민소득을 높이고 빈부 격차를 줄이려면 자유경쟁과 통제의 조화, 성장과 분배의 균형을 꾀하는 복지적 자본주의가 필요하다.

예 2)
정 : 정독은 자세하나 넓지 못하다.
반 : 다독은 넓으나 자세하지 못하다.
합 : 그러므로 독서는 정독과 다독을 겸해야 한다.

예 3)
정 : 현장체험학습은 경기도의 에버랜드로 가는 것이 좋겠어.
반 : 우리과 전체가 가기에는 비용이 많이 들지 않아?
합 : 20명 이상이면 단체 할인이 되니 괜찮을 거야.

정 : 20명 이상이면 단체 할인이 되니 괜찮을 거야.
반 : 단체로 움직이려면 버스를 한 대를 전세내야 하잖아.
합 : 그럼 대중교통을 이용할 수 있는 우방랜드로 가자.

(4) 유비추론(유추)

1) 의미

① 같은 종류의 것들을 비교하는 관계의 속성에서 새로운 사실을 추론하는 사고방식
② 두 개의 서로 다른 대상이나 사물이 몇 가지 성질들을 공유할 때, 이것에 의해 한 쪽에서 볼 수 있는 성질을 다른 쪽도 역시 갖고 있으리라고 보는 추론 방식
③ 어떤 주장이나 사실을 전개하거나 어떤 상황을 설명하기 위해 그와 유사한 속성을 지닌 다른 상황이나 사실 등을 끌어들이는 방식

2) 이해

① 생소한 개념을 설명할 때 보다 친숙한 개념과 비교해 나감으로써 쉽게 이해할 수 있도록 설명
② 어떤 두 가지의 집합이 그 집합이 어떤 관계적 속성을 공유한다면 특정 집합에 A와 B라는 속성이 있고 다른 집합에 만약 A라는 속성이 있다면 그 집합에도 B에 상응하는 속성이 있다는 것을 유추할 수 있다는 것
③ 유추는 기준이 되는 사물이나 현상이 필요

3) 예

예 1)
지구에는 생물이 있다. (A는 b, c, d 이다.)
화성은 여러 점에서 지구와 유사하다. (B는 b, c, d 이다.)
그러므로 화성에도 생물이 있을 것이다. (그러므로 B도 e이다.)

예 2)
사과는 동글고 빨간색이다.
토마토는 사과와 모양과 색깔이 유사하다.
그러므로 토마토도 맛이 있을 것이다.

예 3)
원숭이의 뇌는 중량이 크고, 복잡한 피질에 덮여 있다.
돌고래의 뇌도 원숭이의 뇌와 비슷하다.
그러므로 돌고래도 영리한 동물일 것이다.

3. 문제해결 전략

1) 심볼(Symbol) 솔루션

① 표상(表象, Representation) 전략

- 그림을 그리거나 기호로 표시하여 문제의 내용을 파악하고 해결하는 전략
- 문제의 진술에 나타난 비교 기준과 정보를 그림으로 그리거나 기호로 표시하여 해결하거나, 대상의 특징, 대상들 사이의 관계를 나타낼 수 있는 상징이나 기호를 만들어서 해결

② 연기(延期, Delay)하는 방법 전략 : 어려운 부분이 나오면 그 부분은 다음으로 미루어 두고, 다른 부분을 먼저 해결하는 방법

③ 예

- 키의 비교 : 선의 길이로 표시하여 해결
- 몸무게의 비교 : 원의 크기로 표시하여 해결

2) 테이블(표, Table)을 사용하는 문제해결법

① 표의 활용

- 여러 가지 비교 기준을 가지고 있을 경우, 표를 이용
- 복잡하게 진술된 내용이 있을 경우 표를 활용하여 각각에서 한 부분씩 발췌
- 발췌한 부분을 결합하면 문제에 나타난 상황을 해결

② 진리표 활용

- '참'과 '거짓'을 구별하는 논리적인 문제의 경우, 진리표를 활용

③ 유의점

- 어떤 문제에서는 값이 없는 '0'이 포함된 경우, 정말 아무것도 없는 것이 아님
- 비교기준의 값을 모르는 것과 비교 기준에 아무 값도 없다는 것의 차이구별은 중요

3) 다중 답안 문제해결법

① 해결 방법 1 : 답안이 될 수 없는 것부터 삭제

- 당장 답을 찾으려 말고, 우선 해답이 될 수 없는 것을 제거

② 해결 방법 2 : 체계적 시행착오 방법

- 여러 개의 예상 답을 추측하고, 이를 검토
- 예상 답안의 묶음 규정
- 예상 답안을 리스트화
- 예상 답안 목록을 검토 후 제시된 정보와 비교해가며 최종 정답 결정

4) 숨겨진 내용 파악 문제해결법

① 해결 방법 1

- 그림 또는 기호로 답을 구할 수 없고, 체계적 시행착오 방법으로도 문제해결이 불가능할 경우 문제의 진술에 숨어 있는 내용을 파악하여 문제를 해결

② 해결 방법 2 : 상황 판단 유형 문제 해결 방법

- 그림그리기 : 벤다이어그램, 표, 트리 등을 이용
- 확정적 조건 찾기 : 여러 개의 조건이 제시 될 경우, 변하지 않는 조건을 먼저 선택하여 이 조건을 기준으로 문제 해결
- 확정적 조건과 관계있는 조건 찾기 : 확정적 조건과 관계있는 조건을 찾아 연결하기

Step 2 개별학습 및 팀 학습

1. '철수와 영희는 화가 나면 항상 음악을 듣는다.'가 참이라면 다음 중 참인 것은?

① 철수와 영희가 음악을 들으면 화가 난 것이다.

② 철수와 영희가 음악을 듣지 않으면 화가 난 것이 아니다.

③ 철수와 영희는 화가 나지 않으면 음악을 듣지 않을 것이다.

④ 철수가 영희보다 음악을 자주 듣는다면 철수가 더 자주 화가 나는 것이다.

2. 다음 글에 담긴 논증의 구조를 분석하여 도식화할 경우 가장 적절한 것은?
(단, ↓는 밑줄 위의 문장들이 화살표가 가리키는 문장을 논리적으로 지지함을 의미한다.)

> ㉠ '물리적·정신적 고통을 가해서 정보를 얻거나 처벌을 정당화하는 자백을 얻어내려는 일' 이라고 이해될 수 있는 고문은 언제 어디서나 부당한 것인가?
> ㉡ 어떤 개인을 고문하는 것은 분명히 그를 죽이는 것보다 덜 심각한 잘못이다.
> ㉢ 그런데 대부분의 도덕 체계는 때때로 살인을 정당화한다.
> ㉣ 예컨대 제2차 세계대전처럼 정의로운 전쟁이라고 불리는 전쟁의 수행에서 살인은 도덕적인 것이 되기도 한다.
> ㉤ 또 임무 수행 중에 시민을 보호하기 위해서 범죄자를 살인한 경찰은 훌륭한 임무 수행자로 표창까지 받는 경우도 있다.
> ㉥ 살인이 도덕적으로 정당화 되는 경우가 있다면 일시적으로 물리적·정신적 고통을 가하는 행위인 고문이 정당화되는 경우도 있을 것이다.
> ㉦ 고문은 살인에 비하면 훨씬 덜 심각한 인권 침해이기 때문이다.

① ㉠ : 문제제기
㉡, ㉢
↓
㉤, ㉣
↓
㉥
↓
㉦

② ㉠ : 문제제기
㉡, ㉣, ㉤
↓
㉦, ㉢
↓
㉥

③ ㉠ : 문제제기
㉣, ㉤
↓
㉡, ㉦, ㉢
↓
㉥

④ ㉠ : 문제제기
㉢
↓
㉣, ㉤, ㉡
↓
㉥
↓
㉦

3. 제시문 A를 읽고, 제시문 B가 맞는지 알아보자.

제시문 A
가. 스포츠를 좋아하는 사람은 음악을 좋아한다. 나. 그림을 좋아하는 사람은 독서를 좋아한다. 다. 음악을 좋아하는 사람은 독서를 좋아하지 않는다.

제시문 B
그림을 좋아하는 사람은 음악을 좋아한다.

4. K 건설 영업부의 박대리는 같은 부서의 정대리, 송대리, 김대리, 이대리, 최대리 중 누군가에게 선물을 하고자 한다. 그런데 다음 조건을 따라야만 한다면 박대리의 선물을 받을 수 있는 사람은 누구인가?

가. 이대리에게 선물을 한다면 송대리에게는 선물을 할 수 없다.
나. 이대리에게 선물하지 않는다면, 최대리에게도 선물할 수 없다.
다. 정대리와 송대리에게는 함께 선물할 수 없다.
라. 정대리에게 선물한다면, 김대리에게도 선물해야 한다.
마. 정대리에게 선물하지 않는다면, 송대리나 김대리에게 선물해야 한다.
바. 김대리에게 선물해서는 안 된다.

5. A, B, C 세 사람이 앞을 보고 한 줄로 앉아 있다. 맨 뒤에 앉아 있는 C는 A, B의 모자 색을 볼 수 있고, 가운데 앉아 있는 B는 A의 모자 색을 볼 수 있다. 다음 중 올바른 것은?
(단, 흰색 모자 1개, 빨간색 모자 1개, 파란색 모자 2개가 있다.)

- 먼저 C에게 자신의 모자 색을 물었더니 모르겠다고 진술했다.
- 그 다음으로 B에게 자신의 모자 색을 알겠냐고 물었더니 모르겠다고 진술했다.

① A는 빨간색 모자를 쓰고 있다.
② A는 파란색 모자를 쓰고 있다.
③ A는 흰색 모자를 쓰고 있다.
④ A는 흰색, B는 파란색 모자를 쓰고 있다.
⑤ 위 진술로는 모자의 색을 알 수 없다.

6. 제시된 조건을 통해 추론해 볼 때 처음에 수진이 가족의 수는 최소한 몇 명인가?

가. 수진이의 부모님은 모두 살아 있으며 양부모이다.
나. 양부모의 친자식은 1명 이상이다.
다. 양부모의 친자식 중 수진이보다 나이가 많은 남아 1명은 얼마 전 교통사고로 사망했다.
라. 교통사고로 사망한 남아 1명에게는 누이가 있다.

7. 다음 논증에 대한 평가로 적절한 것을 <보기>에서 모두 고르면?

원두커피 한잔에는 인스턴트커피의 세 배인 150mg의 카페인이 들어있다. 원두커피 판매의 요체인 커피전문점 수는 2012년 현재 9천 4백여 개로 최근 5년 새 여섯 배나 급증했다. 그런데 같은 기간 동안 우울증과 같은 정신질환과수면장애로 병원을 찾은 사람 또한 크게 늘었다.

몸속에 들어온 커피가 완전히 대사되기까지는 여덟 시간 정도가 걸린다. 많은 사람들이 아침, 점심뿐만 아니라 저녁식사 후 6시나 7시 전후에도 커피를 마신다. 그런데 카페인은 뇌를 각성시켜 집중력을 높인다. 따라서 많은 사람들이 잠자리에 드는 시간인 오후 10시 이후까지도 뇌는 각성상태에 있다.

카페인은 우울증이나 공황장애와도 관련이 있다. 우울증을 앓고 있는 청소년은 건강한 청소년보다 커피, 콜라 등 카페인이 많은 음료를 네 배 정도 더 섭취했다. 공황장애환자에게 원두커피 세 잔에 해당하는 450mg의 카페인을 주사했더니 약 60%의 환자로부터 발작 현상이 나타났다.

공황장애 환자는 심장이 빨리 뛰면 극도의 공포감을 느끼기 쉬운데, 이로 인해 발작 현상이 나타난다. 카페인은 심장을 자극하여 심박 수를 증가시킨다.

이러한 사실에 비추어볼 때, 커피에 들어있는 카페인은 수면장애를 일으키고, 특히 정신질환자의 우울증이나 공황장애를 악화시킨다고 볼 수 있다.

보기

ㄱ. 수면장애로 병원을 찾은 사람들이 커피를 마시지 않는다는 사실이 밝혀질 경우, 위 논증의 결론은 강화되지 않는다.
ㄴ. 건강한 청소년은 섭취하지 않는 무카페인 음료를 우울증을 앓고 있는 청소년이 많이 섭취하는 것으로 밝혀질 경우, 위 논증의 결론은 강화된다.
ㄷ. 발작현상이 공포감과 무관하다는 사실이 밝혀질 경우, 위 논증의 결론은 강화된다.

① ㄱ ② ㄷ ③ ㄱ, ㄴ ④ ㄴ, ㄷ ⑤ ㄱ, ㄴ, ㄷ

8. 다음 주장의 전제로 가장 적절한 것은?

우리말을 가꾸기 위해서 무엇보다 중요한 것은 국어에 대한 우리의 관심과 의식이다. 지도자의 위치에 있는 사람들이 외국어를 함부로 사용하는 모습, 외국어 투성이인 상품 이름이나 거리의 간판, 문법과 규범을 지키지 않은 문장 등을 손쉽게 접할 수 있는 우리의 언어 현실, 이러한 모두는 우리말을 사랑하는 정신이 아직도 제대로 뿌리를 내리지 못하는 데서 비롯된 것이다.

① 언어는 의사소통의 도구이다.
② 언어는 언중들 간의 사회적 약속이다.
③ 언어에는 그 민족의 정신이 담겨 있다.
④ 언어는 내용과 형식을 담고 있는 체계이다.

9. 아래의 글을 쓴 목적으로 적절하게 설명한 것은?

삼가 생각건대 공경을 바치고 예를 다하는 것은 임금이 이에 스승을 얻는 것이요, 어진 자를 천거하고 능한 자에게 양보하는 것은 신하가 임금을 돕는 바입니다. 신이 전번에 윤명(綸命)을 받들어 오래도록 서연에서 모셨는데, 거지(擧止)가 우소(迂疏)하여 족히 잘못을 바루지 못하였고, 견문(見聞)이 거칠어서 올바르게 바루는 데에 유익함이 없었습니다. 신도 오히려 부끄러움을 알고 있는데 누구를 차마 속이겠습니까? 하물며 백발은 성성하고 눈까지 어두움이리까! 귀는 허승(許丞)처럼 어둡고 팔뚝은 두자(杜子)처럼 불수가 되었습니다. 헌지(軒墀, 임금을 가리킨다)를 사모하다가 진실로 상유(桑楡)의 늦은 햇빛을 거두지 못하면, 구렁에 굴러 떨어져 송백(松柏)이 겨울에 푸른 절개를 보전하기 어려울까 두렵습니다.

① 나이 어린 임금에게 완곡하게 진언하기 위함
② 자신의 잘못을 깨닫고 사죄하기 위함
③ 관직에서 물러나고 싶은 마음을 표현하기 위함
④ 늙고 병든 신세를 하소연하기 위함
⑤ 벼슬아치의 도리에 대해 충고하기 위함

10. 다음 글의 빈 칸에 알맞은 것은?

이십세기 한국의 지성인의 지적 행위는 그들이 비록 한국인이라는 동양의 인종의 피를 받고 있음에도 불구하고 대체적으로 서양이 동양을 해석하는 그러한 틀 속에서 이루어졌다. 그러나 그 역방향, 즉 동양이 서양을 해석하는 행위는 실제적으로 부재해 왔다. 이러한 부재 현상의 근본 원인은 매우 단순한 사실에 기초한다. 동양이 서양을 해석한다고 할 때에 그 해석학적 행위의 주체는 동양이어야 한다. 동양은 동양이라는 토톨러지나 동양은 동양이어야 한다는 당위 명제가 성립하기 위해서는 ( ). 우리는 동양을 너무도 몰랐다. 동양이 왜 동양인지, 왜 동양이 되어야만 하는지 아무도 대답을 할 수가 없었다. 동양은 버려야 할 그 무엇으로서만 존재 의미를 지녔다. 즉, 서양의 해석이 부재한 것이 아니라 서양을 해석할 동양이 부재했다.

– 출처 : 김용옥, "동양학, 어떻게 할 것인가" 중에서 –

① 동양인인 나는 동양을 알아야 한다.
② 동양이 서양을 해석해야 한다.
③ 서양이 동양을 해석할 때 동양의 관점에서 보아야 한다.
④ 동양인이 서양인에게 동양에 대해 알려야 한다.
⑤ 서양인도 동양인을 알아야 한다.

11. 다음 글에 비추어 볼 때 합리주의적 입장이 아닌 것은?

> 어린이의 언어 습득을 설명하려는 이론으로는 두 가지가 있다. 하나는 경험주의적인 혹은 행동주의적인 이론이요, 다른 하나는 합리주의적인 이론이다.
>
> 경험주의 이론에 의하면 어린이가 언어를 습득하는 것은 어떤 선천적인 능력에 의한 것이 아니라 경험적인 훈련에 의해서 오로지 후천적으로만 이루어지는 것이라는 것이다.
>
> 한편, 합리주의적인 언어습득의 이론은 어린이가 언어를 습득하는 것은 거의 전적으로 타고난 특수한 언어 학습 능력과, 일반 언어 구조에 대한 추상적인 선험적 지식에 의해서 이루어지는 것이라고 한다.

① 어린이는 완전히 백지상태에서 출발하여 반복연습과 시행착오와 그 교정에 의해서 언어라는 습관을 형성한다.

② 언어습득의 균일성이다. 즉 일정한 나이가 되면 모든 어린이가 예외 없이 언어를 통달하게 된다.

③ 언어의 완전한 달통성이다. 즉 많은 현실적 악조건에도 불구하고 어린이가 완전한 언어능력을 갖출 수 있게 된다.

④ 인간만이 언어를 가지고 있다.

⑤ 언어가 극도로 추상적이고 고도로 복잡한 데도 불구하고 어린이들이 짧은 시일 안에 언어를 습득한다.

12. 다음 글의 논리 전개 방식과 가장 유사한 것은?(정-반-합)

> 전체로서의 국가 목표와 국가를 형성하는 개인들의 삶의 목표를 지나치게 구별해서 생각하는 데는 무리가 따를 염려가 있으나, 청사진을 그리는 순서로서는 개인들의 삶의 목표에 일차적 중점을 두는 편이 우리들의 경우에 적합할 것으로 보인다. 국가나 사회 그 자체에는 목적의식이 없으므로, 국가나 사회 전체의 목적이 먼저 정해지고, 개인은 전체의 목적 실현을 위해서 봉사해야 한다는 논리는 받아들이기 어렵다. 그러나 국가나 사회를 개인들의 사생활을 돕기 위한 단순한 수단으로 보는 것도 우리의 견해가 아니다. 자아의 실현이 개인의 삶의 설계 안에서 귀중한 목적의 자리를 차지할 수도 있듯이, 참으로 민주적이며 공정한 사회의 건설도 개인들의 삶의 설계 안에서 그 자체가 귀중한 목적의 자리를 차지할 수 있다.

① 디지털이 없는, 첨단이 없는 아날로그는 구식이 될 수 있다. 하지만 디지털만 아는 것, 디지털에만 빠지는 것 또한 한계가 뚜렷하다고 생각한다. 결국 디지털이라는 첨단 지식 위에 아날로그를 덧대는 것이 최선이다.

② 고난과 역경 속에서 동고동락한 사람치고 친구를 배신한 사람은 없다. 그러므로 그들의 우애는 영원할 것이다.

③ 어떤 마음도 관찰이 불가능하다. 왜냐하면 마음은 볼 수 없기 때문이다.

④ 모든 인간은 자유를 원한다. 우리는 인간이다. 그러므로 우리는 자유를 원한다.

⑤ 이 약을 우선 실험용 쥐 다섯 마리에 투여했다. 한 달이 지나자 약 90퍼센트 정도의 쥐가 암 치료 효과를 나타냈다. 이로 미루어 이 약이 암 치료에 탁월한 것으로 추측되었다. 따라서 다음 단계로 이 약을 사람에게 투여해 보기로 했다. 쥐의 경우에 성공적이라고 해서 사람의 경우에도 반드시 성공적이라고 할 수 없지만, 이제까지의 실험 결과로 볼 때 사람의 암 치료에도 큰 효과가 있을 것이다.

13. 다음 지문의 앞뒤로 들어갈 내용으로 적절하지 않은 것은? (추리적 사고)

학력위조 사태의 일차적인 책임은 학력을 중시하는 사회가 아니라 학력을 속인 사람들이 져야 한다. 다양한 이유가 있겠지만 학력을 위조했다는 것 자체는 '사기' 에 해당한다. 문서를 위조해 남을 속이는 것이 얼마나 큰 죄인지를 뼈저리게 알아야 한다.

그러지 않으면 이 문제는 또다시 발생하게 된다. 그들이 학력을 위조하지 않았다면 과연 그 위치에 있었을까. 결국 그들은 사회를 속여 상류층에 오른 것이며, 그들의 출세는 상대적으로 다른 사람들의 기회를 빼앗은 게 된다.

학력위조가 왜 발생하고 어떻게 하면 이를 근절할 수 있는지 생각하고 대안을 강구하는 것이 근원적인 대책이다. 학력위조의 원인으로 무엇보다 중요한 것은 사회 구조적인 문제이다. 한국은 학벌사회다. '학벌=실력' 이 아님에도 우리 사회에서는 '학벌=실력' 이 된 지 오래다.

왜 이렇게 됐을까. 한국은 몇몇 소수 대학 출신이 사회의 중요 직책을 독점하고 있다. 그렇기 때문에 좋은 자리를 같이 차지하고 출세하려면 학벌이 있어야 한다. 너도나도 좋은 학벌을 원할 수밖에 없다.

– 출처 : 세계일보, 2007년 9월 5일 –

① 학벌 사회의 폐단은 우리나라에만 있는 독특한 문제이다.

② 학벌중시 폐단에 대해 논할 수 있다.

③ 학벌사회 폐단을 막기 위한 방안을 세워야 한다.

④ 학력 위조에 대해 엄정한 처벌을 해야 한다는 주장이 나올 수 있다.

14. (가)의 '적장'의 관점에서 볼 때, (나)의 '리처드 닉슨'에게 필요한 언어 전략이 아닌 것은?

(가) 일찍이 로마 황제 마르쿠스 아우렐리우스가 마르코만니인들과 싸우게 되었을 때, 그는 군대를 전지에 파견함에 제(際)하여 그의 병사들에게 말하되,

"나는 너희에게 내 사자를 동반시키노라!"라고 하였다. 이에 그들은 수중지대왕(獸中之大王)이 반드시 적지 않은 조력을 할 것임을 확신하였다.

그러나 많은 사자가 적군을 향하여 돌진하였을 때 마르코만니인들은 물었다.

"저것이 무슨 짐승인가?" 하자, 적장이 그 질문에 대하여 왈

"그것은 개다. 로마의 개다!" 하였다. 여기서 마르코만니인들은 미친 개를 두드려 잡듯이 사자를 쳐서 드디어 싸움에 이겼다.

(나) 워터게이트 사건이 터지고 리처드 닉슨이 한창 사임 압력을 받던 당시의 일이다. 이때 그는 텔레비전에 나와 연설을 했는데 여기서 리처드 닉슨은 전국에다 대고 이렇게 말했다.

"저는 사기꾼이 아닙니다."

그 순간 모두가 그를 사기꾼이라고 생각하게 되었다.

① 말로 온 공을 갚음을 명심한다.

② 말은 꾸밀 탓으로 감을 명심한다.

③ 말 안 하면 귀신도 모름을 명심한다.

④ 말이란 아해 다르고 어해 다름을 명심한다.

15. 〈보기 1〉은 인터넷 정책 토론방에 쓴 글이다. 〈보기 2〉의 조건에 맞게 쓴 댓글로 적절한 것은?

보기1

[논제] : 입학사정관제 어떻게 생각하십니까?

[의견 1] : 입학사정관제는 공교육을 정상화하겠다는 취지에서 만들어진 제도이다. 이전의 입시 제도는 교과 성적을 중심으로 '한 줄 세우기'를 하는 제도였고, 이에 따라 고등학교는 입시 교과목만을 가르치는 입시 학원으로 전락하고 말았다. 학생들의 다양한 특기·적성과 인성을 입학 전형 자료로 삼는 '여러 줄 세우기' 방식의 입학사정관제는 고등학교 교육을 정상화할 수 있는 계기를 제공했다는 데 의의가 있다. 그러므로 입학사정관제에 찬성한다.

[댓글] :

보기2

- [의견 1]의 생각 일부를 인정한다.
- [의견 1]의 다른 문제점을 제기한다.
- [의견 1]의 주장에 반대하는 입장을 밝힌다.

① 공교육을 정상화하겠다는 입학사정관제의 취지가 제대로 실현될 수 있을지 의문이다. 고등학교 교육 환경이 개선되지 않고 학벌 중심의 사회 구조가 변하지 않는다면, 오히려 입학사정관제는 사교육 문제를 더욱 심화시킬 것이다. 그러므로 입학사정관제를 시행해서는 안 된다.

② 입시 위주로 흐르고 있는 공교육을 정상화하기 위한 입학사정관제의 취지에 공감한다. 하지만 입학사정관제에 적합하도록 고등학교 교육 환경이 개선되지 않았고, 대학이 내신 성적 우수자 중심으로 학생을 선발하는 등 여러 부작용이 발생하고 있다. 그러므로 입학사정관제를 시행해서는 안 된다.

③ 입학사정관제는 공교육의 변화를 유인하기 위한 제도이지만, 학벌과 결과 지상주의 같은 구조적 문제의 해결 없이 입시 제도의 변화만으로 공교육을 정상화하기는 어려울 뿐 아니라 다른 부작용이 생겨날 수 있다. 그러므로 입학사정관제를 시행하면서 사회 구조를 개선하기 위한 노력도 함께 해야 한다.

④ 대학 입시 제도의 잦은 변화는 학생들의 혼란만 가중시킬 뿐 입시 교육의 근본 문제를 해결하지 못했다. 한번 도입된 제도는 약간의 부작용이 있더라도 시행 과정의 문제점을 개선하며 지속적으로 추진해야 한다. 입학사정관제 역시 공교육의 정상화라는 취지를 살리기 위해 흔들림 없이 시행되어야 한다.

16. 다음 글의 빈칸에 들어갈 알맞은 말은?

> 철수네 아파트는 교회보다 낮다.
> 교회는 은행보다 늦다.
> 그러므로 은행은 (   )

17. '운동을 좋아하면 인내심이 있는 것이고, 몸도 건강하다'의 명제가 옳다고 할 때 다음 중 타당한 것은?

> (가) 인내심이 있으면 운동을 좋아한다.
> (나) 몸은 건강하지 않지만 인내심이 있으면 운동을 좋아한다.
> (다) 인내심이 없고 몸도 건강하지 않으면 운동을 좋아하지 않는다.

18. 다음 문장을 읽고 괄호 안에 들어갈 알맞은 것을 찾아보자.

> 모든 타이어는 합성고무로 만든다.
> 고무에는 천연고무와 합성고무가 있다.
> 모든 고무는 유연하다.
> 그러므로, (   )

① 어떤 타이어는 천연고무로 만든다.
② 어떤 타이어는 유연하지 않다.
③ 모든 타이어는 유연하다.
④ 어떤 합성고무는 유연하지 않다.

19. 다음 사실을 보고 순서를 정해보자.

> 가. 타조는 말보다 빠르다.
> 나. 개는 사슴보다 느리다.
> 다. 말은 사슴보다 빠르다.

빠른 순서 :

20. 세훈, 레이, 시우민, 수호, 찬열의 각 체중을 순서대로 나열해 봅시다.

- 찬열이의 몸무게는 70kg이다.
- 수호는 시우민 몸무게 보다 더 많이 나간다.
- 세훈이는 찬열이보다 무겁다.
- 레이는 세훈의 몸무게보다 15kg 더 나간다.
- 레이보다 몸무게가 더 나가는 사람은 2명이다.

몸무게 순서 :

21. 수성대 산학협력단 7층 건물에 '3M', '에이서', '아디다스', '시스코', '캐논'이라는 회사가 각 층을 사용하고 있다. 각 회사가 사용하는 층수의 순서대로 나열해 보자.

- 꼭대기 2층은 창고로 사용 중이다.
- 아디다스와 에이서 간의 층수의 차이는 에이서와 3M의 층수의 차이와 같다.
- 시스코는 캐논보다 더 높은 층에 있다.
- 3M은 5층을 사용한다.
- 아디다스는 1층에 있다.

층수	회사
7층	
6층	
5층	
4층	
3층	
2층	
1층	

22. 솔지, LE, 정화, 하니, 혜린이의 키 순서대로 나열해 봅시다.

- 5명의 멤버가 키가 큰 순서대로 나란히 섰다.
- 혜린이의 앞에는 2명 이상의 멤버들이 있고 정화보다는 키가 크다.
- 하니보다 큰 멤버는 LE다.
- 솔지보다 작은 멤버는 2명이 있다.

키 순서 :

23. 어떤 살인사건이 2003년 12월 23일 밤 11시에 한강 고수부지에서 발생했다. 범인은 한 명이며, 현장에서 칼로 피해자를 찔러 죽인 것이 확인되었다. 하지만 현장에 범인 외에 몇 명의 사람이 있었는지는 확인되지 않았다. 이 사건의 용의자 A, B, C, D, E가 있다. 아래에는 이들의 진술 내용이 기록되어 있다. 이 다섯 사람 중에 오직 두 명만이 거짓말을 하고 있다면, 그리고 그 거짓말을 하는 두 명 중에 한 명이 범인이라면, 누가 살인범인가?

진술내용

A : 나는 살인 사건이 일어난 밤 11시에 서울역에 있었다.
B : 그날 밤 11시에 나는 A, C와 함께 있었다.
C : B는 그날 밤 11시에 A와 춘천에 있었다.
D : B의 진술은 참이다.
E : C는 그날 밤 11시에 나와 단둘이 함께 있었다.

24. A, B, C, D, E, F 여섯 사람이 기차를 타고 있다. 이들은 각각 서울, 대구, 부산, 광주, 전주, 청주에서 온 사람들이다. 이들에 관해서는 다음과 같은 사실들이 알려져 있다. 사람-출신지-직업이 바르게 연결된 것은?

가. A와 서울에서 온 남자는 의사이다.
나. E와 대구에서 온 여자는 교사이다.
다. 부산에서 온 사람과 C는 기술자이다.
라. B와 F는 걸프전에 참전했던 용사들이지만, 부산에서 온 사람은 군에 복무한 적이 없다.
마. 전주에서 온 사람은 A보다 나이가 많다.
바. 청주에서 온 사람은 C보다 나이가 많다.
사. B와 서울에서 온 사람은 광주에서 내린다.
아. C와 전주에서 온 사람은 인천에서 내린다.

① A-청주-교사 ② B-대구-교사 ③ C-부산-기술자
④ D-대구-기술자 ⑤ E-전주-의사

25. 다음 문제에서 각 영문자가 어떤 수를 나타내고 있는지 알아내고 그 과정을 적어 보자.

문제 (가)

```
    I
+  U U
-------
I  M M
```

문제 (나)

```
   D A D
+  D A Y
---------
Y  Y O A
```

문제 (다)

```
   M A T H
+  D A T H
-----------
D  I D M M
```

정답

```
+
----------
```

26. 다음 문제에서 각 영문자가 어떤 수를 나타내고 있는지 알아내고 그 과정을 적어 보자.

문제

```
   A R T
+      2
---------
T  E E R
```

정답

```
×
----------
```

27. 다음 덧셈 문제에서 문자는 0에서 9까지의 수를 나타낸다. 단, 서로 같은 문자는 같은 수를 나타내고, 서로 다른 문자는 서로 다른 수를 나타낸다. D = 5일 때, 나머지 문자가 나타내는 수는 무엇인가?

	DONALD		
	+ GERALD		+
문제	ROBERT	정답	

28. 무도 멤버의 계좌를 찾아라. 각각의 은행 계좌가 누구의 것이고, 각 예금주의 직업과 계좌번호, 잔고는 얼마인지 표를 활용하여 추론하여 보시오.

사실 정보
31만 원, 노홍철 , 1799351, 대구은행, 변호사, 10429538 3만5천 원, 건축설계사, 박명수, 국민은행, 80만 원, 우리은행 유재석, 42911786, 200만 원, 하하, 15만 원, 727253 신한은행, 공인회계사, 4219530, 정준하, 의사, 교사, 하나은행

Data Cards
정준하의 계좌번호는 박명수의 계좌번호와 자릿수가 동일하다.
하하는 변호사이다.
하나은행은 예금 잔고가 천만 원이 넘는 고객에 한해 송금 수수료를 면제해 준다.
박명수는 공인회계사가 아니다.
의사의 계좌에는 예금 잔액이 15만 원이다.
하나은행의 계좌번호는 여섯 자리이다.
정준하는 BMW를 몰고 다닌다.
정준하는 국민은행과 거래를 하지 않는다.
대구은행의 계좌 잔액은 15만 원이다.
유재석은 국민은행과 거래를 하지 않는다.
대구은행은 다른 은행들에 비해 지점수가 적다.
의사의 계좌번호는 42911786이다.
계좌번호 4219530의 예금 잔액은 31만 원이다.
신한은행은 우수 고객에게 우대금리를 제공한다.
공인회계사의 예금 잔액은 20만 원 이하이다.
정준하는 교사이다.
하나은행의 계좌에는 10만 원 이상 예금이 있다.
박명수의 예금 잔액은 80만 원이다.
교사는 신한은행으로부터 융자를 받았다.
유재석의 계좌번호는 10429538이다.

정답

성 명	직 업	은 행	계좌 번호	예금 잔액

29. 가족이 경영하는 한 작은 출판사가 런던에 있다. 여기에는 Mr. 보스톡(Bostock), Mr. 우드(Wood), Mr. 케니(Kenny), Mrs. 크라우트(Kraut), Miss 알렉스(Alex), Miss 어윈(Irwin)이 일하고 있다. 이들이 맡고 있는 직책명은 꼭 앞의 이름 순서대로는 아닐지라도 사장, 부사장, 재무, 편집책임자, 북디자이너, 유통담당자이다. 다음의 내용에 따를 때 크라우트와 케니의 직책을 순서대로 나열한 것은?

ㄱ. 부사장은 사장의 손자이다.
ㄴ. 재무는 편집책임자의 사위이다.
ㄷ. 보스톡은 총각이다.
ㄹ. 우드는 22살이다.
ㅁ. 알렉스는 북디자이너와 이복자매이다.
ㅂ. 케니는 사장의 친구이다.
ㅅ. 20세 이전에 결혼한 사람은 없다.

① 사장, 편집책임자 ② 사장, 유통담당자 ③ 유통담당자, 재무
④ 편집책임자, 유통담당자 ⑤ 유통담당자, 편집책임자

구분	보스톡	우드	케니	크라우트	알렉스	어윈
사장						
부사장						
재무						
편집						
북디자인						
유통						

30. 제시문 A를 읽고, 제시문 B가 맞는지 틀린지 알아보자.

제시문 A
가. 사과가 3개, 배와 귤은 2개씩, 딸기는 1개가 있다. 나. A~D 4명이 사과, 배, 귤, 딸기 중 2개(다른 종류)를 먹었다. 다. A는 배, B는 사과, C는 딸기, D는 사과와 배를 먹었다.

제시문 B
B는 배도 먹었다.

구분	사과(3)	배(2)	귤(2)	딸기(1)
A				
B				
C				
D				

31. 다음 조건에 맞추어 금붕어를 기르는 사람을 찾아보자.

(1) 5채의 각각 다른 색의 집이 있다.
(2) 각 집에는 다른 국적의 사람들이 산다.
(3) 각 집주인들은 각각 다른 음료수를 마시고, 다른 담배를 피우고, 다른 애완동물을 기른다.
(4) 영국인은 빨간색 집에 산다.
(5) 스웨덴인은 개를 기른다.
(6) 덴마크인은 홍차를 마신다.
(7) 녹색 집은 흰색집 바로 왼쪽에 위치해 있다.
(8) 녹색 집 사람은 커피를 마신다.
(9) 폴몰(pall mall) 담배를 피우는 사람은 새를 기른다.
(10) 노란색 집 사람은 던힐(dunhill) 담배를 피운다.
(11) 한가운데에 사는 사람은 우유를 마신다.
(12) 노르웨이인은 왼쪽에서 첫번째 집에 산다.
(13) 블렌드(blend) 담배를 피우는 사람은 고양이를 기르는 사람 옆집에 산다.
(14) 말을 기르는 사람은 던힐(dunhill) 담배를 피우는 사람 옆집에 산다.
(15) 블루 매스터(bule master) 담배를 피우는 사람은 맥주를 마신다.
(16) 독일인은 프린스(prince) 담배를 피운다.
(17) 노르웨이인은 파란색 집 옆집에 산다.
(18) 블렌드(blend) 담배를 피우는 사람은 물을 마시는 사람 옆집에 산다.

[정답]

국적	노르웨이인	덴마크인	영국인	독일인	스웨덴인
집색					
담배					
음료					
동물					

32. 답이 여러 개 나올 수 있는 문제이다. 답을 찾아보자.

(1) 숫자 '1' 열 개를 나열 후 사칙 연산 중 '+' 만을 사용하여 127을 만들어보자.

(2) 1부터 9까지 9개 숫자를 나열 후 사칙 연산 중 '+' 만을 사용하여 99를 만들어보자. 단, 숫자의 순서는 1부터 9까지 순서대로 배열해야 하며, 숫자의 순서를 섞을 수 없다.

33. 철학과 교수 7명 (A~G)은 다음 〈조건〉에 따라 신학기과목을 개설하려고 한다. 각 교수들의 강의 가능 과목이 〈보기〉와 같을 때 다음 중 옳지 않은 것은?

조건

- 학과장인 C는 한 과목만 가르칠 수 있다.
- 학과장인 C는 일주일에 하루만 가르칠 수 있다.
- 학과장 이외의 다른 교수들은 모두 두 과목씩 가르쳐야 한다.
- 윤리학과 논리학은 각각 적어도 두 강좌가 개설된다.
- 윤리학은 이틀에 나누어서 강의하며, 논리학도 마찬가지다.
- 윤리학과 논리학 이외에는 동일 과목이 동시에 개설될 수 없다.

보기

A : 논리학, 언어철학, 과학철학
B : 희랍철학, 근세철학, 윤리학
C : 과학철학, 논리학, 윤리학
D : 인식론, 논리학, 형이상학
E : 언어철학, 수리철학, 논리학
F : 인식론, 심리철학, 미학
G : 윤리학, 사회철학, 근세철학

① 학과장은 과학철학을 강의한다.
② 논리학은 최대 3강좌가 개설될 수 있다.
③ 인식론과 심리철학이 둘 다 개설될 수도 있다.
④ 형이상학이 개설되면 인식론은 개설될 수 없다.
⑤ 희랍철학과 사회철학이 둘 다 개설될 수도 있다.

34. 다음은 빅맥지수에 대한 설명이다. 스위스에서 빅맥가격이 6.4스위스프랑이고, 같은 날 미국에서 빅맥 가격은 2.13달러라고 하자. 그리고 같은 날 실제 환율이 달러당 2스위스프랑이라고 하면 빅맥지수로 환산한 환율을 기준으로 실제 환율을 평가할 때 다음 중 맞는 설명은?

빅맥지수(The Big Mac Index)

빅맥지수란 일정시점에서 각 국의 빅맥(미국 맥도널드사의 햄버거제품) 가격을 달러로 환산한 후 미국 내 가격과 비교한 지수이다. 세계적으로 값이 거의 일정한 빅맥 가격을 비교해 보면 각 국의 통화가치가 어떤 상태인지를 알수 있다. 이는 '환율은 두 나라에서 동일한 상품과 서비스의 가격이 비슷해질 때까지 움직인다.'는 일물일가(一物一價)의 법칙에 근거한 것이다.

1998년 조사 때 한국의 빅맥 가격은 3,000원이었다. 같은 날 미국의 빅맥 가격은 3달러였다. 따라서 미국의 소비자가 한국에서도 같은 돈을 내고 빅맥을 살 수 있으려면 원화 환율이 달러당 1,000원이어야 한다. 이 수준이 빅맥 가격을 기준으로 한 적정 환율이다. 그러나 조사당일 원화의 실제 환율은 달러당 1,200원이었다. 결국 원화가 20% 저평가되어 있다는 것이 조사의 결론이었다.

① 스위스프랑은 약 33% 고평가되어 있다.
② 스위스프랑은 약 50% 고평가되어 있다.
③ 스위스프랑은 약 33% 저평가되어 있다.
④ 스위스프랑은 약 50% 저평가되어 있다.
⑤ 스위스프랑은 약 67% 저평가되어 있다.

35. 다음 제시문을 기반으로 A연구기관의 〈연구결과〉를 주장하기 위한 직접적 근거를 〈보기〉에서 모두 고른 것은?

한 아동이 다른 사람을 위하여 행동하는 매우 극적인 장면이 담긴 'Lassie' 라는 프로그램을 매일 5시간 이상 시청한 초등학교 1, 2학년 아동들은 이와는 전혀 다른 내용이 담긴 프로그램을 시청한 아동들보다 훨씬 더 협조적이고 타인을 배려하는 행동을 보여주었다.

반면에 텔레비전을 통해 매일 3시간 이상 폭력물을 시청한 아동과 청소년들은 텔레비전 속에서 보이는 성인들의 폭력 행위를 빠른 속도로 모방하였다.

연구결과

A연구기관은 텔레비전 속에서 보이는 폭력이 아동과 청소년의 범죄행위를 유발시킬 가능성이 크다는 결과를 제시하였다.

보기

ㄱ. 전국의 소년교도소에 폭행죄로 수감되어 있는 재소자들은 6세 이후 폭력물을 매일 적어도 4시간 이상씩 시청했었다.
ㄴ. 전국의 성인교도소에 폭행죄로 수감되어 있는 재소자들은 6세 이후 폭력물을 매일 적어도 6시간 이상씩 시청했었다.
ㄷ. 전국의 소년교도소에 폭행죄로 수감되어 있는 청소년들은 매일 저녁 교도소 내에서 최소한 3시간씩 폭력물을 시청한다.
ㄹ. 6세에서 12세 사이에 선행을 많이 하는 아동들이 성인이 되어서도 선행을 많이 한다.
ㅁ. 텔레비전 발명 이후, 아동과 청소년을 대상으로 한 폭력범죄가 증가하였다.

① ㄱ ② ㄱ, ㄴ ③ ㄱ, ㄴ, ㅁ ④ ㄴ, ㄷ, ㅁ ⑤ ㄷ, ㄹ, ㅁ

36. 지문을 읽고 문항에 답하여 봅시다.

지문	
울음새는 독수리보다 빠르다. 제비는 숫자새보다 빠르다. 숫자새는 솟음새보다 빠르다.	제비는 솟음새보다 크다. 울음새는 독수리보다 크다. 솟음새는 숫자새보다 크다.

Part 1	(○, ×)	Part 2	(○, ×)
숫자새는 제비보다 빠르다.		솟음새는 숫자새보다 크다.	
제비는 솟음새보다 빠르다.		투투새는 제비보다 크다.	
제비는 독수리보다 빠르다.		독수리는 제비보다 크다.	
울음새는 솟음새보다 빠르다.		울음새는 숫자새보다 크다.	

37. 지문을 읽고 문항에 답하여 봅시다.

지문
매직카는 자동차보다 빠르다. 울트라카는 매직카보다 빠르다. 스케이트보드는 쏘니카보다 빠르다.

Part 1	(○, ×)	Part 2	(○, ×)
자동차는 울트라카보다 빠르다.		쏘니카는 스케이트보드보다 빠르다.	
자동차는 스케이트보드보다 빠르다.		스케이트보드는 자동차보다 빠르다.	
스케이트보드는 쏘니카보다 빠르다.		울트라카는 자동차보다 빠르다.	
쏘니카는 울트라카보다 빠르다.		울트라카는 쏘니카보다 빠르다.	

38. 지문을 읽고 문항에 답하여 봅시다.

지문
가드(GATH)는 쉬트(SHET)와 비슷하지만 더 무겁다. 쉬트(SHET)는 소파와 비슷하지만 더 무겁다. 문트(MUNT)는 램프와 비슷하지만 더 무겁다.

문항			
Part 1	(○, ×)	Part 2	(○, ×)
가드(GATH)는 SHET보다 무겁다.		SHET는 가드(GATH)보다 무겁다.	
쉬트(SHET)는 소파보다 무겁다.		소파는 쉬트(SHET)보다 무겁다.	
문트(MUNT)는 램프보다 무겁다.		램프는 문트(MUNT)보다 무겁다.	
가드(GATH)는 소파보다 무겁다.		소파는 가드(GATH)보다 무겁다.	
쉬트(SHET)는 램프보다 무겁다.		램프는 쉬트(SHET)보다 무겁다.	
가드(GATH)는 양초보다 무겁다.		양초는 가드(GATH)보다 무겁다.	
쉬트(SHET)는 양초보다 무겁다.		양초는 쉬트(SHET)보다 무겁다.	
의자는 MUNT보다 무겁다.		MUNT는 의자보다 무겁다.	
가드(GATHS)처럼 의자에도 앉을 수 있다.		양초와 가드(GATHS)에 앉을 수 없다.	
의자와 쉬트(SHETS)에는 앉을 수 있다.		양초와 같이 쉬트(SHET)에도 앉을 수 없다.	
양초와 같이 문트(MUNT)에 앉을 수 없다.		의자와 문트(MUNT)에 앉을 수 있다.	
소파는 램프보다 무겁다.		램프는 소파보다 무겁다.	
램프는 빛을 내는 데 사용되지만 의자는 그렇지 않다.		의자는 빛을 내는 데 사용되지만 램프는 그렇지 않다.	
양초는 빛을 내는 데 사용되지만 소파는 그렇지 않다.		소파는 빛을 내는 데 사용되지만 양초는 그렇지 않다.	

특징	무게
관계	

39. 다음 영상을 보고 공통의 문제점과 해결책을 써봅시다.

빅뱅의 노스페이스	수지의 서든어택
 (이미지출처 : 노스페이스)	 (이미지출처 : 넥슨)

김연아의 하이트맥주

(이미지출처 : 하이트맥주)

문제점	해결방법

참고문헌 LIBRARY

- 2003년 공직적성평가(PSAT) 언어논리, 자료해석
- 2004년 공직적성평가(PSAT) 언어논리
- 2004년 외무고시 1차 문제(PSAT) 언어논리
- 2005년 제21회 입법고등고시 제1차 자료해석
- 2005년 제49회 행시, 제39회 외시 제1차 자료해석
- 2006년 입법고시 문제(PSAT) 상황판단
- 2007년 세무직 공채(국세청) 국어(9급)
- 2007년 세무직 공무원 시험 국어
- 2008년 공개경쟁채용시험 국어(9급)
- 2008년 공직적성평가 언어논리
- 2008년 국회사무처 시행 국어(8급)
- 2008년 제1회 지방직공무원 시험 국어(7급)
- 2008년 제1회 지방직공무원 시험 국어(지방직9급)
- 2008년 제2회 지방직공무원 시험 국어(7급)
- 2008년 제2회 지방직공무원 시험 국어(지방직7급)
- 2008년 하반기 지방직 국어 (9급)
- 2008년 행정고시 문제(PSAT) 상황판단
- 2009년 서울시 국어(지방직 9급)
- 2009년 행정·외무고등고시 및 견습직원선발 1차 자료해석
- 2010년 공개경쟁채용시험 국어(7급)
- 2010년 국회사무처 시행 국어(8급)
- 2010년 기상직 공개경쟁채용시험 국어(9급)
- 2010년 지방직공무원 시험 국어(9급)
- 2011년 공개경쟁채용시험 국어(9급)
- 2011년 국회사무처 시행 국어(8급)
- 2011년 법원직 공무원 국어(9급)
- 2011년 사회복지직 공무원 시험 국어
- 2011년 서울시 지방공무원 국어(9급)
- 2011년 제1회 지방직공무원 시험 국어(지방직9급)
- 2011년 제2회 지방직공무원 시험 국어(지방직7급)
- 2012년 공채 제1차 시험 및 견습 직원(지역인재)선발 시험(5급)
- 2012년 지방직공무원 시험 국어(7급)
- 2013년 국가공무원 민간경력자 일괄채용 제1차 자료해석(5급)

- 2013년 공개경쟁채용시험 국어(7급)
- 2013년 법원직 공무원 국어(9급)
- 2015년 공채·외교관후보자 제1차(5급), 지역인재 필기 자료해석(7급)
- Pfeiffer, J. W., &Jones, J. E. "A Handbook of Structured Experiences for Human Relations Training. Volume I.", 1969.
- SD적성검사연구소, "HKAT 현대 기아자동차그룹 인적성검사", 서울 : 시대고시기획, 2012.
- SD적성검사연구소, "NH농협은행 6급 인 적성검사 및 직무능력검사", 서울 : 시대고시기획, 2013.
- 강선희, "설명적 텍스트 구조 학습이 쓰기 학습부진아의 쓰기 능력에 미치는 영향", 서울교육대학교, 2012.
- 강연아, "의미 범주화를 통한 어휘 지도가 내용교과 학습에 미치는 영향", 한국교원대학교, 2013.
- 강현실, "자기주도 학습에 따른 글쓰기 지도 방안 연구 : 글 구조 파악훈련을 중심으로", 成均館大學校, 2001.
- 고혜윤, "광고 텍스트를 활용한 비판적 읽기 능력 신장 방안 연구", 국민대학교, 2005.
- 권유정, "문맥에서의 단어의미 추론능력과 유동 및 결정지능과의 관계", 숙명여자대학교, 2006.
- 김나연, "협동 학습을 통한 문단 구성 능력 신장 방안 연구", 서울교육대학교 교육대학원 석사논문, 2012.
- 김남연, "도해조직자를 이용한 설명적인 글의 구조", 한양대학교 교육대학원 석사논문, 2006.
- 김미옥, "문단쓰기 지도를 통한 글쓰기 지도방안 연구", 한국교원대학교 교육대학원 석사논문, 2007.
- 김외순, "광고이미지의 비평적 읽기를 통한 시각적 문해력 지도방안 연구", 한국교원대학교, 2011.
- 김운옥, "의미지도 그리기와 글쓰기의 연계를 통한 어휘력 신장 방안", 이화여자대학교 , 2003.
- 김은하, "비판적 읽기 전략을 활용한 광고 텍스트 지도 방안 연구", 한국교원대학교, 2012.
- 김정태, "스토리가 스펙을 이긴다", 서울: 갤리온, 2010.
- 김지영, "텍스트 기반 어휘 교육 연구", 한국교원대학교, 2014.
- 김지혜, "설명문 텍스트 구조 양상 분석", 한국교원대학교 대학원 석사논문, 2005.
- 김현정, "글 구조 지도를 통한 설명문 쓰기 능력 신장 방안 연구", 김현정, 대구교육대학교, 2001.
- 김혜경, "그래픽 조직자를 활용한 한국어 읽기-쓰기 활동이 학습자의 요약능력 향상에 미치는 영향 연구 : 설명적 텍스트 구조를 중심으로", 선문대학교, 2012.
- 노경숙, "텍스트 구조 지도 전략의 효과 연구 : 설명적 글쓰기를 중심으로", 한국교원대학교, 2001.
- 박동규, "글쓰기를 두려워 말라", 서울: 문학사상사, 1998.
- 박미라, "문장 성분 분석을 통한 문장 구성 지도 방안", 서울교육대학교, 2004.
- 박성규, "의미망 구성 전략을 활용한 설명문 쓰기 능력 향상 방안", 진주교육대학교 석사논문, 2008.
- 박수연, "한국어 학습사전에서 동음이의어 구별을 위한 '길잡이말 (Guide Words)'연구", 연세대학교.(Park, Soo-Yeon, 2002, A Study on Guide Words (Gil-ja-bi-mal, 길잡이말) to Distinguish Homonyms in Korean Learner's Dictionary, MA thesis, Graduate School of Education, Yonsei University.), 2002.
- 박수진, "도해조직자를 활용한 요약하기 지도 방안 연구", 한국교원대학교 교육대학원 석사논문,

2011.
• 배상복, “문장기술”, 서울: 씨앤아이북스, 2013.
• 서정주, “문장력 향상의 길잡이”, 서울: 한강문화사, 1991.
• 서종훈, “학습자의 문단 인식 양상 연구”, 경상대학교 대학원 박사논문, 2009.
• 손시진, “설명적 텍스트 구조가 한국어 학습자의 읽기에 미치는 효과에 관한 연구 : 중국인 중급 학습자를 대상으로”, 영남대학교 대학원 석사논문, 2012.
• 송명화, “효율적인 문단 쓰기 교수–학습에 관한 연구”, 어문학교육, 28, 2004.
• 송무아, “논술 텍스트의 구조 분석 및 단락 형성 방안 연구”, 연세대학교 교육대학원 석사논문, 2006.
• 신향식, “논리적 글쓰기 창의적 글쓰기”, 서울 : 신우성기자국어논술학원, 2007.
• 신향식, “신문 글의 구성과 단락 전개에 관한 연구 : 4대 일간지 사설·칼럼의 단락 구성 분석”, 연세대학교, 2009.
• 심미경, “과정 중심 문단 쓰기 지도 방안 : 중학교 1학년을 중심으로”, 이화여자대학교, 2000.
• 아이진로 편집부, “분필 삼성 SSAT 기본이론서”, 서울: 아이진로, 2014.
• 어린이철학교육연구소, “오디세이”, 서울: 한길사, 1994.
• 어린이철학교육연구소, “오디세이 1: 추론의 기초”, 서울: 한길사, 1994.
• 어린이철학교육연구소, “오디세이 3: 말과 뜻의 사다리”, 서울: 한길사, 1994.
• 에듀스 편집부, “에듀스 SSAT 삼성그룹 직무적성검사(인문 상경계, 이공계 공통)”, 서울 : 에듀스, 2011)
• 우강제, “텍스트 구조가 내용 이해에 미치는 영향”, 한양대학교, 2001.
• 윤인진, “장래 우리나라 인력난 문제 해결 및 재외동포 인력 활용방안”, 법무부 연구보고서, 2005.
• 이경화, “읽기교육의 원리와 방법”, 서울: 박이정, 2001.
• 이은숙, “텍스트 구조 지도가 독해에 미치는 효과 : 설명적 텍스트를 중심으로”, 한국교원대학교, 1997.
• 이정화, “이야기 구조를 활용한 줄거리 요약하기 지도 방안 연구 : 창작 동화를 중심으로”, 어문학교육, Vol.39, 2009.
• 이정화, “단락 쓰기 중심의 ‘전략적 개요 짜기’를 활용한 초등학교 논술지도 방안 연구”, 한국교원대학교, 2011.
• 이현진, “문장 성분을 활용한 문장 쓰기 지도 자료 개발”, 부산교육대학교, 2009.
• 장남숙, “구조 익히기를 통한 설명문 쓰기 지도 방안 연구”, 부산교육대학교, 2003.
• 장은화, “한국어 읽기·쓰기 통합 교육을 위한 요약하기 지도방안 : 설명문 텍스트를 중심으로”, 한양대학교, 2005.
• 장하늘, “문장력 높이기 기술”, 서울: 다산초당, 2007.
• 적성검사전략연구소, 취업적성검사기출특강 (대기업 공사 공단 금융기관, 직무적성검사)”, 서울 : 현대고시사, 2012.
• 정대영, &이수자, “의미구조 중심의 이야기구성도 작성 훈련이 읽기 학습장애아동의 독해력, 읽기 인식 및 태도에 미치는 효과”, 특수아동교육연구, 8(2), 1–21, 2006.
• 조미희, “텔레비전 텍스트 읽기 지도가 비판적 읽기 능력에 미치는 효과 연구”, 부산교육대학교,

2009.

- 조성남, “텍스트 구조 분석 지도가 글의 중심 내용 파악에 미치는 효과”, 공주대학교 교육대학원 석사논문, 2000.
- 한국고시회 편집부, “삼성직무적성검사 SSAT”, 서울 : 한국고시회, 2005.
- 한국고시회 편집부, “취업 직무적성검사”, 서울 : 한국고시회, 2007.
- 한국고시회 편집부, “공기업 PASS 종합직무적성 능력검사(상식 인성검사 면접 기출문제중심)”, 서울 : 한국고시회, 2011.
- 한윤영, & 송인섭, “통찰문제의 재구조화를 활용한 문제발견 검사로서의 K-RAT (Korean-Restructuring Test) 개발 및 타당화”, 교육심리연구, 26(4), 1023-1051, 2012.
- 황재옥, “전략중심의 텍스트 구조 지도 연구”, 대구교육대학교 교육대학원 석사논문, 1999.

참고사이트

- 광고정보센터: www.adic.co.kr
- 국립국어원: http://www.korean.go.kr (한글 맞춤법)
- 두산백과 : www.doopedia.co.kr
- 한국광고연구원: www.adcollege.co.kr
- 한국방송광고진흥공사: www.kobaco.co.kr

올바른 언어능력 향상을 위한 대학 읽기와 쓰기

말과 글의 이해

2015년 9월 10일 초판 인쇄
2015년 9월 15일 초판 발행

저 자 남영택 / 김대곤

발행인 주 병 오

발행처 지구문화사 JIGU PUBLISHING Co.

경기도 파주시 회동길 209
파주출판문화정보산업단지

영업팀 (031)955－7566 · 7577
편집디자인팀 (031)955－7731
F A X (031)955－7730
홈페이지 www.ji-gu.co.kr
이메일 jigupub@hanmail.net

ISBN 978－89－7006－766－7－93590

값 18,000원